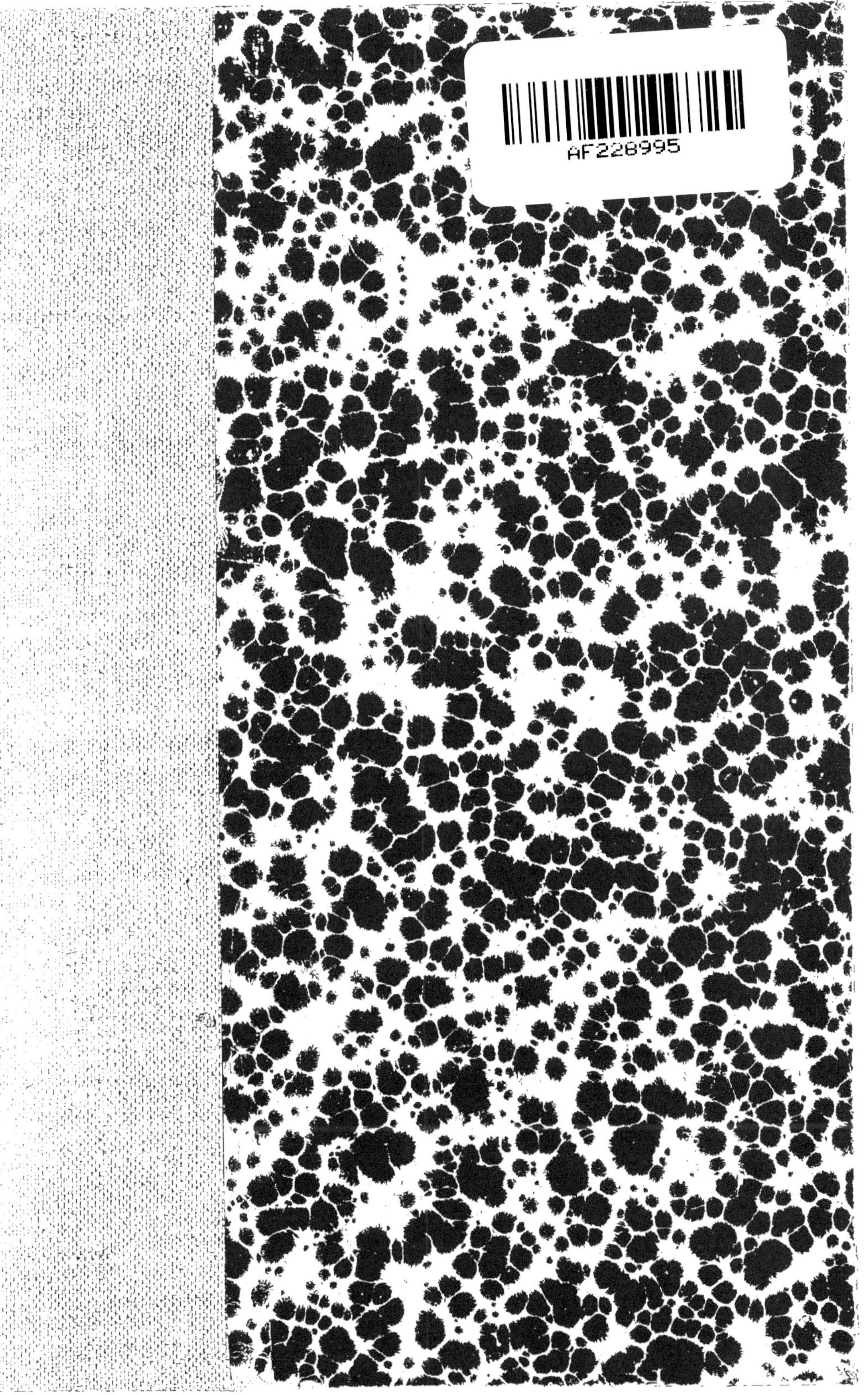
AF228995

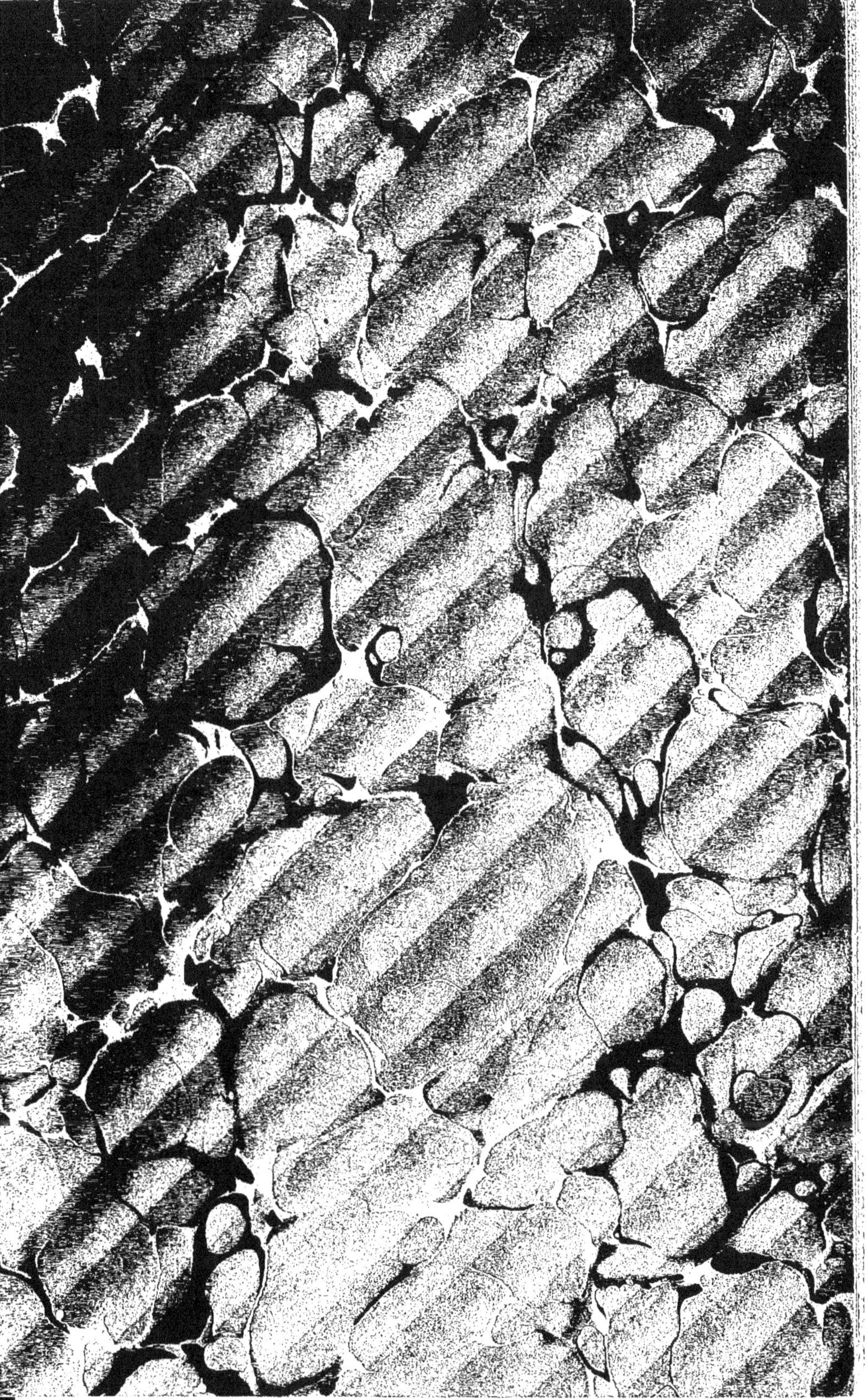

LES IDÉES POLITIQUES

ET

L'ESPRIT PUBLIC EN POLOGNE

A LA FIN DU XVIIIᵉ SIÈCLE

LA CONSTITUTION DU 3 MAI 1791

THÈSE POUR LE DOCTORAT

L'acte public sur les matières ci-après sera soutenu le 21 janvier à 1 heure

PAR

Daniel-Charles NIEWENGLOWSKI,

Diplômé de l'Ecole des sciences politiques et de l'Ecole des langues orientales.

Président : M. F. LARNAUDE.

Suffragants : MM. { CHAVEGRIN, CHÉNON.

PARIS

IMPRIMERIE GOUPY, G. MAURIN, SUCCESSEUR

71, RUE DE RENNES, 71

1901

THÈSE POUR LE DOCTORAT

A MON PÈRE

A MON GRAND AMI LE DOCTEUR L. VIOLET

HOMMAGE AFFECTUEUX.

LES IDÉES POLITIQUES

ET

L'ESPRIT PUBLIC EN POLOGNE

A LA FIN DU XVIIIe SIÉCLE

———

LA CONSTITUTION DU 3 MAI 1791

———

> La passion de voir les choses comme
> elles sont et non pas comme il nous
> convient qu'elles soient, c'est la raison
> d'être de la Science et le mobile le plus
> puissant du Progrès.
>
> PRÉVOST-PARADOL.
>
> Transporter dans les siècles reculés
> toutes les idées du siècle où l'on vit —
> c'est des sources de l'Erreur celle qui
> est la plus féconde.
>
> MONTESQUIEU.
> *Esp. des Lois*, Liv. XXX, ch. XL.

———

PARIS

IMPRIMERIE GOUPY, G. MAURIN, SUCCESSEUR

71, RUE DE RENNES, 71

———

1901

BIBLIOGRAPHIE

La Pologne ayant suivi dans son développement des phases très différentes de celles que traversait la société occidentale, celui qui veut étudier l'histoire polonaise aborde un champ tout nouveau et doit chercher à se familiariser avec les mœurs de ce pays. Nous conseillerons pour cela la lecture de :

1º Les Slaves, par ADAM MICKIEWICZ, leçons professées au collège de France (1840-1844-1847-1848) ; Paris, 1845-1849 ;

2º Les Mémoires de Th. Soplica, ou Les Récits d'un vieux gentilhomme polonais, traduction française, avec préface et notes de LADISLAS MICKIEWICZ, Paris, 1866.

Nous n'indiquerons pas d'histoires générales, et nous nous contenterons de renvoyer à la *Bibliographie de l'histoire de Pologne* , par FINKEL, Cracovie, 1891.

Sur la période que nous avons étudiée, quelques ouvrages ont une importance considérable et nous en ferons une mention spéciale ; ce sont :

1º R. P. V. KALINKA, La Diète de quatre ans (*Sejm czteroletni*), *Lwów*, 1880-1886 ; il existe une traduction allemande, par MARIE-DOHRN (*née Baranowska*), à laquelle nous avons toujours renvoyé le lecteur français : *Der vierjährige polnische Reichstag* (1788-1791), Berlin, 1897 et 1898.

2º Dʳ ROMAN PILAT, sur la littérature politique de la Diète de quatre ans (*O Literaturze politycznej sejmu czteroletniego*), 1788-1792 (*Przegląd Polski*, *Kraków*, 1871 ;) et *Kraków*, 1872.

3º Dʳ B. Limanowski : Histoire du mouvement social dans la deuxième moitié du XVIIIᵉ siècle (*Historya ruchu społecznego w drugiej połowie XVIII. stulecia*), Lwów, 1888.

Signalons enfin un ouvrage d'une érudition très profonde :

T. Korzon. Histoire intérieure de la Pologne sous le règne de Stanislaw August (*Wewnętrzne dzieje Polski za Stanisława Augusta*) 1764-1794; *Kraków*, 1898. (Édition de l'Académie des Sciences de Cracovie.)

Alcyato (Jean) : De l'esprit politique en Pologne; (*Rzecz o rozumie stanu w Polsce*), Strasbourg, 1849.

Askenazy (Simon). La dernière élection royale en Pologne (*Die letzte polnische Kœnigswahl*), Inaug. Dissertation, Gœttingen, 1894.

Askenazy (Simon). L'alliance polono-prussienne (*Przymierze polsko-pruskie*), *Biblioteka warszawska, novem.* 98; janvier-mars, juillet-août 1899.

Balzer (Oswald). Les réformes politiques et sociales de la Constitution du 3 mai. (*Reformy społeczne i polityczne Konstytucyi 3º maja*), *Kraków*, 1891.

Bobrzyński (Michel). Une page de l'histoire des paysans de Pologne (*Karta z dziejów ludu wiejskiego w Polsce*). Bull. de l'Ac. des Sc. de Cracovie, année 1892.

Brougham (Lord). Philosophie politique (*Political philosophy*), t. II : *Aristocraty*, ch. VII et VIII; *London*, 1861.

Bulletin polonais, nº 45 (année 1891). La Bourgeoisie et la Diète de quatre ans, d'après le Dʳ *A. Sokołowski*; nᵒˢ 51-52 (année 1891). La journée du 3 mai 1791, par M. V. *Gasztowtt*.

Coxe (William). Voyages en Pologne, Russie, Suède et Danemark; *Travels into Poland, Russia, Sweden and Danemark*), *London* 1784; Trad. fr. par Mallet, Genève, 1786

Czartoryski (Pᶜᵉ Adam) : La vie de Niemcewicz (*Żywot Niemcewicza*), Berlin, 1860.

Deiches (E.) : La question juive à la Diète de quatre ans (*Sprawa żydowska w czasie sejmu wielkiego. Lwów*, 1891.

Dembiński (Br.) La Constitution du 3 mai et la Révolution française (*Konstytucya 3º maja i Rewolucya francuska*), *Kraków* 1892.

Dzieduszycki (Comte I.) : Le patriotisme en Pologne et son développement historique (*Der Patriotismus in Polen in seiner geschichtlichen Entwickelung*), Cracovie, 1884.

Falkowski (Juliusz) : Tableau de la vie de quelques-unes des dernières générations en Pologne (*Obrazy z życia kilku ostatnich pokoleń w Polsce*), *Poznań*, 1877-87.

Ferrand : Histoire des trois démembrements de la Pologne, Paris, 1820.

Finkel (F). : La Constitution du 3 mai. (*Konstytucya 3° maja*), *Kraków*, 1892.

Garrand : Recherches politiques sur l'état de la Pologne, Paris, an III, (Bᶜ nat., M. 26-514).

Heyking (Baron K. H.) : Des derniers jours de la Pologne et de la Courlande (*Aus Polens u. Kurlands letzten Tagen*). Berlin, 1897 (Bᵉ Nat., M. 10.104).

Hofman : Histoire des réformes politiques dans l'ancienne Pologne (*Historya reform politycznych w dawnej Polsce*) Poznań, 1869.

Hüppe Siegfried. Organisation de la république de Pologne (*Verfassung der Republik Polen*) Berlin, 1867 (cf. Bibliogr. p. 379).

Jekel : Les changements en Pologne et la dernière Constitution (*Polens Staatsveränderung u. letzte Verfassung* (*Wien*, 1803-1806).

K. G. Histoire de la révolution polonaise du 3 mai 1791 (d'après la Gazette nationale) (*Geschichte der polnischen Staatsveränderung vom 3. mai 1791, nach dem polnischen Berichte der Warschauer National-Zeitung*), *Warszawa*, 1791.

Kalinka (R. P.) : Dernières années du règne de Stanisław August (*Ostatnie lata panowania St-Augusta*) *Poznań*, 1868.

Kalinka (R. P.) La politique autrichienne et la Constitution du 3 mai (*Polityka dworu austryackiego w sprawie Konstytucyi 3° maja*), *Kraków*, 1873.

Kalinka (R. P.) La Diète de quatre ans (*Sejm czteroletni*), *Lwów*, 1880-1886.

Kalinka (R. P.) La Constitution du 3 mai (*Konstytucya 3° maja*) *Lwów*, 1888.

Kareiev : Causes de la chute de la Pologne, Paris, 1891.

Kitowicz. Mémoires sous les règnes d'Auguste III et de Stanisław August (*Pamiętniki do panowania Augusta III i Stan. Augusta*), Poznań, 1840.

Komarzewski. Coup d'œil rapide sur les causes réelles de la décadence de la Pologne, Paris, 1807.

Korzon (T.). Les commissions civilo-militaires des woïéwodies et districts en 1790-1792 (*Komisye porządkowe cywilno-wojshowe wojewódzkie i powiatowe w latach, 1790-1792*), Ateneum, mars 1882.

KORZON (T.). Histoire intérieure de la Pologne sous Stanisław August, 1764-1794 (*Wewnętrzne dzieje Polski za St. Augusta*), (2° édit. augm.), Varsovie, 1898.

KOSMOWSKI. Mémoires (*Pamiętniki*), Poznań, 1860.

KOSSAKOWSKI (J.). Mémoires (*Pamiętniki*), manusc.

KOSSAKOWSKI (M.). Mémoires (*Pamiętniki*), manusc.

KOSTOMAROFF. Les dernières années de la Rzecz pospolita, en russe, Petersburg, 1870.

KOZMIAN. Mémoires (*Pamiętniki*), Poznań, 1858.

KRASZEWSKI. La Pologne à l'époque des trois partages (*Polska w czasie trzech rozbiorów*), Poznań, 1874.

KRAUSHAR (A.). Albert Sarmate (*Adal. Turski*) (*Albert Sarmate, Wojciech Turski*), Kwartalnik historyczny, 1899.

KUBALA. Le bourgeois polonais au XVIIIe s. (Esquisses historiques) (*Mieszczanin polski p. XVIII. w.*), (*Szkiczy historyczne*), Lwów, 1881.

KUBRAKIEWICZ. Remarques sur la Constitution du 3 mai quant aux droits de propriété foncière (*Uwagi nad Konstytucyą 3go maja, 1791 r. co do prawa własności gruntów*), Bourges, 1833.

KURPIEL (Dr A. M.). Précis de littérature polonaise (Bib. univers.) *Podręcznik do dziejów literatury polskiej*) (*Bib. powszechna*), Złoczów, 1900 (Galicie).

KURZWELL (E). Idée de la république de Pologne, d'après un manuscrit, Paris, 1840 (Be Ne. M, 27.758).

LA CONSTITUTION DU 3 MAI (*Konstytucya 3go maja*) Lipsk (Leipzig), 1865.

LELEWEL (J.). Analyse et parallèle des 3 constitutions de 1791, 1807, 1815. (*Trad. franç. de E. Rykaczewski*), Arras, 1833.

LELEWEL (J.). Histoire de Pologne, Paris-Lille, 1844.

LIMANOWSKI (B.). Histoire du mouvement social dans la deuxième moitié du XVIIIe siècle (*Historya ruchu społecznego w drugiej połowie XVIII stulecia*), Lwów, 1888.

LISKE. Contribution à l'histoire des dernières années de la République de Pologne. (*Zur Geschichte der letzten Jahre der Republik Polen*), Sybels histor. Zeitschr., t. XXI.

LISKE. Contribution à l'histoire de la politique de Catherine II en Pologne. (*Zur polnischen Politik Catharinas II*), Sybels, hist. Zeitschr., t. XXX.

MABLY (ABBÉ DE). Du gouvernement et des lois de la Pologne (t. VIII, des Œuv. compl.), Paris, œuv. complètes, 1781.

MACIEJOWSKI. Histoire sociale des paysans et de leur situation politique, sociale et économique en Pologne depuis les temps les plus reculés jusqu'à la deuxième moitié du XIXe siècle. (*Historya włościan i stosunków ich politycznych społecznych i ekonomicznych, które istniały w Polsce od czasów najdawniejszych aż do drugiej połowy XIX. wieku*), Varsovie, 1874.

MARCHŁEWSKI (Dr JULIUS). La Physiocratie en Pologne (*Der Physiokratismus in Polen*), Zürich, 1894; (Be nation : 8° R : 14.000).

MÉHÉE. Histoire de la prétendue révolution de Pologne, Paris, 1792; (Be nation, M. 30.496).

MICKIEWICZ (ADAM). Les Slaves, Paris, 1845-1849).

MORAWSKI (THÉOD.). Quelques mots sur l'état des paysans en Pologne par un polonais. Paris, 1833.

MOSZEŃSKI (ADAM). Mémoires sur le temps de Stanisław August (*Pamiętniki za czasów Stanisława Augusta*). Poznań, in-8°, 1858.

MOTTAZ (EUG.). Stanisław Poniatowski et Maurice Glayre, (Corresp. relative aux partages de la Pologne), Paris, 1897.

NAKWASKI. La question de l'émancipation des paysans en Pologne, Genève, 1860.

OGIŃSKI. Mémoires sur la Pologne et les Polonais (1788-1815), Paris, 1826-1827 (t. I), (Be nat. : M. 30.496.

OGIŃSKI. Mémoires (*Pamiętniki*), Poznań, 1870.

PAWIŃSKI (PROF. Dr). Le gouvernement des Diétines en Pologne (1572-1575). *Rządy sejmikowe w Polsce*), Varsovie, 1888.

PILAT (Dr ROMAN). Sur la littérature politique de la Diète de quatre ans (*O literaturze polityczne sejmu czteroletniego*), Kraków, 1872.

POPIEL (P.). Sur l'établissement et la chute de la Constitution du 3 mai 1791 (*O ustanowieniu i upadku Konstytucyi 3go maja*), Kraków, 1891.

RAUMER (FR. VON). La chute de la Pologne (*Polens Untergang*), trad. fr. de Ch. Forster, Paris, 1837; (Be nat. : M. 31.378).

REMBOWSKI (ALB.). Le droit de confédération et d'insurrection d'après l'ancien droit public polonais (*Konfederacya i rokosz w dawnem prawie państwowen polskiem*), Varsovie, 1893, in-4°, XXX et 311 pages.

ROEPPEL (Dr R.). La Pologne vers le milieu du XVIIIe s. (*Polen um die Mitte des XVIII. Iahrhunderts*), Gotha, 1876.

ROEPPEL (Dr R.). Considérations sur le gouvernement de Pologne de J.-J. Rousseau (*Betrachtungen über die polsnische Verfassung*), Rev. de de la soc. hist. de Posnanie, 3e année, p. 129-150.

ROUSSEAU (J.-J.). Considérations sur le gouvernement de Pologne, Paris, 1772.

Rulhière. Histoire de l'anarchie de Pologne, Paris, 1807.

Sawczyński (Dr H.). Jan Dekert, président de la ville de Varsovie (*Jan Dekert, prezydent miasta Warszawy*), Lwów, 1891.

Siarczyński (abbé). Le 3 mai à Varsovie (*Trzeci maj w Warszawie*), réédité à Kraków, en 1891.

Sienkiewicz. Trésor de l'histoire polonaise (*Skarbiec historyi polskiej*), Paris, 1840.

Smoleński (W). La forge de Kołłątaj, étude historique (*Kuźnica Kołłąta-jowska, studyum historyczne*), Kraków, 1885.

Smoleński (W.). La révolution intellectuelle en Pologne au xviiie siècle) (*Przewrot umysłowy w Polsce w xviii° w.*), Kraków, 1891.

Smoleński (W.). La dernière année de la grande Diète (*Ostatni rok sejmu wielkiego*), Kraków, 1897.

Smolka (St.). L'Europe et la Constitution du 3 mai 1791, Bull. int. de l'Ac. des Sciences de Cracovie, 1891.

Sokolowski (Dr A.). La question des villes à la Diète de quatre ans (*Sprawa miast na sejmie czteroletnim*), *Nowa Reforma*, 5, 7 et 8 mai 1891.

Sokolowski (Dr A.). La Diète de quatre ans (*Sejm czteroletni*) (Collect. Staszyc), Lwów, 1891.

Solovieff (S.). Histoire de la chute de la Pologne (*Istorya Padienia Polschi*) (en russe), Moscou, 1863.

Soplica (Thadée). Mémoires, ou les Récits d'un vieux gentilhomme polonais, tr. de W. Mickiewicz, Paris, 1866.

Sorel (Albert). La question d'Orient au xviiie siècle. Le partage de la Pologne et le traité de Kaïnardji, Paris, 1888.

Sorel (Albert). L'Europe et la Révolution française, t. I et II, Paris, 1897.

Souvenirs des années 1788 à 1792 (*Wspomnienie z roków*, 1788-1792, Poznań, 1862.

Stanisław August. Mémoires, Leipzig, 1862.

Surowicki. Sur la chute des villes en Pologne (*O upadku miast w Polsce*), Varsovie, 1810.

Szujski (J.) Stanisław Staszyc, écrivain politique (*Stanisław Staszyc jako pisarz polityczny*), Kraków, 1885.

Tarnowski (Comte St.) Les écrivains politiques du xvie siècle (*Pisarze polityczne, xvi° w*), Kraków, 1886.

Ulanowski (Bol.) Un village polonais du xvie au xviiie siècle (*Wieś polska pod względem prawnym od wieku xvi. do xviii.*), Bull. de l'Ac. de Cracovie, 1894.

Waliszewski (K.) La Pologne et l'Europe dans la deuxième moitié du xviiie s. (*Polska i Europa w drugiej połowie xviii° stulecia*, Kraków, 1890.

Wegner (Léon). Histoire des journées des 3 et 5 mai 1791 (*Dzieje dnia trzeciego i piątego maja 1791*), Poznań, 1865.

Wielhorski. Essai sur le rétablissement de l'ancienne forme du gouvernement de Pologne suivant la Constitution primitive de la république, London, 1775.

Wolski. La défense de Stanisław August (*Obrona Stanisława Augusta*, Paris, 1868.

Zaleski (Br.). Vie du prince Adam Georges Czartoryski (*Żywot ks. A. J. Czartoryskiego*) Poznań, 1881.

Zaleski (Br.). Correspondance polonaise de Stanisław August (1774-1792) (*Korespondencya krajowa Stanisława Augusta*), Poznań, 1872.

INTRODUCTION

L'organisation politique et sociale et les publicistes polonais avant la
Diète de quatre ans. — Les diverses tentatives de réformes dans la
deuxième moitié du xviiie siècle et le réveil national de la Pologne. —
La Constitution du 3 mai 1791.

I

La deuxième moitié du xviiie siècle fut caractérisée en Pologne
— comme en Europe — par des tentatives de réformes et de transformations politiques et sociales, qui ébranlèrent les anciennes
assises de la société ; nulle part, en effet, le besoin de ces changements ne fut plus impérieux qu'en Pologne. L'anarchie y régnait
alors, entraînant avec elle tous les phénomènes connexes de décadence, à tel point que ce pays, il y a un siècle encore, si puissant
et si éclairé, où la liberté individuelle et les droits de citoyen
avaient pris un développement si considérable, était menacé non
seulement dans sa situation intérieure, mais aussi dans son indépendance même. C'est que l'organisation politique de la Pologne avait
perdu, depuis longtemps, cette harmonie indispensable au bon fonctionnement de toute machine gouvernementale. Cela contribua
beaucoup à sa décadence qui alla toujours en s'accentuant, depuis
la fin du xviie siècle, depuis les traités de Westphalie, c'est-à-dire
depuis le moment à partir duquel toutes les puissances européennes
tendaient précisément à constituer un gouvernement de plus en

plus fort et de plus en plus centralisé. Tout autre fut l'évolution qui eut lieu en Pologne. La « szlachta » y demeura le seul facteur politique et son omnipotence ne trouva bientôt plus de contrepoids, pas même dans le pouvoir royal, extrêmement faible.

Il n'en avait pas été toujours ainsi. Sans doute, au moyen âge en Pologne comme d'ailleurs aussi dans le reste de l'Europe, l'ordre équestre jouit de privilèges beaucoup plus étendus qu'aucun autre état du royaume — mais il n'est pas le seul élément politique ; à côté existent d'autres états, qui, moins privilégiés évidemment, trouvent cependant dans la vie sociale et politique de ce temps-là les conditions nécessaires et suffisantes à un développement régulier, répondant parfaitement à leurs besoins.

C'est d'abord la bourgeoisie qui, établie dans les villes et régie par la loi allemande, le *jus teutonicum*, plus connu sous le nom de *droit de Magdeburg*, possède une large autonomie et une magistrature indépendante ; son organisation est en principe la même que l'organisation terrienne de la « szlachta » ; elle comprend un conseil municipal, élu librement et chargé de l'administration intérieure et le banc particulier de la ville, composé du maire et des échevins. (*ławnik* de *ława*, banc). En outre, des corps de métiers, des corporations (1), sagement organisés et une série de dispositions heureuses, établissant la liberté des échanges, assurent la prospérité du commerce et de l'industrie. Ajoutez à cela le droit de prendre part aux affaires les plus importantes du royaume (2) et vous conviendrez sans peine que les villes polonaises étaient alors dans des conditions on ne peut plus favorables à leur développement économique. Et de fait, le moyen âge fut pour elles une époque on ne peut plus florissante. La bourgeoisie, très riche alors, occupe une situation prépondérante. En un mot, oubliant son

(1) Oswald Balzer. — *Les réformes politiques et sociales de la Constitution du 3 mai* (Reformy społeczne i polityczne Konstitucyi 3go Maja), Cracovie (Kraków), 1891.

(2) Les villes avaient une part assurée dans le gouvernement provisoire en cas d'interrègne ; elles envoyaient des délégués pour la conclusion des traités internationaux, prenaient part à l'élection des rois, etc. Cf. Osw. Balzer, *op. cit.*

origine allemande et commençant à se poloniser, elle est devenue un élément matériellement et moralement sain, qui peut être utilisé avec profit pour la force du pays.

Mais la couche inférieure, l'état des paysans n'est pas auss bien partagé ; partout en Europe, d'ailleurs, il dut attendre le XIXᵉ siècle pour voir reconnaître ses droits de citoyens. En Pologne cependant, au moyen âge, sa situation économique et légale est parfaitement supportable et, en comparaison de ce qui existait alors dans les autres pays, incontestablement plus favorable.

Aux XIIIᵉ et XIVᵉ siècles commença la colonisation sous le régime du *jus teutonicum* — colonisation qui engloba non seulement les villes, mais aussi les campagnes, et apporta aux paysans des avantages considérables. S'il devait payer au seigneur un cens fixe, d'ailleurs nullement excessif, le paysan, établi sur un lopin de terre avait le droit de le quitter, à condition de fournir un remplaçant, et ne pouvait en être expulsé contre sa volonté. Les fils allaient d'eux-mêmes chercher d'autres terres à cultiver, ce qui était facile à trouver, car seule la main-d'œuvre était rare ; cependant, pour éviter de trop grandes migrations, on ne permettait pas — d'après un statut exprès de Casimir — à plus de deux paysans de quitter annuellement le même village, et le départ avait lieu chaque année à une date déterminée, généralement à Noël. On reconnaissait donc aux paysans le droit d'aller et de venir, avec les seules restrictions qu'exigeait un juste respect des intérêts du seigneur ; le paysan pouvait en outre citer ce dernier devant le tribunal de *la terre* (*ziemski*, de *ziemia*) ou de la ville et obtenir un jugement favorable ; sa situation n'avait donc nullement le caractère de l'asservissement à la glèbe. Ce n'est pas tout : à la campagne, pour les contestations entre eux, les paysans avaient leur propre tribunal, composé d'échevins élus par eux, sous la présidence du *maire*, dont la charge était héréditaire et indépendante du seigneur, en face duquel il représentait les intérêts des paysans, à qui ce tribunal offrait une garantie contre les abus.

Telle fut l'organisation sociale polonaise dans la deuxième moitié du moyen âge. Elle assurait à chaque état une existence propre et autonome ; tous pouvaient vivre librement et se développer, l'un à côté de l'autre, sans se nuire ou se gêner respectivement. Mais cela ne dura pas et, vers le xve siècle, la szlachta se mit à limiter ou même à supprimer définitivement les droits existants des autres ordres — conséquence de la nouvelle tendance économique qui se manifesta chez elle par suite de la transformation du régime agricole qui s'opérait alors.

Au moyen âge les redevances étaient la source principale, sinon unique, des fortunes terriennes ; la culture entreprise par les seigneurs eux-mêmes n'avait qu'une importance secondaire et ne servait qu'à l'entretien de leur famille et de leur nombreuse domesticité ; absorbés tout entiers par les choses de la guerre, ils s'en tenaient simplement aux revenus que leur fournissaient les redevances. Aussi dans les actes de transfert des propriétés immobilières prenait-on pour base d'évaluation, moins la valeur des métairies (folwark) que la somme des redevances payées par les paysans. Peu importait donc le chiffre de la population rurale ; il suffisait en effet que chaque morceau de terre, destiné à la culture, rapportât une redevance convenable. Ainsi s'explique là liberté laissée au paysan de quitter le champ qu'il cultivait, en fournissant un remplaçant, et à ses fils d'aller chercher ailleurs à gagner leur vie : le seigneur n'en subissait aucun dommage.

Ces conditions éprouvèrent un changement considérable au xve siècle.

Pour la première fois alors, en colonisant la terre féconde de la Russie rouge, la szlachta comprit l'utilité et l'importance, pour l'exportation, de la culture du blé sur une grande échelle. En 1466, en effet, la paix de Thorn, avait donné, avec la Prusse royale, les deux embouchures de la Vistule à la Pologne ; celle-ci acquérait ainsi une route commerciale de premier ordre, par laquelle elle entrait en communication directe avec l'Occident, qui, ne pouvant se suffire à lui-même, recherchait alors le blé polonais et le payait un bon prix ; ce fut l'origine d'une exportation agricole considérable. Quelle brillante perspective pour les propriétaires fonciers de Pologne s'ils transformaient à temps le régime économique existant, c'est-à-dire s'ils étendaient le métayage et se mettaient à cultiver le plus possible pour leur propre compte ! La szlachta comprit si bien cela que la base d'évaluation des terres se modifia du tout au tout : ce ne fut plus la somme totale des redevances payées par un village, mais la masse des terres dont pouvait librement disposer le szlachcic et capables de produire du blé. De là une transformation dans les rapports des paysans avec le seigneur, celui-ci ayant besoin du plus grand nombre de bras possible pour cultiver ses domaines — tâche que ne pouvait plus remplir la domesticité trop peu nombreuse, qui y suffisait auparavant, et pour laquelle on ne trouvait plus assez de journaliers dans une population rurale déjà très clairsemée. Il n'y avait donc qu'un moyen : obliger les paysans à cultiver les métairies. Ce fut ainsi que prit naissance en Pologne la corvée (pańszczyzna). Exceptionnelle avant les XIIIᵉ et XIVᵉ siècles, elle devint générale au XVᵉ, où quelques conventions particulières touchent cette question. Enfin les statuts de Thorn et de Bydgoszcz, de 1519 et 1520, établissent que les paysans de chaque champ sont tenus de faire pour le seigneur au moins un jour de corvée par semaine et décident que, là où l'usage s'est créé d'en faire deux ou plus, il doit être conservé. Cette institution qui ne s'établit en Allemagne que vers la fin du XVIᵉ siècle — et après de grandes résistances — s'implanta en Pologne sans protestation de la part des paysans ; elle n'en entraînait pas moins pour eux une grande perte matérielle et constituait une première atteinte à la liberté individuelle dont ils jouissaient jusqu'alors.

Le principe de la corvée posé, le seigneur devait avoir évidemment intérêt à l'accroissement de la population rurale ; aussi chercha-t-il à écarter tout ce qui pouvait l'enrayer. De là la tendance des Diètes de la fin du XVᵉ et du XVIᵉ siècles à limiter, puis à supprimer l'exode des paysans, « la szlachta » (ainsi qu'elle le déclara ouvertement) « ne pouvant augmenter sa fortune ou même subvenir à ses besoins que par leur travail. » Aussi fut-il décidé en 1496 : qu'un seul paysan indépendant — au lieu de deux dans le statut de Casimir le Grand — pourrait abandonner le village et que les fils (sauf un par famille, excepté pourtant s'il est fils unique) ne pourraient plus quitter la terre ; en 1532 enfin, la permission du seigneur devint toujours exigible et le paysan cessa ainsi d'être libre pour être attaché à la glèbe. Mais il lui restait encore ses tribunaux autonomes et il pouvait y avoir publiquement recours contre son maitre. La szlachta s'employa alors à briser la magistrature des maires. Ayant découvert dans le statut de 1423 que les « maires inutiles ou opposants » pouvaient être mis en demeure de vendre leur charge, le szlachcic en profita pour rendre la justice en leur lieu et place à ses paysans. Ce fut une usurpation progressive par les seigneurs du droit de juridiction sur leurs serfs et l'exception devint bientôt la règle : ainsi se créa une sorte de tribunal patronal privé (1). L'ancien tribunal n'en continua pas moins d'exister car, dans la suite, on trouve dans les villages des maires et des échevins, jugeant encore les contestations entre paysans — mais leur caractère n'est plus le même : ils sont devenus, en effet, des instruments dociles entre les mains du seigneur. Le tribunal rural autonome a fait place à un tribunal seigneurial privé, dans lequel le « pan », quand il le veut, rend lui-même l'arrêt, contre lequel n'existe aucun recours. La loi est désormais l'expression de la seule volonté du seigneur, qui s'arrogea le droit de vie et de mort, si bien que la Constitution de 1573, en formulant le *jus vitæ ac necis*, ne fit que consacrer un usage déjà ancien. Telle devint la condition des paysans à la fin du XVe et au commencement du XVIe siècle.

La bourgeoisie, cependant, qui avait pris, comme nous l'avons vu, une grande importance, était devenue une puissance qui ne devait pas cesser d'augmenter, du moins tant que les villes auraient leurs intérêts économiques protégés ; elles avaient ainsi, en effet, un développement régulier assuré, développement déjà considérable et que vint encore favoriser le grand essor commercial du Moyen Age, en leur apportant ce qui manquait le plus à la szlachta : des capitaux. Seuls, en effet, quelques membres privilégiés de l'ordre équestre parvinrent à la richesse pécuniaire et à la puissance matérielle ; mais la masse de la petite noblesse, ne disposant pas de vastes lati fundia, tant s'en faut, n'ayant que les redevances pour toute source de revenus (car le service militaire l'enlevait constamment aux champs) et sans cesse appauvrie par les partages de succession, avait un faible fond de force économique en face de la riche bourgeoisie, dont la prédominance pouvait, avec le temps, devenir funeste à la szlachta — surtout lors du grand développe-

____

(1) Constitution de 1557.

ment des rapports commerciaux au xve siècle ; les bourgeois ne pouvaient-ils pas employer leurs capitaux à acheter en masse des biens fonds et y pratiquer la culture du blé sur une vaste échelle ? Ils eussent ainsi fait certainement une concurrence dangereuse à la noblesse. Celle-ci vit le péril et, à la Diète de 1496, le conjura en défendant à la bourgeoisie d'acquérir à l'avenir des propriétés foncières, à quelque titre que ce soit, et en lui intimant l'ordre de vendre les terres qu'elle possédait. Cette défense — renouvelée en 1538 — se maintint pendant les xvie, xviie et xviiie siècles jusqu'à la loi du 18 avril 1791 et les quelques exceptions consenties en faveur d'un très petit nombre de villes — comme Kraków, Lwów, Wilno — furent sans importance. C'était donc bien là une défaite complète pour la bourgeoisie et une victoire décisive pour la szlachta, qui non seulement supprimait ainsi des concurrents redoutables, mais limitait à l'intérieur des villes leur sphère d'action économique ; et, en 1633, on décida qu'un szlachcic ne pourrait plus désormais, sans déroger, se livrer au commerce.

L'interdiction de posséder des biens fonds n'eut pourtant pas suffi à amener la décadence des villes. La szlachta pouvait à l'avenir s'adonner exclusivement à l'agriculture, tandis que la bourgeoisie déploierait son activité dans le domaine industriel ou commercial, et ces deux états devaient encore trouver les conditions d'un développement favorable, si chacun conservait sa liberté d'action dans sa sphère propre ; mais il n'en fut pas ainsi et, poussés par des motifs égoïstes, les gentilshommes restreignirent encore la liberté des bourgeois — du moins ce qui leur en restait. Les poids, les mesures et la valeur des denrées étaient fixés par les starostes, woïewodes et autres fonctionnaires, qui abusèrent de leur pouvoir pour fixer souvent les prix au-dessous du coût de production ! De plus, on défendit aux bourgeois le commerce d'exportation (en 1565 et en 1629) et comme l'on avait permis aux étrangers d'acheter en Pologne, tout le trafic international fut bientôt entre les mains de ces derniers. Enfin la szlachta ne payait pas d'impôts, dont tout le poids retombait sur les deux autres états. Toutes ces mesures ne contribuèrent pas peu à la ruine du commerce et de l'industrie. Tout semblait conspirer en effet la perte des villes : la chute de Constantinople, au milieu du xve siècle, avait entraîné celle des établissements gênois de la mer Noire et de l'Archipel et brisé ainsi les rapports commerciaux que la Pologne entretenait avec l'Orient ; puis survinrent les guerres cosaques et les invasions suédoises ; enfin, au XVIIIe siècle les séjours et passages d'armées étrangères sur le territoire polonais, avec leurs cortèges habituels de fléaux, les incendies, la dévastation et la peste, si bien que dès la première moitié du XVIIIe siècle, leur ruine était consommée. Tel fut le résultat final de la politique économique égoïste de la szlachta.

La bourgeoisie ne résista pas mieux sur le terrain politique. A la fin du XVe et au commencement du XVIe siècle — quand l'institution des Diètes était encore à l'état embryonnaire — elle eût certainement pu s'y assurer un rôle et y conserver comme en Allemagne ou en Angleterre, une représentation à part à côté de la szlachta ; mais adonnée uniquement au commerce et à l'industrie, heureuse de sa prospérité matérielle, elle dédaigna d'exercer une influence politique quelconque ; aussi dès 1505, n'a-t-elle plus de place réservée aux Diètes et quant à l'apposition de la signature de ses délégués particuliers au bas de l'acte de l'élection des rois, usage qui se perpétua jusqu'à la fin de l'existence du royaume, ce ne fut plus qu'une simple formalité sans signification pratique. La szlachta décida donc seule des affaires des villes, dont les intérêts ne furent défendus par personne et les Diètes supprimèrent peu à peu leur autonomie, qui résidait, au moyen âge, dans le *conseil municipal* — pouvoir administratif — et le *banc particulier* de la ville — pouvoir judiciaire — auquel un bourgeois pouvait en appeler même contre un szlachcic, qui, comme on peut bien le penser, préférait être jugé par ses tribunaux territoriaux ou du « gród ». Aussi dès le milieu du XVe siècle (en 1454 et plus tard en 1538) fut-il décidé que toute affaire, concernant le meurtre par un bourgeois d'un gentilhomme ou de son paysan, serait évoquée devant ces tribunaux et que, dans l'hypothèse contraire, le szlachcic serait jugé par un tribunal mixte, composé de « starostes » et de représentants de la ville (1) et plus tard enfin on admit que tout gentilhomme, acquéreur d'un terrain appartenant

(1) Statut de Thorn, 1519.

à une ville et ressortissant à son tribunal, ne dépendrait plus que des tribunaux territoriaux. La hiérarchie judiciaire municipale fut peu à peu supprimée, et le tribunal suprême devint une *cour assessoriale* où il n'y eut plus place pour les représentants des villes (1). Quant aux conseils municipaux, ils perdirent encore plus de leur importance que les tribunaux : en 1565 et 1567 il fut décidé qu'ils rendraient dorénavant compte de tout aux « starostes »; ceux-ci mirent peu à peu la main sur l'administration intérieure des villes, dont ils devinrent un ennemi plus redoutable que le cosaque ou le suédois !

Le clergé, recruté parmi les gentilshommes, fut la seule classe à laquelle cette politique de destruction ne pouvait s'appliquer ; mais rien n'empêchant les non-nobles de parvenir dans cet ordre aux plus hautes dignités, la szlachta ne pouvait voir d'un bon œil les « riches prébendes du clergé » lui échapper, car « elles devaient servir à donner du pain aux fils de nobles. » Aussi la mémorable Diète de 1496 interdit-elle aux non-nobles l'accès des églises cathédrales; quelques canonicats furent seulement réservés aux docteurs en théologie, droit ou médecine. Tout le haut clergé, (c'est-à-dire celui qui participait au gouvernement et exerçait en même temps une influence effective considérable sur le bas clergé) se recruta dès lors exclusivement parmi les membres de la szlachta et, à part quelques querelles de famille, la plus grande solidarité régna toujours entre ces deux ordres — contre les autres états. Mais cette union n'exista jamais qu'entre la noblesse et le seul clergé de l'Eglise catholique romaine ; après le mouvement de la Réforme, en effet, la szlachta se montra intolérante ; sans doute, la confédération générale de Varsovie, de 1573, assura aux dissidents la paix et la liberté de leurs cultes, mais dès 1717 la confédération de Tarnogród ne toléra plus qu'un culte privé.

---

(1) Il y avait les tribunaux municipaux du banc ordinaire avec appels : à des tribunaux supérieurs de villes plus importantes ; puis à un tribunal plus élevé, celui de la citadelle de Kraków (Cracovie) et enfin au tribunal suprême dit des six villes — dont on ne retrouve plus trace de sa faible activité dès la deuxième moitié du XVIIe siècle. Toutes ces cours étaient formées uniquement de représentants de la bourgeoisie. — Ch. Oswald Balzer, *op. cit.*

L'union de Brest ne fut pas en outre, entièrement ce qu'elle aurait pu être : certes l'on s'entendit sur les choses de la foi, mais l'on ne sut comprendre l'utilité d'une syncrèse sociale et politique, et l'on exclut l'épiscopat de l'Eglise Unie de toute participation au gouvernement ; l'on avait pourtant garanti aux Uniates la possibilité d'exercer le mandat représentatif, comme d'ailleurs aussi aux dissidents ; auxquels dès 1733 on retirait néanmoins l'*activitatem* à la Diète et dans les tribunaux.

La cause efficiente de tous ces changements sociaux, qui s'accomplirent principalement entre le xve et le xvie siècle, est facile à découvrir. La szlachta — état cependant déjà bien privilégié — voulut être et devint l'unique pouvoir politique ; elle réalisa entièrement le programme d'exclusivisme qu'elle s'était tracé : les bourgeois et les paysans, trop faibles pour lui résister, elle les réduisit au silence ; le clergé, qu'elle ne put briser, elle l'absorba en elle-même et fit cause commune avec lui, si bien que des éléments séparés, dont la force était inégale sans doute, mais le fonctionnement régulier, qui constituaient la société polonaise au moyen âge, il n'en demeura qu'un seul debout, qui se développa dans des proportions démesurées. Au principe d'équilibre, jadis existant, et qui faisait alors la force de ce pays, fut substitué le principe d'exclusivisme de la szlachta, dont les membres eurent tous les droits et formèrent seuls désormais la « nation polonaise ! »

Ce sont eux qui élisaient le roi — mais ils ne procédaient jamais à l'élection sans lui avoir fait consentir au préalable quelques nouvelles restrictions à ses prérogatives, sans lui avoir dicté leurs volontés et imposé leurs conditions par les « pacta conventa » ; ces mœurs prirent naissance en 1573 et depuis ce temps-là l'élection ne cessa d'être un marché ainsi que les « pacta conventa », que la szlachta imagina par crainte du pouvoir absolu. Ce système d'une royauté élective n'avait pas seulement pour conséquence fatale de laisser la Pologne désarmée en face de nations fortement organisées ; il était encore une cause de corruption des mœurs politiques, en y introduisant l'intrigue et la vénalité. La royauté étant un moyen de puissance et d'influence, que chacun voulait avoir à sa disposition, l'élection devenait une « affaire de famille » et cessait d'être regardée comme une « affaire

« nationale ». « Acceptons le fait accompli », disait l'évêque Sołtyk, en parlant de Stanisław August, « le veau couronné », « mais « songeons dès maintenant à le renverser. » Tel était l'état d'esprit des « magnats », qui ne songèrent que trop souvent à eux et oublièrent la patrie, et dont l'orgueil et la jalousie étaient tels qu'ils préféraient souvent voir sur le trône un prince étranger plutôt qu'un des leurs, et ce furent eux qui inventèrent l'article *de non praestanda obedientia*, si le roi ne respectait pas les *pacta conventa*.

Ah ! où donc était le temps où André Olszowski (1) plaidait si éloquemment la cause d'un roi national ! « Je n'ay pas une simple « amitié pour Piast, je l'aime éperduement ; son nom me flatte : « Piast ou « Porteur » est celui-cy qui « portera » dans son sein « et dans ses bras nostre patrie esbranlée et chancellante, et qui « aura un grand soin de nostre bonne mère. J'ay pour guide de mon « amour l'Escriture saincte, qui dit à Moyse : « Tu ne pourras élire « un étranger pour ton Roy parce qu'il n'est pas ton frère. » La « nature, tout ce qu'elle produit, le droict, les coustumes des gens « et tout ce qui en provient, les loys et les exemples, prouvent que « pour avoir des chefs et des persuadeurs favorables, il les « faut choisir d'entre son peuple. Les troupeaux des animaux et « les troupes des oiseaux ne sont pas gouvernez par leur dissem- « blable, ils suivent toujours un conducteur de leur espèce. Est-il « vray, Polonais, que la nature nous aurait condamnez à une « éternelle sujection ; souffrirons-nous éternellement la domina- « tion d'un étranger ? un de nos compatriotes ne nous gouver- « nera-t-il jamais ? Serons-nous marris que nostre teste soit ornée « du diadème, dont à bon droict le monde s'enorgueillit, et avec « lequel l'usage et les exemples des gens couronnent des roys de

---

(1) André Olszowski. — *Censure ou Discours politique touchant les prétendants à la Couronne de Pologne*, Cologne, 1670 (p. 97-99). Traduction française qui parut à la même époque que la brochure éloquente que publia en polonais André Olszowski ; elle ne contribua pas peu, à l'abdication de Jean-Casimir, à faire donner la couronne à Michel Wisniowiecki. Cf. *Les Récits d'un gentilhomme polonais*, trad. franç,, par M. Władysław Mickiewicz, fils de l'immortel Adam Mickiewicz, le poète national de la Pologne, Paris, 1866.

« leur sang ? Tandis que Rome estait esclave, elle prenait indiffé-
« remment des roys d'entre les estrangers ; après qu'elle eut
« chassé les Tarquins, après qu'elle eut establi sa liberté, elle
« ne permettait les faisceaux de verges qu'aux seuls citoyens
« de Rome ; le fondement de la liberté estait d'être gouverné
« par des hommes déifiez. Entre les Mèdes, les Perses et
« les Grecs, c'estaient des naturels qui étaient roys. L'Empire
« romain ne peut estre donné qu'à un allemand ; la raison qu'en
« donne la Bulle d'or est celle-ci, « qu'il ne faut pas que
« l'honneur de la couronne soit transféré aux estrangers. »
« La France, par la loy salique, esloigne les estrangers de son
« thrône... L'ancien statut des Portugais dit : « Nous ne voulons
« pas que nostre empire aille jamais hors de Portugal. » Le Saint
« Siège de Rome et du monde est fermé aux ultramontains. Les
« Piasts ont été nos roys, qui, incontinent après qu'on eut reçu
« la lumière de l'Évangile, fondèrent des êveschez, des abbayes
« et des églises, qui par l'illustre rénom plus outre de leur valeur
« donnèrent de la terreur à nos ennemis et en remplirent tout
« l'Univers. Proche le Tibissa, le Boristhène, l'Elbe, la Sale et la
« mer Baltique, ils ont dressé à Mars des colonnes de fer pour
« marques de leurs trophées ; après avoir triomphé des Ottomans,
« leurs mains royales et victorieuses mirent dans la forteresse de
« Cracovie leurs cimeterres et *szczerbiec* » (sabre qu'en 1018 le roi
Boleslas ébrécha contre la porte d'or de Kiew en entrant en maître
dans cette ville) « pour y estre gardez entre les monuments triom-
« phaux des anciens roys ; dès le premier Piast jusqu'à Casimir
« le Grand, ils n'étaient obligez par nul serment ou par quelques
« traités, mais le seul bien de l'amour les étreignait. »

Au xviiie siècle il n'en était plus de même. Le pays était divisé
en factions, en coteries et bientôt l'intérêt personnel et particulier
prima l'intérêt général ; les dissensions et les discordes intérieures
déchirèrent la Pologne et furent une des raisons de sa faiblesse ;
les partis n'hésitèrent même pas à faire appel à l'étranger ; l'influence des puissances voisines devint de plus en plus prépondérante, jusque dans les affaires intérieures de la république et,
comme on peut bien le penser, elle fut loin de s'exercer de façon
à faire cesser les querelles particulières : la Russie, la Prusse et

l'Autriche appliquèrent à l'envi la maxime du sénat romain; le
« *divide ut imperes* » devint ainsi leur unique règle de conduite
et leurs efforts tendirent uniquement à maintenir ce que Catherine II appelait « *la bienheureuse anarchie !* » (1).

La passion de parti a cela de funeste qu'elle entraine toujours
une indifférence coupable pour tout ce qui concerne le bien public ;
la Pologne devait en faire la triste expérience ! Certes la szlachta
ne manquait pas de patriotisme ; pour leur pays, ses membres
eussent, sans hésiter, sacrifié leurs biens et leur personne (ils

(1) Voici, entre autres documents, l'article secret du traité d'alliance
conclu le 11 avril 1764 entre Catherine et Frédéric II : « Comme il est de
« l'intérêt, de S. M. le roi de Prusse et de S. M. l'impératrice de toutes les
« Russies d'employer tous leurs soins et tous leurs efforts pour que la
« république de Pologne soit maintenue dans son état de libre élection —
« c'est-à-dire d'impuissance — et qu'il ne soit permis à personne de rendre
« ledit royaume héréditaire dans sa famille ou de s'y rendre absolu ; S. M.
« le roi de Prusse et S. M. I. ont promis et se sont engagés mutuellement
« et de la manière la plus solennelle, par cet article secret, non seulement
« à ne pas permettre que qui que ce soit entreprenne de dépouiller la
« république de son droit de libre élection, de rendre le royaume hérédi-
« taire ou de s'y rendre absolu, dans tous les cas où cela pourrait arriver,
« mais encore à prévenir et à anéantir par tous les moyens possibles et
« d'un commun accord les vues et les desseins qui pourraient tendre à ce
« but, aussitôt qu'on les aurait découverts, et à avoir même en cas de
« besoin, recours à la force des armes pour garantir la république du
« renversement de sa constitution et de ses lois fondamentales !... » (Fait
à Pétersburg, le 11 avril (v. s. 31 mars) 1764. — Cf. Léon Wegner, *Hist.
des journées des 3 et 5 mai* 1791 (p. 19), (Dzieje dnia trzeciego i piątego
maja 1791), Poznań (Posen), 1865). Comme on le voit, la Russie et la
Prusse avaient pris leurs précautions avant d'appuyer l'élection de Stanislaw August, que désiraient les Czartoryski en vue de la réalisation de leur
plan de réformes, sérieusement mûri. Mais toute l'Europe d'alors était hostile à la réforme du gouvernement de Pologne — et il est curieux de noter
que les cours de Vienne, de Paris et de Dresde avaient là-dessus les mêmes
vues que celle de Berlin. La raison de cette identité d'attitude est encore
plus curieuse que le fait lui-même. On craignait que la réforme de la Pologne ne servît qu'à accroître la puissance russe, dont le développement n'était
pourtant pas encore trop considérable. Il est vrai que les Czartoryski
recherchaient l'entente avec la Russie pour réaliser leurs desseins patriotiques et que ce qui était pour l'Europe un objet de crainte était pour eux
un objet d'espérance. — Cf. Simon Askenazy ; *la dernière élection royale
en Pologne* (Introduction), (Die letzte polnische Kœnigswahl (Inaugural-
Dissertation), Gœttinguen, 1894.)

l'ont maintes fois prouvé), mais ils n'avaient pas une notion bien nette de leur devoir public ou civique et chacun agissait selon ses vues particulières. Dans les familles des « magnats » — dont l'influence était telle que l'histoire de la république de Pologne, au « xviiie siècle, n'est en somme, dit Rœpell (1), que celle de ces familles » — les inimitiés se transmettaient de génération en génération et arrivaient bientôt à un état de haine réciproque tel que toute autre considération devenait accessoire. Si encore le roi avait pu exercer une influence quelconque, ces querelles n'eussent jamais été aussi nuisibles à la patrie qu'elles le furent ; mais il était entièrement dépourvu de tout moyen d'action, même sur ses propres ministres, qui, une fois nommés, devenaient indépendants du pouvoir royal sans avoir entre eux aucune solidarité ; et cette impuissance du roi était voulue, les Polonais y voyant une garantie de leurs libertés ! Leur crainte du despotisme était si grande, en effet, qu'ils se montraient hostiles à l'établissement d'une armée permanente et à la création de forteresses (2) et qu'ils préféraient être désarmés devant l'étranger plutôt que devant leur roi. Celui-ci, nommant à tous les emplois supérieurs, eût pu se constituer un appareil gouvernemental soumis à sa volonté s'il avait eu le droit de révoquer un fonctionnaire une fois nommé ; mais le statut de 1538 en avait autrement décidé et il ne pouvait pas se débarrasser de l'individu qui ne remplissait pas ses fonctions ou s'opposait ouvertement aux ordres supérieurs ! Bien rares en effet furent les prescriptions de Constitutions imposant aux fonctionnaires l'exécution des décrets des Diètes *sub pœna privationis officii* ; chacun d'eux était un petit roi ; bref, c'était l'*anarchie*.

La décentralisation était telle en effet que, non seulement la Couronne et la Lithuanie avaient un gouvernement distinct, mais que la Couronne comprenait à son tour la grande et la petite Pologne et que chacune de ces trois provinces — dont la réunion constituait la République — se composait de quelques dizaines de parties (autant qu'il y avait de woïéwodies ou de terres), gardant

---

(1) R. Rœpell. — *La Pologne vers le milieu du* xviiie *siècle* (Polen um die mitte des 18. Iahrhunderts.) Gotha, 1876.
(2) Fortalitia sunt frœna libertatis, dit un proverbe polonais.

chacune une grande part des attributs du gouvernement. Ce fut
après les interrègnes de 1572, 1574 et 1587 que les Diétines (1)
(sejmiki) accaparèrent l'administration locale, et vers le milieu
du xviiᵉ siècle on trouve des impôts et un trésor de la woïewodie
(dont la comptabilité fut souvent en conflit avec celle du royaume),
une armée payée par ce trésor et obéissant à des chefs relevant de
la Diétine — bien qu'elle ne soit qu'une simple fraction de l'armée
nationale et nullement une milice locale !

Après la désorganisation du pouvoir exécutif, celle du pouvoir
législatif : le liberum veto, ce *jus cardinale, specialissimum et
unicum*, ne donnait plus que des résultats désastreux pour le pays.

« Le veto n'avait pas été inventé par les Polonais, mais datait
« de la plus haute antiquité slave ; il était en plein exercice dans
« toutes les communes slaves où la propriété, les droits et les
« devoirs étaient en commun ; chacun faisait valoir sa portion
« de droit commun absolu. On y remédiait cependant par la vio-
« lence en obligeant l'opposant, à force de coups de bâton, à voter
« avec la masse de la nation. Le veto existait aussi en Russie et
« en Bohême, dans la vie des communes.

« Après l'établissement de l'État polonais, la théorie du veto
« subit plusieurs transformations par suite de l'intervention des
« idées étrangères et surtout des idées romaines. On confondit
« alors le pouvoir d'un nonce polonais avec ceux d'un tribun romain,
« ce qui falsifia les idées nationales.

« Quelle est la signification philosophique de ce veto ? Comment
« l'accorder avec l'existence sociale d'un peuple ? La société poli-
« tique est regardée par les philosophes comme le résultat d'un
« accord commun des individus, qui abandonnent certains droits
« personnels en faveur de la société. Ceci est accepté par tous les
« théoriciens. Mais ici commence la divergence des opinions. Les
« philosophes de l'école qu'on nomme légitimiste supposent que
« cet abandon des droits des particuliers s'est fait en faveur d'une
« famille quelconque qui devient régnante et représente la société.
« Cette famille, une fois établie comme souveraine, est chargée
« de surveiller les intérêts de la société ; ces individus n'ont plus

(1) V. infra, p. 17, 19, note 1.

« le droit de réclamer leurs libertés, qu'ils lui ont sacrifiées, jusqu'à
« ce que, la famille étant éteinte, la Providence appelle les indi-
« vidus à en choisir une autre. D'après une seconde école —
« philosophique — les intérêts de la société doivent plutôt être
« représentés par les individus eux-mêmes. La majorité de ces
« individus, comme souveraine, exerce un pouvoir despotique.
« La minorité n'a pas le droit de se détacher de la société, elle est
« pour toujours la sujette de la majorité.

« D'après les idées polonaises, un individu qui entre comme
« partie intégrante dans l'association politique n'en conserve pas
« moins ses droits primitifs ; il est toujours libre de sortir de
« cette société ; c'est donc une liberté poussée à l'extrême. Dans
« chaque discussion politique, l'individu peut sacrifier sa liberté
« personnelle comme aussi il est libre de la réclamer. Cela sup-
« pose donc un sacrifice continuel de la liberté, un sacrifice sem-
« blable à celui que la religion exige de la conscience des individus.
« On n'est pas sujet de la société parce qu'on a été inscrit sur la
« liste des sujets par ses ancêtres, mais parce qu'on accepte cette
« société comme la plus juste, la meilleure et la plus belle. L'indi-
« vidu conserve le droit non seulement de sortir de cette société,
« mais même de l'arrêter dans sa marche, s'il voit qu'elle s'égare
« et qu'elle ne remplit pas sa mission.

« C'est une théorie logique, plus logique que celles qui ont été
« acceptées comme bases des institutions par les philosophes
« légitimistes et démocrates. En effet, quelques écrivains très
« avancés de l'école démocratique s'aperçoivent déjà que la majo-
« rité ne peut pas faire des lois absolues, qu'il est déraisonable
« de supposer que la majorité d'un pays ou d'une association
« quelconque soit en possession de la science et de la lumière
« absolues, et que chaque individu doive se soumettre sans appel
« à ses décisions. Mais les droits immenses que la Constitution
« polonaise laissait à chaque individu supposaient aussi des devoirs
« immenses et des vertus extraordinaires ; ce qui explique pour-
« quoi les sages de la Pologne, les évêques, les sénateurs et
« même l'écrivain Nicolas Rej de Nagłowiec (1), dans son tableau

(1) Voir plus bas, p. 20.

« du gentilhomme polonais, regardent toujours les Diètes, les
« Diétines, les réunions et les discussions politiques comme des
« espèces de sacrifices ; qu'ils recommandent à chaque individu
« d'y préparer sa conscience, chaque nonce et chaque gentilhomme
« exerçant une espèce de sacerdoce. Les hautes vertus devenues
« rares et le perfectionnement moral arrêté, l'association devait
« nécessairement se dissoudre... (1) ».

Ce fut, en effet, seulement au XVIIe siècle, quand commença la
décadence morale et intellectuelle de la szlachta, que se multiplia
l'exercice du liberum veto ; les ruptures des Diètes furent de plus
en plus fréquentes et bientôt pendant quelques dizaines d'années
de suite aucune ne put aboutir. Aucun contrôle financier ou autre
n'était possible dans de pareilles conditions, et le sort du
royaume fut abandonné à l'anarchie.

Le même désordre régnait dans les Diètines, dont tout noble sans
exception faisait partie ; peu cependant offraient des garanties de
capacités suffisantes ; ainsi pour les deux terres de Cujavie, sur
1.000 membres, il n'y en avait pas 100 capables de comprendre
les affaires publiques ! La tourbe obscure des nobles était l'instrument aveugle des magnats à la cour desquels ils vivaient (2) ;
les magnats avaient donc à la Diètine — sejmik — comme à la Diète
— sejm — la prépondérance assurée ; ils dirigaient en effet les
élections de façon à faire nommer des hommes à eux. Le liberum
veto s'implanta aussi dans les Diétines, dont on chercha en vain
à l'extirper en 1763 et la Constitution de 1768 devait le proclamer
intangible, « son fondement étant *in jure votandi* ».

Et cependant l'exercice du droit de veto n'avait plus pour résultat
que d'entraver toute bonne volonté et ne servait qu'à rendre vaine
toute mesure, même excellente et désirée par toute la nation. Pour
tout arrêter, il suffisait de la voix d'un fou, d'un ignorant ou d'un
corrompu — car les puissances étrangères ne se faisaient pas faute
d'employer la corruption comme le moyen le plus efficace d'entretenir dans le pays cette anarchie si profitable à leurs intérêts (3).

(1) Adam Mickiewicz. — *Les Slaves*, II, p. 379-382.
(2) Cf. Osw. Balzer. — *Op. cit.*
(3) Cf. à ce sujet dans V. Kalinka, *La Diète de quatre ans* (Sejm cztero-

« L'anarchie devenait ainsi la vie normale de l'Etat et il ne
« restait qu'un remède pour y échapper, remède pire que le mal :
« la guerre civile. Constituer un État dans l'État, suspendre les
« lois, imposer par la force les volontés d'une faction, ce qui pas-
« sait ailleurs pour séditieux, ce que l'on imputait justement à
« crime de trahison, était pour les Polonais l'exercice d'un droit
« public. Cela s'appelait former une Confédération (1) et c'était le
« seul tempérament qu'il y eût à l'anarchie. L'insurrection était le
« corollaire indispensable du premier principe de ce gouverne-
« ment » (2). Le liberum veto avait sa contre-partie dans le droit
de confédération et d'insurrection ou rokosz.

Ce droit de confédération naquit au moyen âge. L'oppression
des cultivateurs, attachés à la glèbe, par les seigneurs, fit éclore, du
XIIe au XVe siècle, une organisation spontanée des ruraux et des
citadins en groupes destinés à la protection collective et qui prirent le nom de confraternités, conjurations, ligues ou confédérations. C'était le selfhelp social à une époque où le pouvoir central
ne pouvait encore protéger ses subordonnés et sujets. La Hanse
est une institution de cette sorte, et, sous Louis XI, la Ligue indique peut-être la persistance de ces habitudes anciennes. En
Pologne elles furent l'origine d'une institution très légale et même
in extremis très salutaire.

Ces ligues, en effet, n'eurent pas toujours le même caractère.
D'abord le fruit de l'anarchie sous la royauté héréditaire, elles ne
servirent qu'à l'ordre équestre pour maintenir ses droits quand il
les croyait lésés par la couronne, ce qui arrivait souvent, car
l'arrière-ban, cette forme grossière de l'armée nobiliaire, trouvait
toujours l'occasion et le prétexte d'une rébellion contre le roi —
fût-il même un excellent monarque comme le Jagellon Sigis-

letni), liv. II, ch. III, § 58, tout un passage extrêmement curieux, intitulé :
« La corruption, caractéristique du XVIIIe siècle. »

(1) Cf. Alb. Rembowski. — *Le droit de confédération et d'insurrection d'après l'ancien droit public polonais.* (Konfederacya i rokosz w
dawnem prawie państwowem polskiem). Varsovie, 1893, in 4° XXX et
311 p.

(2) Alb. Sorel. — *L'Europe et la Révolution française,* t. I, p. 508,
Paris, 1897.

mond Ier ; plus tard, sous la monarchie élective (1573) les électeurs nobles se servirent fréquemment de ce moyen d'intimidation
envers le monarque futur.

Il y avait cependant, dans cette organisation, un côté salutaire
pour un État où l'autorité royale était précaire, où les Diétines,
« ce véritable protoplasma politique de la République » (1), lui disputaient le pouvoir, où la Diète centrale enfin était frappée d'impuissance par le liberum veto. L'avantage de ces confédérations
était qu'elles formaient des Diètes extraordinaires, où les résolutions étaient prises à la simple majorité. Si le monarque accédait
à ces décisions, elles acquéraient immédiatement force de loi : le
liberum veto n'était plus alors qu'un moyen illégal et révolutionnaire. Le nonce qui en usait était *ex lege*, considéré comme
out law et félon. Telle était, comme lord Brougham (2) l'a bien
remarqué, la vertu bienfaisante, la *vis medicatrix*, de cette
étrange institution.

Moyen de salut suprême, c'est à cette dernière ressource que
recourut la Constituante de 1788-1791, quand elle se déclara
« Diète confédérée » comme nous le verrons ; c'est encore cet instrument que les Russes employèrent, en organisant la confédération de Targowica (1792) pour faire rétablir le détestable régime
du liberum veto, aboli le 3 mai 1791 (3) !

(1) Elles furent étudiées principalement par le prof. Dr. Pawiński, de
Varsovie. — Cf. Pawiński : *Le gouvernement des Diètines en Pologne*
(Rządy sejmikowe w Polsce), Varsovie, 1888.

(2) Lord Brougham.— Political Philosophy, t. II : Aristocraty, ch. VII,
VIII. London, 1861.

(3) Cf. Compte rendu du livre d'Alb. Rembowski, *op. cit.*, par Prof.
Oczapowski, de Cracovie, *Rev. de Droit Public*, Paris, 1894 (Dir. M. F.
Larnaude, P[r] à la Fac. de Droit de Paris), p. 556.

II

Dès le XVIᵉ siècle, les écrivains réformateurs polonais n'ont pas manqué de s'élever contre tout ce qui tendait à ruiner l'équilibre de ce magnifique monument d'organisation politique et sociale, tel qu'il s'élevait au moyen âge, au point de compromettre la situation intérieure et jusqu'à l'indépendance de la Pologne.

Nicolas Rej de Nagłowiec (1) (1505-1569) déplore déjà la prédominance de l'intérêt particulier et conseille la défense des frontières au moyen de forteresses, André Frycz Modrzewski (2)

(1) Nicolas Rej de Nagłowiec (1505-1569), né à Zurawno sur le Dniestr' nommé secrétaire aulique par le roi Sigismond Auguste, est une des figures les plus curieuses de la littérature polonaise du XVIᵉ siècle ; il est le représentant typique du szlachcic de son temps, de son esprit, de ses aptitudes, de sa vie. Son talent d'écrivain (il n'a écrit qu'en polonais) est considérable. Parmi ses écrits il faut signaler : *Courte allocution à un polonais de l'ordre équestre* (Przemowa krótka do poczciwego Polaka stanu rycerskiego), œuvre en vers, plutôt morale que politique.

(2) André Frycz Modrzewski (1503-1572) étudia à Cracovie, où il obtint le grade de bachelier ; il voyagea ensuite en Allemagne et, à son retour, nommé secrétaire royal, puis juge de village à Wolborze, il ne tarda pas à être destitué à cause de ses attaches protestantes.

De 1541 à 1546 il publia ses quatre discours *De pœna homicidii*, dans lesquels il demande une peine unique pour le meurtre d'un homme, qu'il soit szlachcic, bourgeois ou paysan et en 1545 parut *oratio philatelis*.

Son œuvre capitale est : *De republica emendanda*, dont la première édition, en 3 livres, parut en 1551 et la deuxième en 5, en 1554 : Livre I : Des mœurs. — Livre II : Des Lois, où il réclame : une même loi civile et pénale (non politique) pour tous ; la peine de mort pour les homicides ; l'abolition de la juridiction du seigneur sur ses serfs ; un tribunal d'appel permanent. — Livre III : De la guerre, où il se prononce pour la construction de forteresses et l'établissement de garnisons en Ukraïne et où il réclame la fondation d'écoles militaires et d'une armée permanente ; Livre IV : De l'Eglise ; Livre V : Des Ecoles.

Modrzewski, qui s'éleva souvent au-dessus de ses contemporains par sa largeur de vues, en demandant la loi égale pour tous, l'abolition du pouvoir judiciaire du seigneur sur ses serfs, l'admission des bourgeois à la noblesse,

(1503-1572) dans son ouvrage *De republica emendanda* réclame une même loi civile et pénale (non politique) pour tous ; la création d'écoles militaires, de forteresses et d'une armée permanente. Łukasz Górnicki (1) (1527-1603), dans « *Conversation d'un Polonais avec un Italien sur l'élection* » fait la critique de l'organisation politique de son pays ; il se plaint de l'impuissance des lois, de la prédominance de l'intérêt particulier, de l'influence prépondérante des « magnats », qui font les élections ; puis, dans son ouvrage : « *En route vers une liberté complète* », il indique les remèdes contre le mal ; il y demande l'établissement d'un impôt peu élevé, mais supporté également par tous et une Diète permanente et dont les membres seraient rétribués. Jan Kochanowski (2) et par suite aux droits politiques, est une personnalité importante des écrivains polonais du XVIe siècle.

Cf. Comte Stanisław Tarnowski, *Les Écrivains politiques du* XVIe *siècle* (Pisarze polit. XVI w., Kraków (Cracovie) 1886.

D^r. A. M. Kurpiel, prof. au gymnasium Sobieskiego (Cracovie), *Précis de littérature polonaise* (Podręcznik do dziejów literatury polskiej), Bibl. univ. (Biblioteka powszechna), Złoczów, 1900 (Galicie).

(1) Łukasz Górnicki (1527-1603), né à Oświęcim, fit ses études à Cracovie et en Italie ; devint secrétaire royal (1559), puis staroste de Tykocin en 1571.

On a de lui : 1. *Le Courtisan* (Dworzanin) (1566), traduction d'un ouvrage italien de Balthazar Castiglione (1478-1529) ; — 2. *Conversation d'un polonais avec un italien sur l'élection* Rozmowa Polaka z włochem o eleckcyi) et 3. *En route vers une complète liberté* (Droga do zupełnej wolności). Ces deux derniers ouvrages, qui se complètent l'un l'autre, ne furent édités qu'après sa mort, par crainte de la noblesse, en 1636 et 1650. Il publia encore 4° *Histoire de la Couronne polonaise*, Dzieje w Koronie polskiej), sorte de mémorial (1538-1572).

Comme écrivain politique Ł. Górnicki est bien supérieur à A. F Modrzewski et à Stan. Orzechowski (né en 1515) car il a compris la nécessité d'un gouvernement fort.

(2) Jan Kochanowski (1530-1584), né à Sycyna, dans la woïewodie de Sandomierz, écrivit en polonais et en latin ; parmi ses écrits en cette langue il faut citer « Gallo crocitanti ». — Cf. Bullet. Polonais, n° 139, 15 fév. 1900, Paris.

En polonais, il publia : 1. *L'Accord* (Zgoda) (1564), écrit sans doute en 1562 pendant la Diète et inspiré par le discours du grand chancelier Padmiewski ; 2. *Satire* (Satyr) (1564), inspirée par le discours du chancelier Myszkowski à la Diète de 1563 et écrite contre la noblesse qui ne songe qu'à ses intérêts et à sa fortune. où il s'élève contre ses excès, l'abandon des écoles nationales et l'envoi de ses fils à l'étranger ; 3. *Les Devine-*

(1530-1584), dans « *L'Accord* », expose les dangers qui menacent la république et proviennent des dissensions religieuses, de la prédominance de l'intérêt privé, de l'affaiblissement du pouvoir royal et, dans ses « Devineresses » enfin, prédit les partages de la Pologne.

Mais le plus grand écrivain de cette époque fut sans contredit *Piotr Skarga Powęski*, célèbre sous le nom de **Skarga** (1536-1612). Né à Grojce, près de Varsovie, il fit ses études à l'Académie de Cracovie, passa quelque temps à Vienne, et embrassa en 1563 l'état ecclésiastique : Il devint prédicateur à la cathédrale de Lwów (1). En 1569 il entre — à Rome — dans l'ordre des Jésuites, en 1571 il est envoyé à leur collège de Pułtusk, puis de Wilno — où il convertit les Radziwiłł. Nommé par le roi Etienne Batory recteur de l'Académie de cette ville, il devient en 1584 supérieur de la maison des Jésuites, transportée à Cracovie, et en 1586, le prédicateur de la cour de Sigismond III.

Les **Sermons à la Diète** (*Kazania sejmowe*) au nombre de huit, furent publiés en 1600. Dans le troisième, il fulmine contre la discorde intérieure dont il montre les terribles conséquences : la rupture des Diètes, la guerre civile et étrangère, la servitude imposée finalement par les étrangers. Toutes ces funestes prophéties ne devaient que trop se réaliser! Dans le sixième, il demande, comme Łukasz Górnicki, l'affermissement du gouvernement et il tonne contre cette liberté diabolique — dont le résultat le plus clair est l'amoindrissement des prérogatives royales, le gaspillage des starosties, etc.

---

resses (Wróżki), conversation d'un prêtre avec un paysan ; 4. *L'Expédition des envoyé grecs* « (Odprawa posłów greckich) écrite à la demande de Jan Zamoyski et remplie d'allusions à l'état contemporain de la république. Le drame se déroule à Troie.

Jan Kochanowski, sans doute, fut avant tout un poète lyrique — mais il a jugé sainement les événements politiques de son temps ; ses œuvres offrent donc un double attrait.

Sur Łukasz Górnicki et Jean Kochanowski: Dr. A.-M. Kurpiel, *op. cit.* et Comte Stanislas Tarnowski, *op. cit.*

(1) L'une des premières villes de la Pologne. Lwów signifie lion ; les chroniqueurs l'ont traduit par Léopol — ville du lion — et les Allemands, possédés du désir de germaniser jusqu'aux dénominations géographiques, en font Lemberg. C'est la capitale actuelle de la Galicie.

Les *Sermons* de Skarga, qui traitent toutes les questions politiques, « n'ont jamais été dépassés comme force de sentiment et « d'éloquence et comme beauté de la langue ; ils constituent dans « la littérature catholique de l'univers, sinon l'unique, du moins « le plus sage, le plus remarquable exemple d'appel à l'amour de « la patrie et à tous les devoirs envers elle, au nom de la conscience « chrétienne et au nom de Dieu ! » (1).

Pourquoi faut-il que ces hommes éclairés n'aient pas été écoutés ! Longtemps encore des voix sages devaient s'élever, réclamant des réformes, avant de pouvoir se faire entendre. Au XVIIe siècle, c'est le chanoine de la cathédrale de Cracovie, Szymon Starowolski (2), né en 1588, à Stara Wola, qui comme A. F. Modrzewski et St. Orzechowski, réclame une armée permanente, un impôt général, la transformation de la servitude en affermage avec redevance, l'établissement de forteresses pour la défense des frontières, la mise en valeur et la colonisation de l'Ukraïne — avec aussi peu de succès d'ailleurs. Mais comment voudriez-vous qu'il en soit autrement quand, à cette même époque, un André Maximilien Fredro (3) (1621-1679), homme instruit pourtant et par sa

(1) Comte Stanislas Tarnowski, *op. cit.*, t. II.

(2) Ses écrits politiques sont : *Le bon soldat* (Prawy rycerz) et *Conversation d'un prêtre et d'un paysan* (Rozmowa plebana z ziemianinem), où il demande un règlement pour les Diètes, la concentration du pouvoir entre les mains du roi, la suppression des « lauda » des Diétines post-comitiales en ce qui concerne les décisions de la Diète. C'est la voix la plus hardie et la plus sage qui se soit élevée dans la littérature politique de la Pologne au XVIIe siècle. Il publia encore : *Vote en faveur de la réforme de la république* (Wotum o naprawie Rzpltej) ; *Correction de quelques mœurs polonaises* (Naprawa niektórych obyczajów polskich); *Réforme des mœurs polonaises* (Reformacya obyczajów polskich), et enfin *Lamentation de la mère de la Couronne polonaise* (Lament matki korony pols., 1655). Ce petit écrit patriotique est ce qui fut écrit de plus sublime entre Piot. Skarga et Adam Mickiewicz.

(3) Andrzej Maksymilian Fredro (1621-1679), écuyer tranchant de Lwów, maréchal de la Diète rompue en 1652 par Siciński, nonce d'Upita, chapelain de Lwów et woïéwode de Podolie. Dans ses *Militaria* il regarde la levée en masse, le « pospolite ruszenie » comme préférable à une armée permanente ; dans ses *Fragmenta*, il fait l'apologie du liberum veto: sans lui, les mauvais feraient la loi aux bons ! Ces idées proviennent de la notion absurde que l'on se faisait de la « liberté d'or » et de la crainte éternelle du despotisme !

situation un des premiers dignitaires de la couronne, admire tous les défauts de l'organisation politique polonaise ! Cela pouvait-il faire prêter une oreille attentive aux paroles du roi Jean-Casimir, qui, dès 1661, prédit les partages de la Pologne ? (1).

Ce fut surtout sous le règne des rois saxons — dont le triste exemple exerça certainement une action néfaste sur la nation polonaise — que les signes de décadence se multiplient, mais ils ne sont visibles encore que pour une élite d'hommes éclairés et instruits. Il se produit alors une grande détente intellectuelle ; la szlachta cesse de montrer aucune ambition glorieuse pour la patrie ; chacun ne songe qu'à soi, nul ne songe à la Pologne ; puis la corruption et la dépravation des mœurs arrivent ; l'ignorance enfin devient générale et complète (2) ; les témoignages formels d'André Kitowicz (3) (*Peintures des mœurs et coutumes sous Auguste III*), de Hugo Kołłątaj (*État de la culture intellectuelle en Pologne sous Auguste III*) (4), de Stefan Garczyński *Anatomie de la république de Pologne*) (5), ne nous laissent aucun doute à cet égard.

Aussi les écrivains réformateurs deviennent-ils de plus en plus

(1) Cf. Bandtke. — *Histoire de la nation polonaise* (Dzieje narodu polskiego), t. II, p. 260. Wroclaw, 1835 ; et A. Walewski : *Histoire de la République sous le règne de Jean-Casimir*. (Historya wyzwolonej rzeczypospolitej wpadającej pod jarzmo domowe za panowania Jana Kazimierza), Kraków (Cracovie) 1872, p. 274 et sq.

(2) K. Koźmian, dans ses Mémoires (Pamiętniki I. p. 119-126) raconte à ce sujet l'anecdote suivante. La scène se passe à Opol, chez la princesse Lubomirska ; le prélat Kułagowski lit le journal à haute voix et prononce le nom des « Dardanelles ». — « Qu'est-ce que cela ? » demanda le sénateur Hryniewiecki, de la woiewodie de Lublin. C'est là évidemment une énormité inexcusable. Mais que dire des deux journaux de Paris qui, en l'an 1900, plaçaient l'un le port de Fiume en Angleterre, l'autre Manille à Cuba !

(3) A. Kitowicz (1728-1804), ancien confédéré de Bar, chanoine de Kalisz, écrivit: 1° Peinture des mœurs et coutumes sous Auguste III (Opis obyczajów i zwyczajów za panowania Augusta III), petit livre de grande valeur pour la connaissance de l'état polonais ; 2° Mémoires sous les règnes d'Auguste III et de Stanislas-Auguste (Pamiętniki do panowania Augusta III i Stanisława), très curieux à consulter comme reflet des jugements contemporains sur les hommes et les choses, mais de moindre valeur que l'ouvrage précédent : l'auteur n'a pas toujours l'air de bien connaître ce dont il parle, à moins qu'il ne soit ou partial ou crédule.

(4) Stan oswiecenia w Polsce w ostatnich latach panowania Augusta III.

(5) Anatomia Rzeczypospolitej polskiej (1751).

nombreux, les uns envisageant l'abaissement intellectuel et moral
— comme le prince Jan Stanisław Jabłonowski (1) et Stefan Garczyński — les autres les vices de l'organisation politique et sociale
comme Fr. Radzewski, St. Rzewuski et Stan. Dunin Karwicki, qui
fut le premier à montrer dans son ouvrage « *De la réforme des
fautes de la République* » (2), que le liberum veto ne se conciliait
pas avec la nécessité d'un gouvernement fort. Mais son livre
demeura manuscrit pendant un siècle et demi ! Mentionné pour
la première fois par J. Bartoszewicz, il fut édité par Stanisław
Krzyżanowski (Cracovie 1871). Le second pas dans cette réforme
sera fait par le roi Stanislas Leszczyński qui n'osera pourtant
demander encore que la limitation du liberum veto dont Konarski
aura seul le courage de réclamer l'entière abolition.

Le roi **Stanisław Leszczyński**, né à Lwów en 1677, mort
en 1766 à Lunéville, n'a écrit qu'un seul ouvrage en polonais :
« *La voix libre garantissant la liberté* » (*głos wolny wolność
ubezpieczający*) ; les autres, en français, parurent après sa mort
sous le titre : « Œuvres du philosophe bienfaisant. »

« La Voix libre » (*głos wolny*) (1733), c'est la profession de
foi politique d'un candidat au trône — candidat raisonnable, aper-
cevant parfaitement le mal, mais comptant avec les préjugés et
l'opinion, et par suite prudent dans ses réformes ; il réclame une
Diète permanente, et, cinq ministres, assistés de commissions
composées de délégués du Sénat et de la Chambre des nonces et
un « réglement pour la Diète ». Il conserve le liberum veto ; 1° dans
les Diétines ante-comitiales pour l'élection des nonces ; 2° à la
Diète, pour s'opposer soit à une demande d'autorisation de pour-
suites contre un nonce (levée de l'immunité parlementaire) soit à
l'adoption d'une loi — mais dans ce cas l'exercice de ce droit n'au-

---

(1) Le prince Jan Stanisław Jabłonowski (1669-1731), woïewode de
Ruthénie, oncle maternel du roi Stanisław Leszczyński, sous le règne
duquel il fut grand chancelier de la Couronne. Après la chute de ce dernier,
il fut interné par Auguste III à Königstein, où il demeura jusqu'en 1717.
Il est l'auteur de *Scrupule sans scrupule* (Skrupuł bez skrupułu). (Le
mot skrupuł ayant deux sens différents, il y a là en polonais un jeu de
mots.)

(2) *De ordinanda republica*, ouvrage écrit vers 1706, et imprimé pour la
première fois en 1871 !

rait plus pour résultat monstrueux d'annihiler toutes les mesures prises antérieurement, même à l'unanimité, — comme jadis.

La « *Voix libre* » s'élève aussi en faveur des paysans que le roi Stanisław Leszczyński voudrait voir soumis à la redevance — et non plus au servage — et libres de quitter les champs pour la ville, pour se livrer à l'industrie ; elle demande encore que les jugements des seigneurs (en ce qui concerne le peuple des campagnes) ne soient plus définitifs et elle organise un appel devant les tribunaux ordinaires. Elle condamne le système de la levée en masse (pospolite ruszenie) et le voudrait remplacer par une armée permanente de 100.000 hommes sous la haute direction de trois hetmans . Elle se prononce enfin pour une royauté élective — mais l'élu doit être un indigène, choisi à l'unanimité par les membres de la Diète parmi les quatre candidats ayant obtenu le plus de voix dans les Diétines des woïewodies.

Après St. Leszczyński et dans le même esprit, Fr. Radzewski, vice- chancelier de Posen, écrivit sous le pseudonyme de Poklatecki « *Diverses questions politiques* » (1) 1743; le woïewode de Posen, Stefan Garczyński publia son « *Anatomie de la république de Pologne* » (1751) et Stanisław Rzewuski enfin ses « *Considérations sur les circonstances actuelles de la république de Pologne.* » (1756)(2).

Ces efforts, faibles et timides au début, parce qu'ils n'étaient tentés que par des individus isolés, ne devaient pas tarder à donner naissance à un puissant mouvement réformateur — auquel *Stan. Konarski* donna l'impulsion que suivirent *Popławski, Wielhorski, Wybicki, Skrzetuski*.

On commence déjà à se ressaisir en Pologne et à comprendre enfin l'urgence de réformes, ainsi que le montre un extrait du journal de Françoise Krasińska (3); comme cette jeune personne (elle n'avait alors que seize ans) ne se préoccupait guère en général

(1) Poklateckiego. — *Kwestye polityczne obojętne,* 1743.

(2) Stanisława Rzewuskiego-Myśli w terazniejszych okolicznościach Rzeczypospolitej polskiej. Poczajów, 1756.

(3) **Fr. Krasińska**, seconde fille d'un magnat polonais, née en 1743 à Moleszów, épousa en secret, le 4 novembre 1760, le prince Charles, duc de Courlande, fils d'Auguste III, électeur de Saxe et roi de Pologne.

que de « l'excellence de la famille des Korwin Krasiński », ces quelques lignes qu'elle consacre à la politique ne peuvent avoir été écrites que sous l'influence des préoccupations très vives des personnes de son entourage : « Les hommes qui s'occupent de la « chose publique disent, mais bien bas, que les affaires de la Répu- « blique vont mal, et ce qui ôte tout espoir, c'est que ces belles « vertus antiques, qui faisaient la gloire de la patrie, s'éteignent de « plus en plus ; l'ambition, l'intérêt personnel ont tout remplacé ; « les besoins de la mère commune sont oubliés ; on ne pense plus « qu'à son bien propre, la cause générale ne trouve plus aucun « défenseur. Les Diètes s'assemblent et se rompent sans avoir rien « fait. La voix de Konarski et de ses honorables amis se fait « entendre en vain, ils prêchent dans le désert ; les passions viles « des méchants l'emportent dans la balance de nos destinées. « Cependant tous les moyens de salut ne nous sont pas encore « ôtés ; le trône de Pologne est électif, le roi régnant est âgé, il « compte déjà soixante-trois ans ; si son successeur est doué d'un « grand caractère, si ses vertus sont au niveau de sa position, il « pourra sauver la république et lui rendre son ancienne prépon- « dérance. Nos frontières sont encore intactes et je place d'ailleurs « toute ma confiance en la miséricorde de Dieu. Tous les vrais « et bons patriotes appellent de leurs vœux un roi digne de com- « mander aux Polonais. On nomme déjà plusieurs candidats... » (1)

Stanisław Konarski (1700 — 1773) fit ses études chez les Piaristes et, étant entré dans leur ordre, fut envoyé à Rome pour compléter son instruction. A son retour il enseigne chez les Pia- ristes, rassemble les matériaux nécessaires pour composer un recueil de lois et écrit des brochures politiques dans le même esprit que la « *Voix libre* » du roi Stanisław Leszczyński, qu'il suivit en Lorraine.

Rentré dans sa patrie, il obtint du Pape la réforme des Piaristes (1753), dont tous les membres durent se consacrer dès lors à l'En- seignement. Dès 1740 il avait ouvert à Varsovie son *Collegium nobilium*, où il appliqua un nouveau programme d'études, que

(1) Cf. Bullet. Polonais, n° 87, 15 oct. 1895, Paris et Léon Chodżko : *La Pologne pittoresque*, t. I.

les écoles des Jésuites, des Piaristes et les colonies d'enseignement de l'Académie de Cracovie adoptèrent. Konarski fut un des patriotes qui rendirent ainsi le plus de services à la Pologne : en la dotant de bonnes écoles, en effet, il releva le niveau intellectuel de la nation ; il s'efforça d'y développer chez ses concitoyens le sens politique et fut l'éducateur de tous ces hommes éclairés qui devaient édifier la Constitution du 3 mai 1791.

Sa brochure politique « *Des assemblées utiles* » (*O skutecznym rad sposobie*) parut en fragments de 1760 à 1763. Le livre I fait la critique de « *la Diète* », le livre II du « *liberum veto* »; le livre III est une peinture saisissante de réalité, de tous les maux qu'entraîne pour la république la rupture fréquente des Diètes; dans le livre IV (où il traite des différents systèmes représentatifs) il déclare que la Diète doit être permanente et ses décisions prises à la majorité; puis, après avoir montré combien était funeste le système de le royauté élective, il se prononce pour l'hérédité du trône — avec ce tempérament toutefois que le roi ne nommera pas aux emplois. Il termine enfin par un projet de Constitution nouvelle.

Certes tous ces écrits ne firent pas autant d'impression qu'ils auraient dû, car la szlachta les lisait fort peu. Heureusement les nouvelles générations commençaient à voyager, à visiter les pays étrangers ; beaucoup firent un long séjour à Lunéville et à Nancy, à la cour du roi Stanisław Leszczyński, qui avait fondé dans la première de ces villes une école de haute culture pour les jeunes polonais; l'esprit nouveau, les idées nouvelles que cherchaient à propager les publicistes de xviiie siècle, eurent sur eux une forte influence. On répandit alors, en effet, en Pologne beaucoup d'ouvrages français, parus avant la Révolution, comme les œuvres de J.-J. Roussseau, Marmontel, Raynal, Diderot etc. Un simple coup d'œil jeté sur la liste des traductions faites sous le règne de Stanislas Auguste suffit à le prouver. (1)

----

(1) **J.-J. Rousseau.** — 1) *Des principes et des causes d'inégalités parmi les hommes* (O porządkach i zasadach nierówności między ludźmi), (Warszawa, Varsovie) (1784) ; 2) *Considérations sur le gouvernement de Pologne*; (Uwagi nad rządem polskim oraz nad odmianą) W. et Kraków (Cracovie) (1789).

Raynal. — *Histoire politique de la révolution américaine contempo-*

Tant d'efforts ne furent pas perdus. La littérature politique quitta le domaine des généralités pour envisager les diverses causes de la décadence et à côté du mal elle prit peu à peu l'habitude d'indiquer aussi les remèdes. La réforme de l'instruction publique répandit dans la nation une foule d'idées saines et de progrès ; elle augmenta chaque jour le nombre des partisans des réformes. Ceux qui restèrent insensibles et ne virent pas le mal devaient être bientôt convaincus — par l'expérience.

Le premier partage amena enfin le réveil politique du pays ; la nation, presque tout entière, comprit qu'elle était au bord de l'abîme et qu'une réforme était absolument nécessaire : ce devint le mot d'ordre général. Mais la seule bonne volonté ne suffisait pas pour réaliser ce programme ; l'ancien ordre de choses n'était pas seulement protégé, en effet, par les préjugés et l'obscurantisme, mais encore par les puissances étrangères (1) qui, en per-

raine (Historya polityczna rewolucyi amerykańskiej terazniejszej) W. (1783).

Marmontel. — 1) *Contes moraux* (Powieści moralne) (1776-1777); 2) *Bélisaire* (Belizaryusz) (W. 1779, réimprimé en 1787) ; 3) *Les Incas ou chute de l'Empire du Péru* (Incasy czyli : Zniszczenie państwa Peru), W. 1781.

Montesquieu. — 1) *Remarques sur les causes de la chute de la république romaine* (Uwagi nad przyczynami upadku Rpltej rzymskiej). W. 1762. — 2) *Esprit ou Teneur des Lois* (Duch — czyli Treść praw) Lipsk (Leipzig), Dresde et W. (1777) ; 2) *Lettres persanes* (Listy perskie) W. 1778, réimp. 1782 et Dresde 1785.

Mably. — 1) *Remarques sur l'histoire grecque ou causes de la prospérité et de la décadence des Grecs.* (Uwagi nad historyą grecką — czyli — o przyczynach pomyślności i nieszczęścia Greków. Warszawa 1771.

Caton ou conversation sur la liberté et les vertus politiques (Cato czyli rozmowa o wolności i cnotach politycznych (W. 1772). — *Entretiens socratiques sur divers sujets politiques* (Rozmowy socratyczne w różnych materyach politycznych) W. 1778.

Ajoutons que l'on traduisit encore d'autres auteurs étrangers, notamment les ouvrages de Beccaria, de Filangieri, Ad. Smith, etc.

(1) V. plus haut, p. 13, note 1. Le 30 octobre 1764, Frédéric II écrivait à l'impératrice : « Beaucoup de seigneurs polonais désirent abolir le liberum veto et le remplacer par la majorité des voix. Ce projet est très important pour tous les voisins de la Pologne. Je suis d'accord avec vous que nous n'avons rien à craindre du roi Stanisław, mais après lui ? Si vous permettez ce changement, il y aura lieu de le regretter plus tard, car la Pologne pourrait devenir alors un royaume dangereux. Au contraire, en conservant

pétuant l'anarchie, cherchaient à hâter la chute de la république de Pologne ; il fallait donc avant tout soustraire celle-ci à leur néfaste influence.

En attendant qu'une occasion favorable se présente, les publicistes continuent, sans se lasser, leur propagande en faveur des réformes et répandent dans le pays les lumières et les bienfaits de l'instruction : c'est A. Popławski avec sa « *Collection de quelques matières politiques* » (Varsovie, 1774) (1); c'est Wielhorski avec son « *Essai sur le rétablissement de l'ancienne forme du gouvernement de Pologne, suivant la constitution primitive de la république* », dont la traduction française parut à Londres en 1775, c'est-à-dire en même temps que le texte polonais (2) et fut composée à l'usage des publicistes français et anglais (3) que ce représentant des confédérés de Bar était allé consulter. L'abbé de Mably et J.-J. Rousseau entre autres se rendirent à ses désirs et écrivirent pour lui, le premier « *Du gouvernement et des lois de « la Pologne* », le second « *Considérations sur le gouvernement «de Pologne* » (4). C'est J. Wybicki, avec ses «*Pensées politiques « sur la liberté civile* » (5) (1775-1776) et ses « *Lettres patrio- «tiques à l'ancien chancelier Zamoyski* (6) (1777 - 1778); c'est le père Vincent Skrzetuski enfin avec le «*Droit politique de la « nation polonaise* » (7) (1782-1784).

les vieilles institutions, que vous avez garanties, vous aurez les moyens de faire vous-mêmes des réformes si vous le jugez utile, et d'empêcher les Polonais de se livrer à leur enthousiasme... Cf. L. Wegner, *loc. cit.*, p. 19.

(1) A. Popławski. — Zbiór niektórych materyi politycznych. Sur A. Popławksi. Cf. Dr. J. Marchlewski, *La physiocratie en Pologne* (Der Physiokratismus in Polen, Zürich, 1894.

(2) O przywróceniu dawnego rządu według pierwiastkowych Rzeczypospolitej ustaw. (Warszawa, 1775.)

(3) J.-J. Rousseau. L'abbé de Mably. Mercier de la Rivière. Bentham.

(4) Cf. chap. I, p. 39-42.

(5) Myśli polityczne o wolności cywilnej (1775-1776).

(6) Listy patryotyczne do eks-kanclerza Zamoyskiego (1777-1778).

(7) Prawo polityczne narodu polskiego (1782-1784).

III

Ce serait pourtant une grosse erreur de croire que, jusqu'à la
Diète de quatre ans, les Polonais éclairés se bornèrent à souhaiter les améliorations politiques et sociales que réclamait cette
élite d'écrivains, sans chercher à les réaliser — car de grands
efforts furent faits dans ce sens par les Diètes (1). La confédération
des Czartoryski, formée au début du règne de Stanisław August
Poniatowski (2) inaugura cette ère nouvelle, brusquement interrompue par la période orageuse que devait si tristement terminer
la catastrophe du premier partage. Mais l'impulsion était donnée
et le mouvement continua; après la réforme des Czartoryski à la
Diète de convocation de 1764 vint celle plus importante réalisée
par la Diète déléguée de 1773-1775 et complétée par celle de 1776.

Puis, jusqu'en 1788, s'il ne se passa plus rien d'important
dans les Diètes, du moins, pendant ces douze ans, s'opéra le
réveil politique de la nation et la renaissance du pays, au triple
point de vue matériel, intellectuel (3) et moral, devait s'af-

(1) Nous allons indiquer seulement la physionomie générale des réformes réalisées de 1764-1788 — sans entrer dans de grands détails — aussi
croyons-nous utile de citer les ouvrages les plus importants qui traitent
de cette période : 1) Joachim Lelewel, *Histoire de Pologne, le règne de
Stanisław August*, t. II, Paris, 1844 ; 2) Leon Wegner, *op. cit.* ; 3) Oswald
Balzer, *op. cit.* ; 4) T. Korzon, *Histoire intérieure de la Pologne sous le
règne de Stanisław August* (Wewnętrzne dzieje Polski za Stanisława
Augusta), Kraków, 1898.

(2) Stanisław August Poniatowski fut élu roi de Pologne le 7 septembre
1764. Sur les diverses circonstances de cette élection, cf. S. Askenazy, Die
letzte polnische Kœnigswahl, *op. cit.*.

(3) Avant le premier partage les revenus de la Couronne de la Lithuanie
étaient de 14.000.000 de florins polonais et les dépenses annuelles se
montaient à 23.000.000 de florins polonais; il y avait donc un déficit annuel
de 9.000.000 de florins polonais — (ou 1,500.000 thalers prussiens, le thaler
prussien valant 6 florins polonais). Par le premier partage, la Pologne
perdit le plus clair de ses revenus : les droits sur la Vistule et les mines de
sel. Wieliczka, prise par l'Autriche, apportait à elle seule au trésor

firmer chaque jour davantage : les nouvelles idées, les nouvelles tendances qui se firent alors jour, la Diète de quatre ans devait les réaliser par la Constitution du 3 mai 1791, qui demeura l'acte le plus grand de l'histoire sociale et politique de la République de Pologne.

La tâche était immense : il fallait tout reconstruire. Mais par quoi devait-on commencer ce travail de réorganisation, par la réforme politique ou la réforme sociale ?

Cette dernière était incontestablement celle dont le besoin se faisait le plus sentir : dans cet ordre d'idées pourtant on se borna à retirer au *pan*, dans la Constitution de 1768, le *jus vitæ ac necis* et à défendre, sous peine de mort, le meurtre d'un paysan. Une pareille décision, reflet des tendances humanitaires qui se manifestaient alors en Europe, était en effet de peu de portée au point de vue pratique, car, en Pologne, la vie du paysan ne fut jamais beaucoup menacée par le seigneur — qui avait besoin de son ｛travail (1). Aussi eût-il beaucoup mieux valu décréter l'abolition du droit de juridiction du pan sur ses serfs, la suppression de l'attachement de ces derniers à la glèbe et l'allègement du terrible fardeau des corvées et redevances, qui les écrasaient !

3.500.00 florins polonais, soit presque le quart du revenu total ! C'était là une situation financière détestable — et cependant grâce à une réforme des impôts, à laquelle commença à procéder la Diète de 1775 et à l'accroissement de l'activité nationale, qui suivit la période orageuse de la confédération de Bar, les revenus atteignirent le même chiffre qu'avant le partage, les dettes furent amorties et en 1788 les deux trésors de la Pologne et de la Lithuanie contenaient un excédent de 19.674.932 florins polonais, 13 gros et 3 deniers et demi.

Ce fut une brillante époque au point de vue de la littérature, des sciences et des arts. Stanisław August fut un véritable Mécène, et comme Frédéric II, attira des savants étrangers. Histoire : Naruszewicz, *histoire nationale* ; Jean Potocki, *histoire ancienne* ; Łojko, Dogul. *Code diplomatique* ; Albertrandy, *archives italiennes et suédoises* : Ostrowski, Skrzetuski et Waga, *Droit polonais et organisation de l'ancienne république*, etc. Littérature : Krasicki, Trębicki, Węgierski, Kniaźnin, Karpinśki, etc. Théâtre : Ad. Bogusławski, *artiste* ; Zabłowski, *œuvres dramatiques* ; enfin nous avons vu qu'on consulta et traduisit bien des auteurs étrangers et quant aux nombreux publicistes politiques de la Diète de quatre ans, ils seront l'objet d'une grande partie de notre étude.

(1) V. *supra*, p. 5.

Mais la szlachta ne l'entendait pas ainsi et, dans cette Diète de 1768, non seulement elle maintint dans son intégrité le *jus dominii et proprietatis* des seigneurs, mais elle inséra ce principe dans les *lois cardinales* — *éternelles et intangibles* !

On se préoccupa aussi peu de la bourgeoisie, à laquelle la réforme des Czartoryski apporta seule, à cette époque, quelque soulagement, en supprimant dans les villes les juridictions nobles et en abolissant la liberté d'établir des taxes d'octroi — qui non seulement profitaient uniquement à la szlachta, mais permettaient encore aux étrangers de faire aux bourgeois une concurrence désastreuse.

L'heure d'une réforme sociale n'avait donc pas encore sonné — comme le montra bien la Diète de 1780 en repoussant le *Code* qu'André Zamoyski avait préparé, conformément aux idées nouvelles, avec la collaboration de l'évêque de Płock, Szembek, du vice-chancelier de Lithuanie, Joachim Chreptowicz, de Joseph Wybicki, Grocholski et d'autres hommes éclairés et les réformes entreprises ou réalisées de 1764 à 1788, c'est-à-dire avant la Diète de quatre ans, eurent presque exclusivement un caractère politique et, dans les questions confessionnelles, si la Diète de Repnin (1768) apporte de notables améliorations (1), on devait revenir en 1775 sur les concessions faites aux dissidents (2) et l'on ne parla pas d'admettre au Sénat l'épiscopat Uni.

En ce qui concerne les Diètes, les diverses questions du domaine législatif, en 1768, furent réparties en trois catégories : 1° Les *lois cardinales* — qui, promulguées définitivement dès cette époque, furent déclarées intangibles; 2° les *materiæ status* — sur lesquelles il devait être statué à *l'unanimité*, c'est-à-dire que l'on maintenait pour elles le *liberum veto* ; 3° les autres matières : économiques, etc... pour lesquelles la *simple majorité* devait suffire. On eût ainsi réalisé un immense progrès si au rang

(1) Elle abolit les anciennes restrictions concernant les dissidents et leur accorda l'accès des plus hautes dignités.

(2) En 1775 on déclara que les dissidents ne pourraient faire partie du Sénat ou devenir ministres et que trois nonces seulement pourraient être élus parmi eux — c'est-à-dire un par province (Grande Pologne, Petite Pologne et Lithuanie), cf. Osw. Balzer, *op. cit.*

des *materiæ status* (1) on n'avait pas placé les questions les plus importantes et les plus épineuses, c'est-à-dire celles sur lesquelles l'accord était bien malaisé, sinon impossible, et qui avaient amené si souvent la rupture des Diètes. On laissait donc au liberum veto un vaste champ d'action. Il faut pourtant noter que si l'exercice de ce droit devait avoir encore pour résultat d'entraîner, comme auparavant, la rupture de la Diète, il ne pourrait plus désormais frapper de nullité toutes les résolutions prises pendant la session, mais simplement celle sur laquelle l'accord n'avait pu se faire. C'était là sans doute une amélioration, considérable en soi, mais bien faible cependant si l'on considère qu'elle était incapable de contre-balancer l'influence néfaste des « lois cardinales », qui renfermaient et confirmaient tous les principes funestes de l'organisation politique polonaise (2) : on avait déclaré qu'elles étaient « *éternelles et intangibles* » et que quiconque songerait ou chercherait à les modifier « *hostis patriæ sit !* »

On décida encore, en 1768, que les Diétines ne pourraient plus à l'avenir établir d'impôts ; par cette heureuse résolution on supprima le trésor particulier des woïewodies, dont l'existence inutile était nuisible à l'élasticité de l'administration centrale des finances. Mais on continua de reconnaître à la noblesse infime et obscure le droit de jouer un triste rôle aux Diétines ; la prescription que les délibérations y auront lieu dorénavant à la majorité perdit ainsi beaucoup de son intérêt — la majorité devant toujours appartenir à cette foule ignorante, instrument aveugle des magnats !

Mais ce fut dans le domaine exécutif que les réformes les plus importantes furent réalisées à cette époque, par la création, en 1764 et 1775, de nouvelles magistratures — dont l'organisation différa de ce qui existait auparavant: les *grandes commissions* et le *Conseil permanent.*

(1) Cf. Dr S. Hüppe, *organisation de la République en Pologne* (Verfassung der Republik Polens), Berlin, 1867, chap. VI, le liberum veto.

(2) La royauté élective ; l'article de non præstanda obedientia; le liberum veto (dans les materiæ status); la dualité du gouvernement (Couronne et Lithuanie) ; l'inamovibilité et par suite l'irresponsabilité des fonctionnaires, Osw. Balzer, *op. cit.*

Les Czartoryski, en 1764, à la Diète de convocation (1), introduisirent trois Commissions distinctes : celles du trésor de la Couronne, du trésor de la Lithuanie et de l'armée de la Couronne. A cette liste, la Diète du couronnement, la même année, devait ajouter la commission de l'armée lithuanienne. Ces nouveaux organes du pouvoir exécutif remplacèrent les ministres dans leurs attributions et ceux-ci, cessant d'être irresponsables, durent se borner à exécuter leurs décisions sans pouvoir s'y opposer. C'était un grand progrès — mais cette organisation avait le tort de sanctionner la dualité du gouvernement et de restreindre le pouvoir du roi, qui, pour chaque poste de commissaire, n'eut que le droit de présenter quatre candidats — parmi lesquels la Diète choisissait.

Seules les deux commissions du trésor subsistèrent ; quant à celles de l'armée elles furent supprimées complètement en 1776, après avoir vu leur pouvoir notablement diminué en 1768.

La Diète de 1773-1775 créa la « *Commission d'éducation* » (*Komisya edukacyjna*), composée de 4 sénateurs et 4 nonces — élus pour six ans — (ce qui assurait une certaine continuité de vues) et dont l'action s'étendit sur tout le territoire de la Couronne. On sait combien était nécessaire cet organe, complètement nouveau en Pologne ; il est donc inutile de rappeler que cette commission rendit d'immenses services à ce pays (2).

Mais la réforme la plus profonde de ce temps fut la création du *Conseil permanent*, à la Diète de 1775.

On expliquait dans la Constitution que c'était là une simple transformation de l'ancien conseil du Roi, alors qu'en réalité c'était une institution nouvelle, organisée sur des bases nouvelles. Comme la Diète, ce Conseil devait comprendre trois états : le Roi et des représentants du Sénat et de la Chambre des nonces, élus (sauf le roi) à chaque Diète ordinaire, tous les deux ans. Le Conseil permanent était donc aussi bien une fraction de la Diète, destinée à exercer le pouvoir, comme les commissions, avec cette différence que si les

---

(1) Cf. S. Askenazy. — Die letzte poln. Kœnigsw., *op. cit.* ; Th. Korzon, *op. cit.*

(2) Cf. W. Smoleński. — *La révolution intellectuelle en Pologne au* xviiie *siècle* (Przewrot umysłowy w Polsce w XVIII w.) Kraków, 1891.

ministres avaient, comme tels, accès dans ces dernières, il n'y avait au Conseil Permanent que des membres élus. Pour un même département il existait, comme on le sait, plusieurs ministres : ainsi il y avait 4 trésoriers, 4 hetmans, 4 chanceliers, etc... (pour la Couronne et la Lithuanie, naturellement). Eh bien ! tous ne figuraient pas au Conseil Permanent, mais seulement ceux qui avaient été élus par la Diète, au nombre de quatre, à raison de un (1) par chaque « *dykasterya.* » Outre le Roi, le Conseil permanent comprenait 36 membres : ministres, sénateurs (dont 3 évêques) et nonces ; il tenait des délibérations plénières ou par départements. (2)

Le Conseil avait le défaut originel de toutes les institutions gouvernementales de la Pologne : toutes les affaires y étaient résolues par des délibérations ; de là un manque d'élasticité dans l'action. De plus il lui manquait évidemment la continuité et l'unité de vues nécessaires à tout pouvoir exécutif par suite des fréquents renouvellements de la Diète ; pour pallier ce défaut on prescrivit, il est vrai, la réélection pour deux ans encore d'un tiers des membres de l'ancien Conseil. Mais le côté fâcheux de cette organisation, c'est qu'elle privait le Roi de ce qui lui restait de pouvoir, et que ce dernier devenait un simple Président du Conseil Permanent.

Mais il est incontestable que le Conseil Permanent apportait à la Pologne des avantages cosidérables ; il lui donnait enfin un gouvernement, c'est-à-dire ce qui lui avait manqué le plus jusque-là, et, en supprimant la dualité, complétait heureusement l'Union de Lublin. De plus, on affirma d'une façon générale, sinon en 1775 du moins en 1776, la subordination absolue au Conseil Permanent de tous les fonctionnaires, sans excepter les grands commissaires,

---

(1) En plus deux choisis librement par la *Diète*, cf. Osw. Balzer, *op. cit.*

(2) Il y avait cinq départements : affaires étrangères, police, guerre, trésor et justice, composés chacun de huit membres, excepté celui des affaires étrangères qui n'en comprenait que quatre. L'assemblée plénière était présidée par le Roi. Dans les départements les ministres élus présidaient ; dans celui des affaires étrangères le chancelier ; dans celui de la police, le maréchal ; dans celui de la guerre, l'hetman ; dans celui du trésor, le trésorier ; dans celui de la justice un autre chancelier. Cf. Léon Wegner, T. Korzon, Osw. Balzer, *op. cit.*

et cela à peine de destitution, et ainsi disparut le principe pernicieux de l'indépendance et de l'irresponsabilité des fonctionnaires.

.   .   .   .

Nous arrivons maintenant à notre sujet. L'histoire de la Pologne,
au temps de la Diète de quatre ans, est fort peu connue en France
et l'idée qu'on peut se faire, d'après les ouvrages historiques français, des événements dont ce pays fut le théâtre au début de la
Révolution française, de 1788-1791, jusqu'à la proclamation de la
Constitution du 3 mai, est non seulement vague, mais inexacte ;
vague — parce que les historiens de cette époque, presque uniquement
préoccupés de ce qui se passait dans notre pays, n'ont consacré que quelques lignes à la Pologne ; inexacte, parce que ceux
qui devaient spécialement écrire sur ce pays n'ont pu consulter les
innombrables documents publiés par les historiens étrangers.

Le but d'une « Histoire Générale », comme celle qu'éditent
Armand Colin et Cie, sous la direction de MM. Lavisse et Rambaud,
devrait être de donner tout au moins, n'est-il pas vrai, un résumé
succinct de l'état des connaissances historiques sur les divers pays
et de fournir une bibliographie complète ; c'est pourtant ce que
n'a pas entièrement réalisé ce recueil — du moins en ce qui concerne cette période, si capitale, de l'histoire polonaise. Ouvrez en
effet le tome VIII à la page 334, et lisez les pages consacrées dans
la IIe partie du chapitre VI aux « *Partages de la Pologne* » : nous
serions bien étonnés si vous retiriez de cette lecture l'impression
que la vie publique fut alors prodigieusement intense en Pologne,
qu'une extraordinaire activité fut déployée dans le champ si vaste
de la littérature politique et qu'un nombre considérable de brochures, dont quelques-unes de très grande valeur, virent le jour à
cette époque.

Vous aurez — bien au contraire — la sensation d'un pays qu
ne montre qu'une indifférence coupable en présence des dangers
extérieurs qui le menacent et ne songe que trop tard, avec
Thadée Kościuszko, en 1794, c'est-à-dire quand le second partage
est déjà un fait accompli, à sauvegarder son indépendance et sa
liberté ! Vous n'assistez pas à l'immense effort tenté alors par la
nation polonaise pour se régénérer ; vous n'avez pas l'impression
qu'elle fut surprise, en réalité, en pleine transformation politique

et sociale et vous ne pouvez pas, par suite, sentir tout l'odieux du crime commis par les puissances copartageantes. Il en résulte, de plus, que la Constitution du 3 mai 1791 vous apparaît comme un acte isolé de l'histoire de Pologne — et non comme l'aboutissant logique de toute une série d'efforts généreux et méritoires ; vous ne pouvez, dès lors, en comprendre toute la portée, qui est pourtant considérable.

Ce n'est pas tout : aux yeux du lecteur non prévenu, la nation polonaise semble avoir conservé jusqu'au bout une confiance inébranlable et aveugle dans l'alliance et l'amitié de la cour de Berlin: et cependant il est probable, sinon certain, que les Polonais n'ont pas eu besoin d'attendre la cruelle expérience d'un second démembrement pour comprendre toute l'étendue de la perfidie prussienne (1), mais qu'après un instant « d'emballement », ils se sont ressaisis et, se retournant du côté de Léopold II, firent alliance avec l'Autriche. C'est sur cette dernière puissance, en effet, qu'ils s'appuyèrent très vraisemblablement avant de proclamer la Constitution du 3 mai et celle-ci apparaît alors enfin, avec son véritable caractère, comme la réalisation raisonnée du but de nombreuses réformes intérieures et de combinaisons diplomatiques.

Rien ne fut donc laissé au hasard ; on prévit tout ce qui pouvait être humainement prévu, c'est-à-dire tout, excepté la mort subite de Léopold II, le seul défenseur qui demeurait à la Pologne en ce moment critique. C'est ce qu'a montré M. Stanisław Smolka dans l'article qu'il consacra en français à cette orientation nouvelle de la politique polonaise (2).

De là le grand intérêt que doit offrir un tableau aussi exact que possible de la *vie politique*, de *l'histoire des idées politiques* et du *mouvement de l'esprit public* en Pologne à la fin du xviiie siècle; nous ne voyons pas d'ailleurs d'autre moyen de présenter la *Constitution du 3 mai* 1791 sous son véritable jour.

____

(1) Cf. S. Askenazy : L'*Alliance polono-prussienne* (1788-1791) (Przymierze polsko-pruskie). Bibl. Warszawska, nov. 98, janv. fév. mars, juillet-août 1899).

(2) Cf. *Bulletin international de l'Académie des Sciences de Cracovie*, juin 1891 et Simon Askenazy; *l'alliance polono-prussienne*, *op. cit.*

CHAPITRE PREMIER

La vie politique en Pologne pendant la Diète de quatre ans.

I

L'occasion si impatiemment attendue par les Polonais, pour secouer le joug de la tutelle étrangère, devait se présenter vers 1788, c'est-à-dire à un moment où ils étaient en état d'en profiter : d'une part, en effet, les puissances copartageantes, cessant pour un temps de s'occuper de la Pologne, avaient porté ailleurs leurs ambitions et leurs cupidités et, de l'autre, la nation polonaise, qui s'était relevée matériellement, intellectuellement et moralement du désastre du premier partage, pouvait alors songer efficacement à son salut et allait s'efforcer de tirer parti de cet instant de répit; les conjonctures étant réellement on ne peut plus favorables à une tentative sérieuse de réformes. Aussi est-ce à cette époque que se répandit en Europe la foi en la renaissance de la Pologne en même temps que l'indignation contre les puissances qui la contrariaient.

Ce jugement de l'histoire, au xviiie siècle, n'était pas d'ailleurs sans fondement; l'évolution tant espérée par les publicistes et les réformateurs polonais, se produisit en effet réellement — seulement elle se produisit trop tard pour empêcher la Pologne d'être surprise au milieu de son ardent travail d'auto-régénération et de perdre jusqu'à son indépendance politique; mais cela n'autorisait nullement les historiens allemands ou russes à nier, comme ils l'ont fait, l'efficacité et même la réalité des efforts tentés par la nation polonaise sous la Diète de quatre ans. Qu'importe pourtant

que Hermann affirme dans son « *Histoire de l'état russe* (1)
« que les faibles essais, tentés par des *personnalités isolées* pour
« améliorer l'état moral et politique de leur nation, disparaissaient
« *presque* sans laisser de traces, comme des gouttes d'eau dans
« une mer de sable brûlant », — que Solovieff soutienne dans
l' « *Histoire de la chute de la Pologne* » (2) « que l'action réfor-
« matrice n'eut qu'un effet superficiel ; que le corps social, atteint
« d'une maladie incurable, n'était capable que des mouvements
« convulsifs de l'agonie (3) » — et que M. Nicolas Karéïev continue de répandre la même opinion : d'innombrables documents,
dont M. Roman Pilat (4) a publié une grande partie, ne sont-ils
pas là pour attester l'immense et profond mouvement de réformes,
auquel prit part la nation tout entière, et pour prouver la vitalité
intérieure et la renaissance de la Pologne à cette époque ?

Sans doute on a cherché à justifier, après coup, son démembrement en reprochant à ce pays ses tendances anarchiques et son
incapacité à se gouverner lui-même ; mais ces arguments sont
également sans valeur. Que penserait-on d'un assassin qui, après

(1) Hermann. — Geschichte des russischen Staats, Hamburg (1853-1854).

(2) Solovieff. — *Histoire de la chute de la Pologne*, Moscou, 1863.

(3) C'est là une thèse, que n'eût vraisemblablement pas osé soutenir
Catherine II elle-même, qui attendit de n'avoir plus à craindre une intervention de l'Autriche pour procéder de concert avec la Prusse au deuxième
démembrement de la Pologne et que Kostomaroff nous semble détruire,
quand il déclare *que l'agonie suprême aurait plutôt été retardée si la
nation polonaise était restée dans l'état valétudinaire où elle se trouvail
avant la Révolution.* (Les dernières années de la Rzecz Pospolita Pétersburg, 1870). Cela nous le croyons sans peine. La Russie, convoitant
l'ensemble du territoire polonais, n'avait aucun intérêt à le partager et ce
n'est que contrainte et forcée que Catherine II consentit à la division de
l'héritage, sur l'intégrité duquel elle comptait ; mais elle préféra en avoir
une partie que de n'en avoir pas du tout — ce qui serait vraisemblablement
arrivé si on avait laissé la Pologne achever son œuvre de régénération ;
mais on ne lui permit pas de mettre en pratique cette Constitution du
3 mai, dont on redoutait les résultats. — Cf. N. Kareiev, *Les Causes de la
chute de la Pologne*, Paris, 1891. Bibl. nat., 8° M... 7.014.

(4) Roman Pilat, *sur la littérature politique de la Diète de quatre ans*,
O Literaturze politycznej sejmu czteroletniego, 1788-1791), Kraków, 1872,
ouvrage, d'une importance capitale, contenant la classification et l'analyse
des principaux écrits politiques de l'époque.

avoir tué une personne d'une santé faible et délicate, se bornerait, pour sa défense, à invoquer les résultats de l'autopsie et déclarerait qu'elle n'aurait pu vivre longtemps et cela sans s'inquiéter de savoir si elle « suivait un régime » pour recouvrer la santé ou en niant l'efficacité du traitement pratiqué ? Telle fut pourtant l'attitude des historiens allemands et russes. Il y a cependant des exceptions qu'on est heureux de signaler comme celle du professeur Borys Tchitchérine, qui enseignait encore, il y a quelques années, à Moscou.

Invité par M. Rennenkampf, dans le *Kiewlanin* (le journal de Kiew) à développer certains points de son livre la *Politique*, M. Tchitchérine vient de répondre à cette invitation par une lettre très développée et très franche, qui, étant donnée la situation de la presse russe, n'a pu être publiée dans les journaux de l'Empire ; elle parut à Berlin, au commencement de l'année dernière, chez Hugo Steinetz, sous le titre : « *Les questions polonaise et juive, réponse à la lettre ouverte de H. K. Rennenkampf* (1), (1900). La lecture de certains passages de cette publication, (dont l'auteur vit encore) offre un tel intérêt que nous croyons devoir en donner la traduction.

« La Pologne, dites-vous, était, à la fin du XVIIIe *siècle, en pleine anarchie ; ses voisins ont donc été obligés de la partager dans l'intérêt de leur propre sécurité.* **Or les faits historiques sont là qui prouvent le contraire.** *Nous savons ce que fut cette anarchie dangereuse pour les voisins. Ceux-ci avaient, au contraire, tout intérêt à la maintenir, car elle était une source de faiblesse pour la Pologne* (2).

Frédéric-le-Grand et Catherine II, en concluant des traités secrets (3), *s'engagèrent à ne pas toucher notamment au liberum veto et ils respectèrent toujours cet engagement.* **Lorsque les Polonais résolurent de changer leur constitution pour sortir de l'anarchie,** *on les en récompensa en partageant leur*

(1) Cette brochure a paru en russe.
(2) N'avons-nous pas dit la même chose ? Cf, Introd. pp. 13 et 29.
(3) Cf. Introd. pp. 13 et 29.

pays. Comment, dès lors, soutenir que cette anarchie était un danger pour la Russie et pour la Prusse ? » (1).

Pour ce qui est de l'incapacité de la Pologne à se gouverner elle-même, la littérature politique de la Diète de quatre ans offre une preuve éloquente du contraire.

La vie politique renaissait alors dans le pays à tel point que s'il n'y avait eu jusque-là que des ouvrages isolés, c'est par milliers qu'on doit compter les livres, brochures et écrits politiques de toutes sortes qui parurent pendant ces quatre années; de 1788 à 1791, en effet, on a pensé, imprimé et écrit en Pologne plus peut-être que dans tout le reste du xviiie siècle. Toutes les questions, principales ou secondaires, importantes ou insignifiantes, furent débattues, traitées et préparées par l'opinion publique; et la nation entière travailla au mouvement réformateur.

(1) Cette brochure du Pr Borys Tchitcherine, traitant en somme des questions d'actualité, les extraits à citer sont peu nombreux ; signalons encore cependant ce passage : « Frédéric II, pour se consoler des succès remportés par les armées russes en Turquie, proposa à Catherine II de partager la Pologne, proposition qui fut acceptée avec empressement « car il n'y avait qu'à se baisser pour ramasser ; » et voilà comment s'accomplit cet acte de « haute politique. » Il fallait en effet du génie pour s'approprier des territoires étrangers sans verser une goutte de sang, sans dépenser un rouge liard. Mais au point de vue de la morale pure, « ces coups de maîtres politiques » ne seront jamais approuvés. Le baron Stein, après Iéna, avait appelé « le partage de la Pologne » « ein abscheuliches politisches Verbrechen ! »

« Mais la Russie, dites-vous, n'a fait que remplir sa mission historique en reprenant les provinces que les lithuaniens lui avaient jadis arrachées. Je l'admets, tout en faisant remarquer que « la fin » (même en politique) « ne justifie pas les moyens ». Pierre le Grand, qui vivait à une époque bien moins éclairée, qui n'admettait pas comme Catherine II les idées humanitaires du xviiie siècle, n'a jamais voulu se rallier au projet de la Prusse tendant à partager la Pologne, le regardant comme contraire à Dieu et à la loyauté. Ce n'est pas la première fois, en effet, que la Russie annexait d'anciennes provinces russes, mais jadis on avait agi tout autrement. La petite Russie s'étant détachée de la Pologne, Alexis Michaïlowitch la prit sous sa protection, après de sanglants combats; et nul ne songe à appeler cet acte « un crime politique. »

Tout autre fut la conduite de Catherine, « alliée et protectrice des Polonais ; » elle en abusa, en effet, pour s'annexer les anciennes provinces russes et consomma le partage et la ruine de ses anciens protégés. C'est sous les baïonnettes russes que les Polonais furent forcés, à la Diète de Grodno, de signer l'arrêt de mort de leur Patrie.

A côté des brochures, objet de cette étude, qui constituent le courant principal de la littérature politique de ce temps, il faut en effet signaler d'innombrables petits écrits et feuilles volantes qui, sous une forme vive et avant tout littéraire, vulgarisaient les idées des réformateurs, mais sans aller au fond des choses ; avec leurs titres volontiers sensationnels et visant à l'effet, ces opuscules, malgré l'apparence du contraire, exercèrent réellement une influence considérable. Le moindre événement politique suscitait de plus des nuées de lettres, poésies, dialogues, etc..., dont beaucoup, certes, sont d'une importance médiocre ou nulle, mais dont quelques-uns révèlent un grand talent. Telle était la fascination qu'exerçaient sur tous les esprits les projets de réforme que chacun, se sentant subitement saisi du désir irrésistible de faire part à ses concitoyens de toutes les idées, bonnes ou mauvaises, écloses dans son cerveau, éprouvait le besoin de dire son mot sur toutes les questions à l'ordre du jour, et ce n'est pas seulement à Varsovie, comme on pourrait être tenté de le penser, mais aussi dans toute l'étendue du territoire polonais que l'on doit signaler et observer cette ample manifestation du sentiment public. C'est pourquoi, encore aujourd'hui, avons-nous peine à nous faire une idée exacte et complète de l'intensité prodigieuse que prit la vie politique en Pologne à cette époque. Le roi et les grands seigneurs, acquis aux idées réformatrices, faisaient répandre à profusion les brochures, les écrits et les journaux dans la masse de la szlachta pauvre et peu éclairée et préparaient ainsi la voie aux projets de réformes (1) ; d'innombrables « lettres » circulaient de main en

(1) Kosmowski. — *Mém.* (Pamiętniki Kosmowskiego), Posen, 1860, p. 5. Parmi les gentilshommes qui dépensèrent des sommes considérables pour cette propagande patriotique, on doit citer Jean Potocki, qui organisa, dans son palais de Varsovie, un vaste cabinet de lecture à la disposition pleine et entière du public, contenant toutes les publications politiques parues depuis l'ouverture de la Diète de quatre ans. — Cf. *La Pologne en 1793*, d'après le voyage de F. Schulze (Bibl. des mémoires et voyages de Kraszewski). Polska w. r. 1793, według podróży F. Schulca (W. Kraszewskiego bibliotece pamiętników i podróży), Dresde, 1870, t. I, p. 295. Jan Potocki fut aussi un publiciste ; si l'on ne peut dire au juste quelles sont les brochures dont il est l'auteur, on peut affirmer, en effet, qu'il en publia quelques-unes, dont on trouve mention dans la correspondance du roi Stanisław August. — Cf. 1) *Annuaire de la Soc, hist. et littér. de*

main, manuscrites : on en a retrouvé beaucoup, notamment toute la correspondance d'un certain Żdzeńs (1).

Il serait impossible d'énumérer tous les écrits de ce genre (et cette nomenclature, forcément aride, n'aurait d'ailleurs qu'un intérêt bibliographique très contestable); il en est cependant que l'on ne saurait faire autrement que de mentionner, car ils nous donnent la note juste et nous révèlent la physionomie exacte et fidèle des événements d'alors. Nous signalerons entre autres : *« Voix « en faveur du costume national polonais »* (1788, *in-*12, 27 pages) (2). — *« Propos du défunt Piekarski, nonce de Rawa, « envoyé de l'autre monde »* (3). — *« Appel d'une citoyenne à son « fils, nonce »* (4). — *« Il en sera toujours ainsi »* (5). — *« Lettre « d'adieu, adressée de Podolie, le 24 mai, à S. Exc. le comte Stac-kelberg, ambassadeur (de Russie) »* (6), — etc.

Notons enfin l'éclosion d'un genre nouveau, très à la mode alors et très répandu et dont le principal représentant fut *Franci-szek Makulski* (7) celui des *fables* politiques, en vers ou en prose.

Paris (Rocznik Tow. hist. liter. w. Paryżu) Ann. 1868, p. 276-278 ; 2) *Le Journal de Bułhakow* ; 3) le père V. Kalinka : *Dernières années du règne de Stanisław August.* (Ostatnie lata panowania Stanisława Augusta), Poznań, 1868. t. II, p. 355.

(1) Elle se trouve à la Bibl. Ossoliński, Lwów (n° 857).

(2) Głos za suknią polską (1788, in 12°, 27 p.).

(3) Rozmowy zmarłego Piekarskiego, posła rawskiego, z samtego świata na ten przysyłane. Warszawa (Varsovie) (in-8°, 12 p.).

(4) Odezwa matki obywatelki do syna posła (in-8°, 4 p.).

(5) Tak będzie jak było (in-8°, 15 p.).

(6) List z pożegnianiem do Jaśnie Wielm. hr. Stackelberga ambassadora, dnia 24 maja z Podola (in-8°, 29 p.).

(7) De la vie de Fr. Makulski, nous ne savons pas grand'chose, mais seulement ce fait qu'il professa à l'Ecole des cadets de Niemirów, fondée par le chambellan Potocki. — Cf. Łukasiewicz, *Hist. des Ecoles* (Historya szkół) Poznań, 1851, t. II, p. 95) ; Fr. Makulski publia une foule de petits écrits, où il ne cessait de combattre l'ignorance et les préjugés et de défendre les idées politiques de progrès ; citons : 1) *Le Polonais régénéré* (Polak odrodzony), Warsz. 1790, in-8°, 31 p. ; 2) *Lettre d'un villageois à un courtisan* (List wieśniaka do dworaka), 1790, in-8°, 20 p., où il demandait l'imposition des biens du clergé ; 3) *Les Diétines* (Sejmiki), 1790, in-4°, 24 p., description en vers des désordres qui marquèrent souvent la tenue des Diétines; 4) *Noir et blanc*, trad. du français (Czarny i biały, z francuzkiego), 1790, in-8°, 44 p. Il publia, en outre, des ouvrages étendus, comme : *Le*

Parmi les plus connues nous citerons « *les Taupes* » (1) et « *l'Édifice ruiné* » (2) de J. U. Niemcewicz, « *le Sarcasme* » de Trębicki et « *l'Orgue* » (3) de Ignacy Krasicki.

II

Le père V. Kalinka, dans son ouvrage important de l'histoire de la « *Diète de quatre ans* » (4), déclare que jusqu'aux environs de l'année 1780 la szlachta se soucia peu de la politique. « C'était « là ce dont la Pologne hérita des rois saxons : une indifférence « inouïe pour la vie publique (5) et tout ce qui y touche. Un seul

portrait de la Moscovie (Portret Moskwy), et les *Révoltes de l'Ukraine* (Bunty ukraińskie), dont nous parlerons plus loin.

(1) Krety.

(2) Gmach podupadły.

(3) Organy.

(4) Le père Kalinka : *La Diète de quatre ans* (Sejm czteroletni), Lwów (1880-1886). Cet ouvrage est resté inachevé. W. Smolenski le termina par son livre : *La dernière année de la grande Diète* (Ostatni rok sejmu wielkiego), Kraków, 1897. Marie Dohrn (née Baranowska) a publié en allemand la traduction de l'ouvrage du père V. Kalinka : *La Diète de quatre ans* (Der vierjährige polnische Reichstag), Berlin, 1896-1898 (Mittler u. Sohn). C'est à cet ouvrage que nous renverrons nos lecteurs.

(5) Nous croyons devoir reproduire ici un sermon fait à ce sujet par le père Marc (*) en 1769 : « Il y a sept ans, un jour que je priais dans ma cellule pour ma patrie, en pleurant amèrement, j'aperçus l'ange de la Pologne. « Marc, me dit-il, les affaires de la patrie tournent mal ; l'anarchie la perdra. Chacun désire un gouvernement et aucun honnête citoyen ne veut gouverner. Le pouvoir gît à terre et personne ne veut se baisser pour le ramasser. Je me suis présenté alors chez tous vos seigneurs — et j'ai reçu partout la même réponse, dictée par leurs exécrables goûts casaniers et leur paresse accoutumée. J'allai chez Radziwiłł, woïéwode de Wilna : « Pars pour Varsovie, occupe-toi du gouvernement, sauve la patrie !... Il fut si attendri qu'il pleura. — « J'irai la besace au dos, » dit-il. — « Mais il ne s'agit pas de sacrifier ta fortune ni d'exposer ta vie : demeure là-bas et occupe-toi du

(*) Cf. sur le père Marc : 1) Rulhière, *Histoire de l'anarchie de Pologne*, Paris, 1819, t. III, liv. IX.

2) Les *Récits d'un gentil. pol., op. cit.*, 65-83 ; Adam Mickiewicz, les Slaves, III, pp. 84-85, 101.

« journal polonais, *les Łuskiner* (1), était lu et quelques familles
« seulement recevaient des journaux étrangers. Les plus riches
consultaient des gazettes manuscrites, composées par des particuliers
et non soumises à la censure. Ces dernières eussent pu nous don-
« ner une peinture de la vie publique d'alors — s'il y en avait eu
« une ! Cela arriva à l'époque que nous étudions. Et pourtant, au
milieu d'une vie politique aussi intense que celle qui se manifesta
pendant la Diète de quatre ans, la *presse* n'eut, malgré tout, qu'un
développement peu considérable. Il en était tout autrement en
France, où pendant les premières années de la Révolution les
journaux se multiplièrent et exercèrent une influence considérable.
Mais en Pologne leur nombre était et demeura très restreint et,
de plus, aucun ne constitua, à proprement parler, ce que nous
entendons aujourd'hui par un « *organe politique ;* » C'est à peine
en effet, si ceux, qui paraissaient alors, contenaient un sommaire
excessivement sec et bref des principaux événements de la vie
politique nationale ou étrangère.

A quoi doit-on attribuer ce peu d'extension de la presse au temps
de la Diète de quatre ans, étant donné que les premiers journaux
dataient du xvᵉ et du xvɪᵉ siècle et que dès 1693 il y a eu en

gouvernement. » Et sais-tu ce que j'en tirai à la fin ? — « *Monsieur l'ami*,
moi je gouvernerai à Varsovie et à Naliboki M. Reyten me tuera tous mes
ours ! » J'ai été ensuite chez le woïewode de Kiew, sans plus de succès, car
comment demeurer à Varsovie quand on est habitué à passer des journées
entières à Szorstyn, avec M. le porte-glaive Ciesielski ? Puis j'allai chez le
maréchal Mniszech. Il ne peut ! Il aime sa patrie, mais, *swinia bura*, en
gouvernant on ne peut avoir de procès, et comment vivre sans de quoti-
diennes conférences avec les gens de loi ? M. Wielopolski, écuyer tranchant
de la couronne, aime sa patrie, mais, *bala bala* (*), s'il va à Varsovie, qui
à chaque session (**) poussera les intendants au travail ? etc... Cf. Les
Récits d'un gentilh. pol., *op. cit.*, p. 11.
(1) Du nom de l'abbé Łuskin, cf. infra, p. 48.

(*) Au xvɪɪɪᵉ siècle la plupart des grands seigneurs avaient chacun leurs dictons
favoris qui sont restés populaires en Pologne comme l'est par exemple, en France, le ven-
tre-saint-gris d'Henri IV. Le prince Ch. Radziwill avait l'habitude d'appeler tout le
monde « Monsieur l'ami. » Un jour il dit à Stanisław August : « Monsieur l'ami, V. M ! »
Ces dictons n'avaient souvent aucun sens ; *swinia bura* signifie *porc brun* et *bala bala* ne
signifie rien.

(**) On appelait ainsi la réunion des intendants et des anciens de chaque village, etc.
pour distribuer le travail aux paysans et régler leurs redevances.

Pologne des organes réguliers ? (1) On peut en donner plusieurs explications. D'abord le manque de lumières dans les masses et ensuite le nombre prodigieux de lettres, d'articles et d'écrits qui circulaient de mains en mains; ces deux faits enlevant, pour ainsi dire, toute raison d'être aux journaux.

Mais, à côté de ces deux motifs d'ordre général, il faut en signaler un autre très curieux, particulier, croyons-nous, à la Pologne, où les préjugés contre la presse persistèrent longtemps. On n'y pouvait admettre alors, en effet, qu'un journaliste se permît de servir à ses lecteurs des raisonnements, des jugements et des opinions politiques toutes faites. Les journaux ne devaient être, dans l'esprit des Polonais, qu'une source d'informations; ils devaient donc se borner à citer les faits et à raconter les événements, laissant à leurs lecteurs le soin d'en tirer telle conclusion que bon leur semblera. Que les choses sont donc changées! Mais, qui ne regretterait pas cette ancienne manière de voir, en constatant la partialité et l'intransigeance qui règnent aujourd'hui dans une salle de rédaction? Aussi serait-il bon de lire et surtout de méditer le programme du *Correspondant de Varsovie*, promettant de *donner les nouvelles les plus importantes sans les faire suivre d'aucun commentaire, en laissant ainsi au public le soin de juger, de blâmer ou d'approuver.* Et c'est bien timidement que, en échange de toutes ces concessions au goût du lecteur, le journaliste d'alors ose demander comme faveur la permission de risquer de temps à autre « *une opinion morale ou philosophique,* » — « *même ne lui appartenant pas, pourvu qu'elle soit jolie !* » (2) — *et qu'on pourra passer au besoin* (3).

Cela explique le peu de développement de la presse polonaise à cette époque; les journaux furent en quelque sorte forcés de rester en dehors de ce grand mouvement de l'esprit public et de s'occuper presque exclusivement des affaires étrangères en négligeant beaucoup les questions nationales, même les plus vitales.

(1) Cf. Roman Pilat, sur la littérature politique de la Diète de quatre ans. (O Literaturze politycznej sejmu czteroletniego, 1788-1791), Kraków, 1872, VI. La presse politique.

(2) « Choć nie swoje byle przecudne ».

(3) Cf. Roman Pilat, *op.* et *loc. cit.*

Parmi les organes de ce temps citons la *Gazette de Varsovie* (*Gazeta warszawska*), fondée en 1769 par Bohomolia et quelques autres littérateurs. Elle prit en 1774 le titre de « *Nouvelles de Varsovie* » (1) (*Wiadomości warszawskie*), sous la direction de l'abbé Łuskin. Cette gazette, qui paraissait le mercredi et le samedi, montre bien ce qu'était alors le journalisme en Pologne ; elle publiait des nouvelles, des échos mondains (cérémonies, réceptions, etc.), annonçait les nominations, etc., sans se soucier beaucoup des affaires politiques du pays ; au reste, la rubrique étrangère n'y était pas mieux traitée. De temps en temps paraissaient, il est vrai, des comptes rendus de la Diète, mais si secs, qu'ils ne donnaient qu'une idée bien imparfaite de la physionomie des séances ; bref, ni opinion ni tendances apparentes. Pourtant, défenseur ardent des Jésuites, l'abbé Łuskin voyait d'un très mauvais œil l'œuvre des réformateurs, mais, incapable de jouer dans l'opposition, un rôle actif quelconque, il se contente, dans ses colonnes, de blâmer sans réserve… les actes de la Révolution française !

Ce journal, à privilège royal, dont la réputation était faite et solidement établie, se maintint jusqu'en 1793 : l'abbé Łuskin put donc saluer avec joie l'arrivée au pouvoir des confédérés de Targowica, « *cette ère nouvelle dans la renaissance du pays !* » (2).

Un journal cependant, dont l'apparition marqua un grand progrès et opéra une révolution dans la presse polonaise du temps, fut la *Gazette nationale et étrangère* (*Gazeta narodowa i obca*), fondée au commencement de 1791 par Thadée Mostowski, castellan de Raciąż et les nonces de Livonie Jos. Weyssenhof et Julien-Ursin Niemcewicz (3). Ce dernier, familier des Czartoryski, ami de

(1) Format in-4°.

(2) Le *Correspondant de Varsovie* n'en diffère pas beaucoup, mais il fut fondé un peu plus tard (3 mai 1792 — 29 décembre 1793). Tri-hebdomadaire, il paraissait les mardis, jeudis et samedis.

(3) J. U. Niemcewicz (1758-1841), né à Skoki, en Lithuanie, il fit ses études à l'Ecole des cadets, à Varsovie. Il fut nonce de Livonie à la Diète de quatre ans, où il prit souvent la parole, comme membre du parti patriote réformateur, dont il appuyait les vues et [propageait les doctrines dans la Gazette nationale et étrangère et dans de nombreuses brochures. Il prit part avec Kościuszko à l'insurrection de 1794, comme lui, il fut blessé à Maciejowice et passa en Amérique, où il se maria. Il en revint

Ignacy et Stanisław Potocki, fut, dans le camp réformateur, le trait d'union noble entre l'aristocratie progressive et la démocratie naissante; dès ce moment il vit grandir considérablement son influence politique. Ces rédacteurs, gens éminents, insérèrent de vastes comptes rendus des séances de la Diète et reproduisirent *in extenso* et presque textuellement les discours les plus remarquables, principalement ceux prononcés par les leaders du parti réformateur, accompagnés de judicieux commentaires. La *Gazette nationale et étrangère* publia aussi de nombreuses « correspondances », des « *lettres du pays* », suivies de réponses. Elle se tint en outre soigneusement au courant des événements les plus importants de la vie politique de l'Europe et surtout du développement de la Révolution française, sur laquelle elle porta des jugements modérés, conçus dans l'esprit le plus libéral.

Mais son existence fut courte : elle ne dura même pas un an, du 1ᵉʳ janvier 1791 au 4 août 1792. Détestée par le clan des *vieux nobles*, qui, à cause de son grand format, l'appelaient dédaigneusement la « *serviette* », elle fut supprimée par les Targowitziens; ce fut même un de leurs premiers actes à leur arrivée au pouvoir (1)!

Le *Mémorial politique et historique* (*Pamiętnik polityczny i historyczny*) fondé en 1782 par l'abbé P. Switkowski, ex-jésuite,

définitivement lors du grand duché du Varsovie ; fut secrétaire du Sénat et, après la mort de Staszyc, élu président de la Société des amis des sciences. Pendant l'insurrection de 1830, il défendit, au nom du gouvernement polonais, en Angleterre, la cause de la Pologne. Il s'établit à Paris, après la défaite de ses compatriotes et fut l'un des fondateurs de la Société historique et littéraire. Il mourut en 1841.

Il laissa : 1) *des fables politiques*, écrites durant toute sa vie ; elles sont spirituelles et méchantes à souhait, mais d'un style inférieur à celui de Krasicki ; 2) *des chants historiques* ; 3) *des comédies et des tragédies* ; 4) *une histoire du règne de Sigismond III* ; 5) *des récits* ; et 6) *des mémoires*.

Homme généreux, désintéressé, de grand savoir et de grande expérience, J. U. Niemcewicz appartient plutôt à l'histoire qu'à la littérature, qu'il considère comme un simple moyen pour agir sur la société ; aussi ses écrits sont-ils avant tout politiques et conçus pour les besoins de la cause qu'il soutenait, celle du progrès et des réformes. Cf. Dr. A. M. Kurpiel, *op. cit.*

(1) Uniwersał de Szczęsny (Fortuné) Potocki, 8 août 1792.

homme très capable, rendit aussi d'immenses services à la réforme, en réimprimant, en vue de la propagande et de la vulgarisation des idées de progrès, les brochures politiques les plus importantes. D'une composition essentiellement scientifique il publiait de longs articles très documentés et très savants sur les questions administratives et financières.

Pour compléter cette esquisse de la presse d'alors, il faut encore signaler l'existence de quelques journaux publiés en français et en allemand, mais dont l'influence et le rôle politiques furent naturellement fort peu considérables.

Ce sont : « *Le journal hebdomadaire de la Diète* », (1) qui parut à Varsovie de 1788-1791 et la *Gazette de Varsovie* (1791), d'une part ; *Le journal patriotique des citoyens de Pologne* (2) (1791) et *Variétés* ou *Revue de Varsovie* (3) (1791) de l'autre.

III

Disons maintenant quelques mots des divers partis politiques et des principales personalités qui les composaient.

Il y avait en Pologne, au moment où allait s'ouvrir la Diète de quatre ans, trois partis principaux : le parti royal, appelé aussi parti russe, le parti républicain et le parti patriotique, désigné plus tard sous le nom de parti prussien.

A la tête du parti royal se trouvait, naturellement le roi Stanisław August, prince très éclairé, mais qui ne possédait malheureusement ni la fermeté de caractère, ni la force de volonté, qui eussent été pourtant indispensables en des circonstances aussi critiques que celles que devait traverser la République. Désirant ardemment le bien de sa patrie et doué d'un sens politique très profond, comme en témoigne sa correspondance avec Deboli, son

---

(1) Format in-4º.
(2) Vaterländische Zeitung für Polen's Bürger (1791).
(3) Mannigfaltigkeiten oder Warschauer Wochenschrift, format in-8º. 1791.

représentant à Petersbourg, il vit toujours ce qui était utile au bien du pays, mais il ne sut jamais lutter contre les préjugés de la nation, ni résister aux exigences de l'opinion publique. Il était d'ailleurs suspect à la majorité des Polonais, qui ne pouvaient lui pardonner que son élevation à la dignité royale fût due en majeure partie à l'appui de la Russie (1) et on lui reprochait couramment d'être l'instrument docile des ambassadeurs de Catherine II, son ancienne et impériale maîtresse. Le fait est que devant le plus léger obstacle il hésitait, puis reculait et finalement se décidait, la plupart du temps, contre le meilleur avis qui était pourtant presque toujours le sien propre. Il devait toutefois, durant la Diète de quatre ans, faire souvent preuve de fermeté et tenir tête à la majorité, qu'il réussit maintes fois à convaincre ; cela dans les premiers temps, car l'état des esprits ne tardera pas à se modifier à son égard et nous verrons bientôt le parti royal et le parti patriotique marcher, pour ainsi dire, la main dans la main et le roi Stanisław August, devenu populaire, acclamé par ses sujets à la mémorable journée du 3 mai 1791.

Son frère le prince Michel Poniatowski, Primat du Royaume, était un homme également très éclairé et d'un caractère ferme, mais fort impopulaire. Lui aussi pourtant, désirait sincèrement le bien de la nation. Ennemi de toute caste, il fut avec raison un chaud partisan de l'égalité des classes au nom de la justice et de l'humanité. Aussi défendit-il ardemment la cause des paysans, dont il s'efforçait d'améliorer et de relever la condition. Ces généreux desseins furent également ceux du chancelier de Lithuanie, l'ancien collaborateur d'André Zamoyski dans la rédaction du Code (qui les aurait réalisés, s'il n'avait été repoussé par la Diète en 1780), Joachim Chreptowicz, homme très capable et de grande valeur morale, que tous aimaient et estimaient — mais d'un caractère faible et facile à dominer.

Le parti républicain, qui fut certainement le plus puissant à l'avènement de Stanisław August, mais devait se fondre peu à peu et perdre toute influence, imbu des idées de la confédération de Bar, était un parti réactionnaire, comprenant tous les partisans

___

(1) Simon Askenazy. — Die letzte poln. Kœnigswahl, *op, cit.*

résolus des anciennes institutions, cause première de la décadence de la Pologne. Il comprenait deux fractions.

A la première appartenaient tous les grands dignitaires du royaume, les nobles entichés de leur noblesse, fiers de leur origine et de leurs immenses fortunes. Aussi tenaient-ils énormément à conserver la conduite des affaires. Gouvernant sans nul souci des lois, dilapidant le Trésor public sans aucun remords, ils furent tous sans exception de chauds partisans de la Russie (1).

Leur chef était Szczęsny Potocki, général polonais et grand seigneur russe. Esprit droit et d'une réelle noblesse de caractère, il fut un seigneur modèle dans la vie privée et chercha toujours à améliorer la condition morale et matérielle de ses paysans; mais d'une intelligence plus que médiocre, il fit preuve dans la vie publique de bien peu de sens politique. Nature faible, mais orgueilleuse et pleine d'ambitions, s'il exerça quelque influence, ce fut uniquement grâce à sa haute position sociale et à son immense fortune. Atteint dans son amour propre (la Diète ne l'ayant pas élevé à la dignité de maréchal, qu'il ambitionnait) et trompé par la Russie, qui exaltait sa vanité, il prit les armes contre sa patrie, qu'il combattit dans les rangs moscovites et il mourut sans gloire, dévoré de remords, triste victime de son fol orgueil!

A côté de lui figurait l'hetman Seweryn Rzewuski, ancien confédéré de Bar. Il défendit par ses écrits l'antique état de choses, et comme publiciste fut le premier de son parti, puis se mit à la tête de la confédération de Targowica et lutta contre sa patrie avec les Potocki et Branicki!

La deuxième fraction du parti républicain ne comprenait guère que des hommes de bonne foi, hobereaux sincèrement attachés à leur patrie et désirant ardemment le bien de la nation, et s'ils se montrèrent conservateurs et même réactionnaires, ce fut plutôt par sentiment que par raison. Ennemis jurés de la Russie, ils servirent inconsciemment ses intérêts, car, ignorant la véritable situation de leur pays, dont ils ne comprenaient pas les besoins actuels, ils opposèrent une résistance opiniâtre à toutes les réformes, dont ils n'entrevirent que trop tard l'urgente nécessité.

(1) Léon Wegner, *op. cit.*, ch. II.

Dans leurs pensées, tous les projets n'étaient qu'un attentat déguisé contre les lois fondamentales de la Pologne et ils y virent, non l'unique planche de salut, mais le renversement des bases de l'ordre social et comme un outrage à la morale publique ! L'ignorance et les préjugés devaient donc faire de ces patriotes ardents et sincères les jouets inconscients des ennemis de leur patrie : ils travaillèrent ainsi, sans le savoir ni le vouloir, à la chute de la Pologne et amenèrent par contre-coup la ruine de leurs privilèges, auxquels ils tenaient par dessus tout.

Le parti patriotique comptait un grand nombre d'hommes éminents, animés d'un vif amour de la patrie, dont ils voulaient assurer l'indépendance, la puissance et la dignité. Elevés à la dure école du malheur, imbus de l'esprit du temps, partisans résolus et éclairés des réformes et dégagés des antiques préjugés de la noblesse, ayant vu l'édifice politique et social croûler de toutes parts, ils avaient formé le dessein de le reconstruire sur de nouvelles bases solides.

Lui aussi comprenait deux fractions, mais qui ne tardèrent pas à s'unir pendant la Diète de quatre ans. La première, composée d'hommes éclairés qui joignaient à une profonde éducation politique l'expérience que donne le maniement des affaires publiques, voulait une transformation graduelle et successive de la République en tenant compte à la fois des idées du temps, des besoins et des aspirations du pays. La deuxième, composée de la jeune génération, élevée dans les idées du xviiie siècle, oubliait un peu trop peut-être, que toute transformation brusque et radicale est mauvaise, que chaque réforme doit venir à son heure et ne jamais cesser d'être en complète conformité avec le caractère, l'esprit et les mœurs d'une nation. C'était la fraction avancée du parti national : à sa tête étaient les prêtres Hugo Kołłątaj et Piatoli (1) ; à la tête de la fraction modérée se trouvaient les frères

(1) Piatoli était un prêtre italien, membre de l'ordre des capucins. Précepteur des enfants de la princesse Lubomirska, il fut recommandé par elle à Stanisław August et devint le confident, l'ami et le plus fidèle conseiller du Roi. Esprit souple, imagination ardente et intelligence vive, il embrassa résolument les idées nouvelles. Il sut gagner par la droiture de

Ignacy et Stanisław Potocki et Stanisław Nałęcz-Małachowski. Malheureusement aucun d'eux ne fut véritablement un homme d'Etat et c'est ce qui manqua le plus à la Pologne en cette période de crise.

A côté de ces trois partis, il y avait encore un groupe d'hommes très influents, tant par la dignité des fonctions dont ils étaient revêtus que par leur position sociale, qui, selon les circonstances et en se guidant uniquement sur leurs intérêts particuliers du moment, firent successivement cause commune avec ces trois partis. N'agissant qu'en dessous et sous le couvert d'un patriotisme ardent, qu'ils affichaient, ils exercèrent une action néfaste sur la marche des affaires publiques. Par leurs intrigues perpétuelles et leurs menées souterraines, ils entravèrent les réformes projetées, soit en retardant l'établissement de lois urgentes, soit en rendant vains les résultats qu'on en espérait. C'est sur eux que doit retomber la responsabilité de la lenteur et de l'inanité des efforts patriotiques pour faire aboutir les réformes, dans les deux premières années de la Diète de quatre ans (1).

A leur tête était l'hetman de la couronne, le prince François-Xavier Branicki, qui fit partie de toutes les oppositions qui se manifestèrent tour à tour sous le règne de Stanisław August, son ami d'enfance ! Mais il ne songea jamais qu'à augmenter sa fortune et à se créer une situation indépendante, et ne craignit pas de porter les armes contre sa propre patrie..

Son triste exemple fut suivi par son neveu, le prince Casimir Sapieha, général d'artillerie de Lithuanie, qui devint le collègue de Stanisław Nałęcz Małachowski comme maréchal de la Diète. Orateur brillant, mais superficiel, car il ne possédait aucune instruction profonde, le prince Sapieha resta du moins fidèle à la Constitution qu'il avait juré d'observer.

son caractère et son désintéressement la confiance du parti national et servit d'intermédiaire dans le rapprochement des deux partis patriotique et royal, pour le plus grand bien de la Pologne.

(1) Léon Wegner, *op. cit.*, ch. II.

IV

Parmi ces partis politiques, le *Parti patriotique* et le *Parti royal* constituèrent à peu près entièrement les deux courants du mouvement réformateur. Mais, tout au début de la Diète, le Parti royal était le seul qui offrît quelque cohésion. Cet état de choses, cependant, ne devait pas durer longtemps et le roi Stanisław August et ses partisans allaient perdre peu à peu toute considération et tout appui dans l'opinion publique, qui ne tarda pas à les englober dans la haine que les Polonais avaient conçue contre la Russie et qui éclata alors avec d'autant plus de violence qu'elle avait été plus longtemps contenue. En vain des hommes comme le primat, prince Michel Poniatowski, frère du roi; comme Ostrowski, Chreptowicz, Komarzewski, Dzieduszycki et Kiciński, membres du parti royal, montraient combien il serait dangereux et maladroit de rompre brusquement avec Catherine II ; entraînée par la Prusse et ses représentants à Varsovie, qui employèrent à cette occasion toutes les séductions et toutes les perfidies, l'opinion publique ne sut demeurer calme et fut bien loin d'observer cette profonde maxime politique de La Rochefoucauld : « Vivez avec vos « ennemis comme s'ils pouvaient un jour devenir vos amis, et avec « vos amis comme s'ils pouvaient un jour devenir vos ennemis » ; et l'on doit regretter que les Polonais n'aient pas compris que « rien n'est plus essentiel que d'extirper les antipathies invétérées « ou l'attachement envers certaines nations et qu'il faut les rem- « placer par un sentiment de bienveillance envers tous les peuples. » C'est la sage politique que le fondateur de la république des Etats-Unis, Georges Washington, conseilla aux Américains dans ce qu'on a appelé à juste titre « son Testament politique ».

Le prince Michel Ogiński, dans ses *Mémoires sur la Pologne et les Polonais* (1), cherche à expliquer cette hostilité contre Stanisław August, après l'avoir partagée comme tous ses contemporains — ou à peu près :

« Une longue série de calamités, dont la Pologne fut la victime depuis son avènement au trône, avait indisposé contre lui la plus grande partie de la nation. On le regardait comme l'exécuteur en Pologne de toutes les volontés de la Russie — à laquelle il devait la couronne — et on ne lui reconnaissait pas assez d'énergie pour opposer de la résistance là où son honneur, la gloire de sa nation et le salut de son pays auraient demandé du courage, de l'activité et un dévouement entier à la cause de la patrie.

« L'entretien d'une énorme armée étrangère, qui inondait presque toujours la Pologne ; la conduite arrogante et hautaine de ses chefs envers la noblesse du pays ; les guerres civiles ; l'enlèvement du sein même de la capitale des évêques et sénateurs en 1768 pour les déporter au fond de la Russie ; le partage de la Pologne, exécuté en 1773 et ratifié par la Diète universellement détestée de 1775 ; l'établissement du Conseil permanent ; le gouvernement arbitraire des ministres russes, devant la volonté desquels le Roi était forcé de plier en tout ; l'inaction des assemblées nationales, depuis le démembrement ; l'épuisement des finances et la nullité de l'armée : tout cela était imputé à crime à Stanisław August. A ces griefs on ajoutait encore qu'il s'entourait de préférence d'étrangers, pour détruire le goût de tout ce qui était national, et qu'il donnait un mauvais exemple à son peuple en se livrant trop au luxe et à la dissipation. »

Combien plus fidèle, selon nous, est le portrait du Roi tracé par Ségur (2) : « Son sort, pendant tout son règne, fut d'être tyrannisé tour à tour par son peuple et par ses voisins et, comme il avait peu d'énergie et beaucoup de lumières, son esprit clairvoyant ne lui servit jamais qu'à prévoir ses malheurs, sans pouvoir l'en garantir. » C'est ce qui explique pourquoi, si l'on peut ap-

---

(1) Cf. Michel Ogiński. — *Mémoire sur la Pologne et les Polonais, 1788-1815*, en français, 4 vol., Paris, 1827, t. I.

(2) Cf. Ségur : *Tableau politique de l'Europe*, 3 vol., Paris, 1824-1830. (Œuvres complètes en 33 vol.)

prouver, presque sans réserve, tout ce que pense ou écrit Stanisław August, l'on doit blâmer la plupart de ses actes.

Toujours est-il qu'on mena une campagne très violente, durant les premières années de la Diète de quatre ans, contre celui que quelques magnats avaient surnommé « le veau couronné ! » « L'op-« position est si vive », écrit le ministre autrichien de Caché, « qu'elle ne permet à aucun membre du parti royal de parler et « jusqu'au public des galeries, composé principalement de femmes, « tout le monde prend part à ces démonstrations. » Komarzewski (1) signale aussi « l'existence d'une coalition des partis prussien et de Potemkine ». Ils garnissaient les tribunes avec des gens à eux, payés (selon Wolski) (2) pour obéir au moindre signe et applaudir ou interrompre les orateurs. Et ce n'était pas seulement à la Diète, mais dans les rues et jusque dans le monde que les partisans du roi Stanisław August et de sa politique étaient en butte aux attaques et aux moqueries, aux insultes même. Ainsi c'était un antique usage que le maréchal de la cour, durant la session et principalement les jours de séance, tînt « table ouverte », où se rencontraient, sans distinction les nonces de tous les partis. C'était là une habitude en somme toute naturelle et bien conforme à la large hospitalité polonaise, beaucoup de nonces n'ayant pas de demeure à Varsovie ; mais l'opposition ne tarda pas à faire tomber cette coutume en traitant de *parasites* ceux qui assistaient à ces dîners du maréchal de la cour ; seuls étaient *patriotes* ceux qui se rendaient aux invitations des princes Radziwiłł et Czartoryski !

Il faut lire les mémoires du temps, ceux de Kitowicz (3), par exemple, si l'on veut se faire une idée de cet état d'esprit de l'opinion publique : « Les nonces, partisans du roi de Prusse », écrit-il, « étaient appelés les *patriotes* par le public qui assistait « aux séances de la Diète et les partisans du roi Stanisław August, « qui tenaient pour la Russie, les *parasites*... L'avenir seul nous « dira qui avait raison...

(1) Komarzewski. — *Coup d'œil sur les causes de la décadence de la Pologne* (en franç.), Paris, 1807, p. 198.
(2) Wolski. — *Défense de Stanislaw August* (Obrona Stanisława Augusta), Ann. de la soc. hist. et littér, de Paris, IIe partie, p. 48.
(3) Kitowicz. — *Mémoires* (Pamiętniki), *op. cit.*, I, p. 57.

« En attendant, les « parasites » devaient entendre journelle-
« ment cette injure proférée à haute voix à leur adresse, quand
« ils montaient dans leurs voitures ou en descendaient, au com-
« mencement et à l'issue des séances, et il n'était pas rare de voir
« les laquais et les cochers, qui stationnaient en attendant leurs
« maîtres, se traiter réciproquement de « parasites » et de « pa-
« triotes! » Mais ce qui dépasse tout ce que l'on peut imaginer,
« c'est l'effronterie avec laquelle le public, à la Diète, s'immisçait
« dans tout violent débat et coupait la parole aux membres du
« parti royal en les couvrant d'injures. » Et le maréchal Stanisław
Nalęcz Małachowski, par crainte de l'opinion publique et par
faiblesse, n'osait pas faire cesser un pareil scandale!

Mais ce n'est pas tout, le roi et ses partisans eurent encore
un ennemi redoutable : les femmes; et depuis ce temps, les
étrangers ont souvent remarqué et noté que les dames polonaises
des hautes classes s'occupaient beaucoup de politique. « Vous
allez dans un pays » — dira vingt ans plus tard Napoléon à un
ambassadeur, qu'il envoyait à Varsovie — « où les hommes ne
« sont rien et les femmes sont tout! »

« Jusqu'à ce jour » écrit encore Kitowicz, dans ses Mémoires,
« les femmes polonaises, qui ne s'étaient jamais occupées de politique, commencent aujourd'hui à imiter les françaises (cela est
devenu une « mode ») et bientôt elles voudront jouer réellement
le rôle de législateurs, qu'elles remplissent déjà, mais non pas
officiellement, il est vrai. Beaucoup de dames demeurent à la
Diète des séances entières et, du haut des galeries, elles échan-
gent avec les nonces et les sénateurs de nombreux signes
d'intelligence; par un sourire ou un simple froncement de
sourcils, elles indiquent ce qui leur plait ou leur déplait dans la
discussion et entraînent le vote ou le rejet de la motion (1). »

La princesse Czartoryska contribua beaucoup, pour sa part,
au mouvement violent d'opinion qui se faisait alors jour contre
la Russie : « Prévenue de ce qui devait se passer à la Diète, elle
se trouvait toujours dans une galerie pour entendre un orateur
proférer quelques outrages à l'adresse de la tsarine; elle criait

(1) Kitowicz. — *Mém.*, *op. cit.*, I, p. 234.

alors bravo et applaudissait de toutes ses forces, et les dames qui lui tenaient compagnie faisaient de même..... Le soir, pour récompenser messieurs les représentants de leur obéissance, ils étaient invités chez la princesse, où de jeunes dames leur faisaient fête et les couvraient de fleurs. Cela peut paraître incroyable, — ajoute Michel Kossakowski — mais je puis l'affirmer, l'ayant vu de mes propres yeux (1). » Le fait est d'ailleurs confirmé par d'autres contemporains et, dans la correspondance du marquis de Lucchesini, on voit la princesse Czartoryska mêlée à toutes les intrigues politiques; il en fut de même de la femme de Szczęsny Potocki : « Ces deux dames (écrit le roi) et beaucoup d'autres, sous leur direction, jeunes et vieilles, emploient tous les artifices féminins pour attirer les nonces dans leur camp, — c'est-à-dire dans l'opposition. » Une étude approfondie des salons des grandes dames de Varsovie, à cette époque, ne serait certainement pas dénuée d'intérêt, comme on peut s'en rendre compte par ces quelques aperçus. Mais l'on n'en doit pas moins regretter très vivement cette attitude première du parti patriotique, car elle fut en somme très préjudiciable à la république.

Et pourtant, au point de vue des opinions et du programme politiques, entre le parti royal et le parti patriotique il n'existait aucun fossé infranchissable : tous les deux se prononçaient résolument en faveur de réformes sérieuses ; tous les deux réclamaient une certaine concentration du pouvoir, qu'ils regardaient comme l'unique moyen de salut, mais les membres du premier entendaient la réaliser par l'augmentation des prérogatives royales, et se plaçaient sur un terrain franchement monarchique, tandis que les membres du second cherchaient à établir la liberté constitutionnelle sur des bases très larges, avec une autorité royale très restreinte, et demeuraient par conséquent sur le terrain purement républicain ; mais entre eux se trouvait un lien très fort, qui ne tardera pas à les réunir pour le plus grand bien de la république : les uns et les autres, en effet, reconnaissaient la nécessité des réformes sociales et devaient les défendre énergiquement ; de cette

(1) Michel Kossakowski. — *Mémoires* (Pamiętniki). Ils sont encore manuscrits.

coopération sortiront tout d'abord la loi du 18 avril 1791, et ensuite la constitution du 3 mai elle-même.

Aussi, considérer cette dernière comme l'œuvre exclusive du parti patriotique serait-il un point de vue bien étroit et peu conforme à la vérité historique ; elle fut, en effet, un compromis des deux partis, qui, sous la pression de l'opinion publique retournée et des circonstances extérieures menaçantes, surent se faire des concessions réciproques. L'œuvre commune, en effet, comprend les grandes lignes de leurs projets de réformes, et ce qui en fit le principal mérite, ce qui lui valut l'hommage flatteur de l'Europe entière, c'est qu'elle résuma les idées des deux courants politiques, alors existant en Pologne et qui se complétaient l'un l'autre ; cela fit ainsi entrer le pays dans la voie d'une sage politique de progrès. Cette noble conduite, en tous cas, dictée uniquement par le patriotisme et un désintéressement, qui pour être tardif n'en est pas moins rare dans n'importe quel pays en proie aux passions politiques, fait l'honneur de ces hommes éclairés et éminents, qui rêvèrent la régénération de leur patrie et l'eussent certainement réalisée sans la coalition finale des trois puissances copartageantes.

V

Les deux directions politiques principales de ce mouvement si puissant furent : d'une part, une tendance à procéder à une réforme radicale, à une régénération complète, et de l'autre, une tendance conservatrice, consistant à réformer ce qui existait, sans le transformer. Ces deux points de vue différents se retrouvent également dans toute la littérature politique d'alors comme dans tous les historiens qui étudièrent cette époque (1).

L'expérience et les transformations des conditions de la vie politique et sociale donnèrent naissance au courant réformateur, qui s'attaquait au deux vices principaux de l'organisation polonaise : le caractère exclusivement nobiliaire de la république et la

(1) Cf. Nicolas Karéiev, *op. cit.*

décentralisation exagérée de son gouvernement à cette époque. La concentration de tout le pouvoir dans une seule classe peu nombreuse, en enlevant toute force vitale à l'État, le condamnait d'avance à une décadence prématurée et l'excès de liberté, dont jouissait la szlachta, ne correspondait pas, malheureusement, à une instruction et à une maturité politiques suffisantes. La république nobiliaire avait donc besoin de nouveaux éléments, pour se transformer en un gouvernement qui répondît mieux aux exigences nouvelles. C'était toutefois l'indépendance même de la nation qu'il s'agissait avant tout de sauvegarder, l'influence étrangère ayant tellement sapé les fondements de l'État polonais, qu'au moindre bouleversement politique, l'édifice tout entier risquait fort de s'effondrer. La lutte pour la vie devait donc précéder l'ère des réformes : de là la nécessité de la réorganisation immédiate de l'armée et des finances. Mais ce n'était pas encore suffisant pour fermer entièrement et à tout jamais la porte aux ingérences étrangères ; il fallait en outre supprimer la royauté élective, car de cette funeste institution, considérée à tort par les Polonais comme une des bases fondamentales de leurs libertés, provenait en réalité tout le mal.

Il était cependant certain que toutes ces réformes demeureraient insuffisantes et même inutiles, tant qu'on ne se résoudrait pas à modifier la base même de l'organisation politique. Il était donc urgent d'instruire la masse de la nation et ce fut à l'honneur des réformateurs de l'avoir compris ; c'est pourquoi ils voulaient l'égalité politique de la bourgeoisie et de la szlachta, et demandaient l'amélioration du sort des paysans. Accomplie dans un sens démocratique, la réforme projetée, en ébranlant les fondements mêmes de la république nobiliaire, devait en élargir singulièrement la base. Mais ce but ne pouvait pas être atteint sans lutte ; il fallait, en effet, remonter le courant, déjà si puissant, qui avait pris naissance dans l'Europe occidentale et, en renversant l'absolutisme, en abolissant les privilèges, par la proclamation du principe de l'égalité, ébranlait toutes les bases sociales d'alors, car ce courant décentralisateur était dangereux pour la Pologne, où la révolution, qui avait pour but la concentration du pouvoir royal, devait s'accomplir dans un sens diamétralement opposé. Si J. Ph. Garran (1) représentant du peuple, membre de la Convention, ne l'a pas compris, M. Albert Sorel devait démontrer magistralement, dans son ouvrage « *l'Europe et la Révolution française* » que, d'une manière générale, « les peuples interprétèrent celle-ci sui- « vant leurs traditions nationales ; tandis que les gouvernements la considérèrent suivant leurs traditions politiques. » (2) C'est pourquoi, « sous l'empire des mêmes causes, son exemple provoqua en Irlande une agitation religieuse et toute catholique, en Hongrie une agitation aristocratique, en *Pologne une agitation monarchique*, et ces peuples cependant poursuivaient en réalité le même objet : *leur indépendance nationale* (3) ».

Les tendances décentralisatrices de la France furent, en effet, trop fortes et trop générales pour n'avoir pas influé sur les partisans des réformes en Pologne. Nous avons vu, d'ailleurs, que les principaux publicistes du XVIII° siècle avaient été traduits, parfois même plusieurs fois, en polonais ; mais beaucoup des tendances propagées étaient contraires à l'intérêt de la Pologne. Parmi les écrivains étrangers dont les idées exercèrent alors, d'une façon incontestable, la plus grande action sur ce pays, l'on doit placer au premier rang J.-J. Rousseau : il sut si bien se pénétrer de l'esprit et des mœurs politiques des Polonais que l'on ne doit pas s'étonner de son influence ; mais il n'en est pas moins vrai que, parmi les idées qu'il défendit, beaucoup eussent été néfastes à la Pologne si on les y avait réalisées, et c'est aux réformateurs que l'on doit d'avoir su prévenir ce danger. Loin de suivre aveuglément les conseils donnés, ils s'inspirèrent souvent de l'amour de la patrie, qui ne permet pas de tenter des expériences sur son propre pays, et voilà pourquoi ils préférèrent toujours le côté pratique en négligeant la plupart du temps le côté théorique et doctrinaire de l'ouvrage de J.-J. Rousseau : *Considérations sur le gouvernement de Pologne*. C'est ainsi que le philosophe de Genève considérait encore l'élection du roi « *comme la clé de voûte des libertés polonaises* » alors que les réformateurs y

(1) J. Ph. Garran. — *Recherches politiques sur l'état ancien et moderne de la Pologne, appliquées à sa dernière révolution*, Paris, an III.

(2) Albert Sorel. *Op. cit.*, T. I., à l'Intr., p. 7 et p. 185.

(3) Albert Sorel. — *Op. cit.* T. II, p. 20.

avaient renoncé depuis longtemps et regardaient comme indispensable au salut de la nation l'établissement du trône héréditaire ; c'est ainsi que J.-J. Rousseau considérait comme inutiles de nouveaux impôts et une réorganisation, suivie d'une augmentation de l'armée, alors que les réformateurs inscrivaient en tête de leur programme la réforme financière et la réforme militaire ; et l'on pourrait multiplier à l'infini les exemples, car il en fut ainsi de chaque chose.

Les réformateurs firent donc maintes et maintes fois preuve d'une grande sagesse et quand on songe qu'ils avaient en somme à lutter, d'une part contre les préjugés de la vieille noblesse et, de l'autre, contre toute agitation inséparable d'une révolution, on conviendra sans peine qu'ils firent preuve d'une modération admirable.

Mais cet exemple ne fut certainement pas suivi par le parti ou le clan vieux-noble, dont les membres, fermement résolus à défendre l'ancien état de choses, se bornèrent à une action négative. Dominés par les préjugés et voués au culte des seules traditions, ceux-ci, ignorants ou impolitiques, ne virent que trop tard combien était critique la situation de leur pays, dont ils ne comprirent pas les besoins pressants, et tandis que la masse de la nation polonaise, enfin éclairée, travaillait ardemment à sa propre régénération politique et sociale, eux vinrent entraver ces efforts généreux et opposer leur veto *au nom de la liberté, dont ils entendaient voir profiter uniquement la szlachta, comme autrefois, c'est-à-dire aux dépens des autres classes !* « Le liberum veto, le trône électif avec la faiblesse perpétuelle du pouvoir royal qui en résultait, l'intangibilité des privilèges de la noblesse, l'oppression des villes et la servitude des paysans » telles étaient, en effet, selon Seweryn Rzewuski, les conditions *sine qua non* d'une république libre ! (1) Et pouvons-nous nous en indigner, quand nous voyons J.-J. Rous-

---

(1) Cf. V. Kalinka. — *La Diète de quatre ans, op. cit.*, t. II, liv. V, ch. 3 : « En 1728, mourut Stanisław Mathias Rzewuski, grand hetman de la Couronne, en disant à son fils : Je t'abandonne dans un État gouverné par de sages lois libres.... Honore la légalité et défends la liberté. Sois prêt à verser ton sang pour la foi catholique, pour le maintien de la libre élection des rois, pour l'inviolabilité du pouvoir de l'hetmanat et du *liberum veto*, ces quatre principes fondamentaux de notre république. » Ce fut là le *credo* politique des Rzewuski ; il conduisit Seweryn à Targowica.

seau constater tranquillement qu'en Pologne la szlachta jouissait seule de la liberté et approuver qu'il en soit ainsi « puisque seule elle constituait la nation ? (1) De quel droit, d'autre part, les Français pourraient-ils reprocher à ce parti d'avoir cru et pensé que la liberté pouvait exister avec le maintien de l'esclavage, quand ils apprendront que le philosophe de Genève (qui sans doute donna souvent aux Polonais le conseil de faire quelque chose pour améliorer la *condition morale* des paysans) insista vraiment trop sur ce fait qu'on ne devait pas libérer le paysan, avant qu'il fût plus éclairé : « *Ne délivrez pas le corps avant de délivrer l'âme !* » s'écriait-il pompeusement.

Ce n'est pas à dire pourtant que tous les membres de ce parti étaient hostiles à des réformes, mais ils ne voulaient pas entendre parler de la réorganisation ni du renouvellement des bases de l'organisation politique et sociale et se bornaient à la correction et à la suppression de quelques abus, sans toucher au fond même des institutions antiques ; ils ne comprirent jamais qu'à de grands maux il fallait des remèdes énergiques. Le malheur voulut que la Révolution française, qui s'accomplissait alors avec un si grand retentissement, fût faite au nom de la liberté politique : de là une équivoque dont ils profitèrent dans leur résistance aux réformateurs. Ils marchèrent ainsi en apparence avec les idées du siècle, ils eurent l'air d'être les « champions de la liberté » alors que, fougueux partisans de J.-J. Rousseau, ils se contentèrent de fulminer avec lui contre la tyrannie et les despotes ! « Nous devrions modifier de « telle sorte nos institutions, que la république puisse être gou- « vernée sans crainte des interrègnes » — écrivait de Tulczyn (2) Stanisław Szczęsny Potocki (3) à l'hetman Rzewuski — « et je ne « vois pas pourquoi cela serait si difficile à réaliser. On pourrait, « par exemple, instituer un gouvernement qui *tâcherait* de sub-

(1) Cf. J.-J. Rousseau. — *Contrat Social*, liv. XII, ch. XV, et Taine, l'*Ancien Régime*, le chapitre consacré à Rousseau.

(2) Le 11 août 1788.

(3) Le 2 août de la même année il avait écrit à Branicki : « J'ai juré à ma patrie que je ne serais le sujet d'aucun étranger et, devrais-je devenir pauvre, je préférerais aller chercher avec mes enfants une nouvelle patrie et un nouveau monde que de supporter une domination étrangère ! » Il ne devait que trop prouver le contraire, hélas ! à Targowica.

« sister après la mort du Roi ; on pourrait à sa place élire un pré-
« sident à temps et charger tour à tour chaque woïéwodie de ce
« soin. L'antagonisme entre le gouvernement et notre liberté
prendrait ainsi fin ! » et il écrit la même chose à Seweryn Potocki
à Ulewicz etc...

Si l'on ne saurait trop s'étonner après cela que le parti vieux-
noble, capable de faire preuve d'un tel manque de sens politique,
n'ait pris qu'une faible part à la direction générale de la réforme,
il ne faudrait pas pourtant se hâter d'en conclure qu'il fût peu
nombreux et peu puissant, car il déploya en réalité, à propos de
chaque question, une très grande activité dans l'opposition. Ses
partisans, en effet, n'ayant établi aucun principe fixe et ne pouvant,
par suite, songer décemment à arborer un étendard quelconque ou
à rédiger un programme politique complet (sur lequel d'ailleurs ils
n'auraient pu se mettre d'accord) furent bien obligés de se
contenter de faire de l'opposition sur chaque point en particulier,
mais ils s'acquittèrent de cette tâche avec l'aveuglement farouche
qui est le propre des masses ignorantes, que dominent la passion
et les préjugés (1).

(1) Cf, Dr R. Pilat, *op. cit.*, I.

CHAPITRE II

Les Projets généraux de réforme et les principaux Publicistes

Dès la fin de septembre 1787, Marcel Ursin Niemcewicz, père de Julien, écrivait au roi Stanisław August :

« *Jam venit hora*.... Voici l'heure de porter remède aux maux de la patrie, car la Russie et l'Autriche, au milieu des embarras que leur causera la lutte avec la Turquie, vont désirer l'aide de la Pologne ; nous pourrons rendre alors la Diète confédérée et augmenter en secret l'armée, car voici l'heure de songer à obliger les puissances voisines à consentir enfin — bon gré mal gré — à la réforme de la république, à l'introduction de la *pluralitas* et du trône hériditaire. Une partie du pays s'y opposera par aveuglement, mais que les gens éclairés et sages soient en majorité et nous réussirons (1). »

Ce sentiment était partagé par la plus grande partie de la nation, bien décidée à profiter des heureuses circonstances politiques qui se présentaient, pour consolider la république en réformant le gouvernement et en augmentant l'armée. Mais, si presque tous comprenaient la nécessité absolue des réformes, la plupart ne savaient pas au juste en quoi elles devaient consister. Pour les réformes politiques il n'y avait qu'un seul point nettement précisé dans l'esprit des Polonais, et sur lequel ils étaient à peu près d'accord : l'abolition du liberum veto. Quant aux réformes sociales, nous avons vu qu'elles figuraient aussi au programme des

____

(1) Cité par Bolesław Limanowski : *Histoire du mouvement social dans la deuxième moitié du* xviiie *siècle* (Historya ruchu społecznego w drugiej połowie XVIII stulecia). Lwów, 1888.

réformateurs; la partie éclairée de la nation en sentait, en effet, très largement le besoin.

Ce fut le prêtre Hugo Kołłątaj qui eut l'honneur de systématiser toutes les pensées de réformes, de les propager et de les développer. Ce grand patriote, si souvent méconnu, l'un des plus puissants esprits de la Pologne, fut aussi remarquable écrivain qu'habile homme politique et l'on peut dire que l'histoire de sa vie est celle de cette époque.

I

Le prêtre **Hugo Kołłątaj,** docteur en droit et en théologie, inspecteur, puis recteur de l'Académie de Cracovie ; d'abord référendaire de Lithuanie et ensuite vice-chancelier de la Couronne, chevalier de l'Aigle blanc et de Saint-Stanislas, membre effectif du Conseil suprême national et, enfin, membre de la Société des Amis des Sciences de Varsovie, naquit le 1er avril 1748 ou 1750 dans la propriété de Niecisławice, (woïéwodie de Sandomierz). Il fit ses études dans les écoles de Pińczowski puis à l'Académie de Cracovie, sous la direction du professeur de mathématiques Adalbert Słupski.

Son désir d'acquérir la plus haute instruction possible (1) le conduisit à Rome, où il s'appliqua surtout à la théologie et au droit canonique ; aussi, après la mort de Joseph Załuski, évêque de Kiew, en 1774, obtint-il du pape le canonicat de Cracovie. De là l'hostilité que ce Chapitre témoigna au jeune Kołłątaj; ah! s'il s'était agi de reconnaître quelque donation de biens ecclésiastiques à de jeunes seigneurs, qui n'eussent même pas été ordonnés prêtres, il en eût été tout autrement! Le pape ordonna au Chapitre de se soumettre sans murmures et son chanoine rentra en Pologne, en

---

(1) « Être pauvre », disait-il, « n'est pas un malheur véritable. La vraie « misère de l'homme réside en effet dans le manque d'une solide instruction « — et pour une nation libre, le vrai mal, c'est l'inégalité de la culture « intellectuelle et morale. »

1775, au moment où la Diète déléguée, sous le maréchalat d'un Poninski, soucieux d'enrichir et de récompenser les traîtres avérés, rendait cependant un arrêt utile en créant une Commission de l'Instruction publique.

Kołłątaj partit pour Varsovie, se présenta au Roi et devint membre de la société pour les livres élémentaires. Il insista auprès de la *Komisya edukacyjna* pour que l'on commençât par l'Académie de Cracovie la réforme projetée de l'instruction publique en Pologne. La commission se rendit à son désir et le chargea de ce soin en l'envoyant dans cette ville en qualité d'inspecteur. Il réorganisa tout d'abord le gymnase de Nowodworski et, ses efforts ayant été couronnés de succès, il procéda à la réforme de l'Académie de Cracovie, qui inaugura solennellement le nouveau système le 1er octobre 1780 et en récompensa l'auteur en le choisissant deux ans plus tard pour son Recteur (1782). C'est pendant son rectorat que Kołłątaj fit commencer l'impression des documents contenant les lois et les privilèges concédés à l'Académie et entreprit d'écrire l'histoire de l'Instruction en Pologne. Ce travail, achevé plus tard, périt du vivant même de son auteur, au grand dommage de la littérature nationale. Très compétent en matière d'éducation, Kołłątaj élabora pour toute la république un excellent plan d'études scolaires que la Commission accepta et que vingt-cinq ans après la France adopta.

Il fut nommé référendaire pour la Lithuanie (1786).

Le 18 septembre 1788, les Diétines s'étaient réunies et ce fut du 1er au 24 que Kołłątaj fit paraître les « *Lettres d'un anonyme à Stanisław Małachowski, référendaire de la Couronne* » (1) dont le retentissement fut considérable : c'est que le programme politique qui y était exposé offrait le grand avantage de former un tout complet et systématique ; non seulement il y indiquait les lignes générales de la réforme, mais il en prévoyait et développait les moindres détails. D'un style clair, d'un raisonnement sobre et logique, cet écrit devait être un guide précieux pour les membres de la Diète de quatre ans, qui avaient la ferme volonté de faire œuvre utile et quand on embrasse d'un coup d'œil d'ensemble les

----

(1) Listy anonyma do Stanisława Małachowskiego (1788).

travaux de la « grande Diète » il est impossible de nier l'heureuse influence qu'il a exercée.

Après avoir fait la critique de l'organisation existante, Kołłąta indique les réformes à faire. S'il revendique pour tous la liberté et la propriété personnelles, il n'admet pas tous les habitants du pays à participer au gouvernement politique, mais seulement les propriétaires fonciers et les capitalistes, ceux qui possèdent 225 acres de terre ou ont au moins 5.000 florins polonais de rente. Cependant il est d'avis que les diverses classes sociales ne doivent pas être séparées d'une façon nette et tranchée et que le passage d'une classe à une autre doit être possible, puisqu'il est désirable.

L'édifice de tout le gouvernement, il le fait reposer sur les bases gouvernementales de chaque woïéwodie, divisée en quatre districts. Outre la Diète permanente, renouvelée tous les six ans — et dont les membres restaient encore soumis au mandat impératif — « il faut des relations suivies entre le gouvernement général du « pays et le gouvernement particulier de chaque woïéwodie... « Mais le pouvoir central doit toujours conserver la haute main « (autrement il serait impossible de supprimer l'anarchie), » (1) sans cependant qu'il en résulte une trop forte centralisation. « La « république romaine succomba par suite de ce fait que tout son « pouvoir était renfermé dans les bornes étroites de la *Urbs,* « que tous les pays soumis considéraient comme leur despote « légal. En ce qui concernait l'administration des villes et des « provinces, en effet, non seulement les questions générales, mais « les questions particulières y étaient tranchées jusque dans les « détails les plus infimes. » (2)

Kołłątaj cherche avant tout à assurer le bon fonctionnement de la machine gouvernementale en y supprimant tout jeu : de là, le remplacement demandé de dignités comme celles de *porte-glaive* d'*écuyer-tranchant,* de *veneur,* d'*échanson* par d'autres, répondant mieux à l'esprit du temps et aux nouveaux besoins de la société. Désirant ensuite voir les villes prendre part au gouvernement, il commence par abolir le droit municipal, dit de *Magde*

(1) Cf. IIᵉ Partie, p. 176, et Limanowski, *op. cit.*
(2) Cf. IIIᵉ Partie, p. 177, et Limanowski.

bourg, et par demander l'établissement d'un Code nouveau, commun à toutes les cités. En outre, pour maintenir l'unité de vue et de direction, Kołłątaj réclame une *Diète permanente* sur laquelle la république devra elle-même veiller, mais ce n'est pas à dire qu'il ne veuille pas le maintien du *pouvoir royal*, car il demande l'*hérédité du trône*, tout en ne laissant, il est vrai, aucune influence au monarque ! Il réclame enfin la séparation des pouvoirs (celle du législatif et de l'exécutif), la nomination par la Diète de cinq commissions (trésor, armée, affaires étrangères, instruction publique et police), chargées de l'exercice du pouvoir exécutif, mais responsables devant la Diète. « Si nous voulons être libres, » s'écrie-t-il, « lions les mains aux ministres ! » Quant au Roi, il a les mains plus étroitement liées encore : sa volonté ne doit être obligatoire que si elle est appuyée par un ministre, et il faut que tout décret royal, pour être exécutoire, soit contresigné par le ministre, qui en accepte la responsabilité. En terminant, l'auteur des *Lettres d'un anonyme* insiste encore sur ce point qu'il est de toute nécessité que ces commissions soient communes à la Couronne et à la Lithuanie — principalement celle du Trésor, c'est-à-dire qu'il demande, surtout pour les finances, la suppression de la dualité gouvernementale.

Comme tous les physiocrates de France, dont il a adopté la plupart des idées, le prêtre Hugo Kołłątaj préconise la diffusion de l'instruction jusque dans les couches populaires les plus profondes et demande la création de deux nouvelles universités, l'une en Grande Pologne, l'autre en Ukraine. Il recommande enfin de surveiller spécialement l'éducation et l'instruction des femmes, dont le pouvoir sur les hommes est si considérable, que ceux-ci ne deviennent que ce que les femmes veulent !

D'après le plan de Kołłątaj, la république polonaise doit consister en une fédération de woïéwodies, indépendantes et souveraines dans leur administration intérieure respective, qui enverront à la Diète générale des représentants chargés de s'occuper des affaires communes, mais « qui ne devront pas se conduire d'après « leur propre volonté, car, dépendant entièrement de leurs woïé- « wodies, ils ne peuvent rien au delà de leurs instructions. « Permettre en effet au nonce élu de se conduire en toute indé-

« pendance et de devenir un despote non seulement pour sa
» woïéwodie particulière, mais encore pour la république tout
« entière, c'est vouloir arrêter à sa source le cours naturel de la
« liberté et se soumettre au despotisme de quelques dizaines ou
« de quelques centaines d'individus! Le choix des nonces doit donc
« être à l'abri de toute intrigue et ils ne doivent être que des
« *instruments dociles — à tel point que le vote d'un nonce*
« *contre ou au delà de ses instructions ne pourra obliger sa*
« *woïéwodie!* » C'est donc le système du *mandat impératif*
qu'il soutient encore, avant que la masse ait pu s'élever à cette
idée que la souveraineté nationale ne saurait résider que dans la
nation tout entière, principe que proclamera la Constitution du
3 mai, en déclarant enfin chaque nonce « *représentant de l'ensemble des citoyens et non plus d'une petite fraction* ».

Si tel est le système développé dans les *Lettres d'un anonyme*,
il ne faudrait pas croire qu'il contienne l'exposé complet de toutes
les idées politiques de Kołłątaj, car ses « *Lettres* » ne reflètent
pas entièrement ses opinions : il a dû, en effet, et il a su les adoucir
soit pour les rendre pratiques, soit pour les conformer à l'état
d'esprit de ses concitoyens; ce qui ne l'empêcha pas de poursuivre
quand même, mais peu à peu et insensiblement, la transformation
complète du système politique existant, dont il désirait avant tout
élargir considérablement la base (en donnant, notamment, aux
villes une représentation suffisante pour former une Chambre à
part), tout en suivant toujours le courant des idées. De là, les
modifications incessantes subies par ses idées — qui deviendront
plus hardies entre 1791 et 1794, comme cela est surtout visible
pour les questions sociales. Ainsi, à propos des villes et de la bourgeoisie, il ne devait pas s'exprimer de la même manière en 1788
dans les *Lettres d'un anonyme*, en 1789 dans le *Mémoire des
villes*, qu'il rédigea et adressa au Roi et aux États de la république,
et en 1794 pendant l'Insurrection nationale, sous l'immortel
Thadée Kościuszko. En 1788 c'est le point de vue physiocratique
qui domine — et Kołłątaj n'insiste pas trop en faveur des bourgeois: sans doute, il se montre partisan résolu du relèvement de
cet état; mais il ne songe pas encore — ou plutôt n'ose pas la réclamer déjà pour lui — à l'égalité politique avec la szlachta et désire

même voir la Diète forcer les bourgeois à vendre les terres, qu'ils peuvent détenir, espérant contribuer ainsi d'une façon efficace au progrès du commerce et de l'industrie ! Cependant il est d'avis que les bourgeois soient représentés à la Diète et y forment une Chambre à part (la *Chambre basse* à côté de la *Chambre haute* où siégerait l'aristocratie terrienne). Celle-ci enverra dans chaque woïéwodie six représentants, tandis que les bourgeois n'en nommeront que trois, car les propriétés foncières ont évidemment plus de valeur, la terre étant l'unique source de richesses d'où découlent toutes les autres sources de revenus. Mais l'idée d'une Chambre séparée ne fut pas admise par les réformateurs, qui firent preuve ainsi d'une grande maturité politique. En 1789, au contraire, dans le *Mémoire des villes*, le point de vue physiocratique disparaît et les demandes de Kołłątaj deviennent exclusivement pratiques.

Les *Lettres à St. Małachowski* ont suscité un grand nombre de brochures politiques; elles ont eu de plus pour résultat de pousser la Diète à s'occuper énergiquement de la réforme et, le 10 février 1790, elle nommait la Commission constitutionnelle réclamée par Kołłątaj et où il figura avec les membres les plus marquants des états. C'est ce qui le décida à écrire un nouvel ouvrage plus détaillé : *Droit politique de la nation polonaise ou organisation du gouvernement de la république*, (Varsovie, 1790) (1) formant la IVe partie des *Lettres d'un anonyme*. Des trois livres annoncés le premier seul parut, contenant les *Lois cardinales*.

L'auteur y résume ou y développe ce qu'il a déjà dit dans les *Lettres*, avec cette différence toutefois qu'il y admet le Roi au partage législatif, changement important qui prouve bien que Kołłątaj ne fut pas un doctrinaire, mais avant tout un homme politique et indique déjà le rapprochement annoncé du parti patriotique et du parti royal pour donner enfin naissance à ce vaste courant réformateur, dont la Constitution du 3 mai fut l'œuvre. L'ouvrage est précédé d'une préface, véritable modèle d'éloquence et de style, dans laquelle, au milieu de remarques

---

(1) Prawo polityczne narodu polskiego czyli układ rządu Rzeczy pospolitej. Warszawa, 1790.

générales sur le futur gouvernement, l'auteur encourage et
convie tous les hommes de bonne volonté à travailler à la réalisation des réformes.

Outre ces ouvrages généraux, contenant un projet d'ensemble
de réformes gouvernementales, Kołłątaj publia encore diverses
brochures politiques, traitant différents points de détails, que
nous étudierons en leur temps. Il prit ainsi une part extraordi-
nairement active aux délibérations de la Diète et exerça une
action considérable sur les tendances de cette dernière. Il prit
d'ailleurs la parole dans toutes les circonstances importantes et
donna son avis sur toutes les questions agitées alors; l'histoire
de sa vie fut donc bien, comme nous le disions, celle de cette
époque. Sur la question si controversée et depuis si longtemps,
de *l'hérédité du trône,* il publia : *Remarques sur l'écrit publié*
à Varsovie, à l'imprimerie Dufour, par Seweryn Rzewuski,
grand hetman de la Couronne, sous le titre : De la succes-
sion du trône en Pologne » (*Varsovie,* 1790) (1) et « *Dernier*
avertissement à la Pologne » (*Varsovie,* 1790) (2). C'est lui
qui rédigea le *Mémoire des Villes,* adressé au Roi et à la
Diète, remis en 1789 par la *noire procession* et qui demandait
l'admission des bourgeois aux droits politiques : « *De la part des*
villes de la Couronne et de la Lithuanie au très éclairé mo-
narque et aux très éclairés états confédérés de la Répu-
blique (3) » ; ce fut encore lui l'auteur du mémoire adressé à la
Diète pour l'amélioration du sort des paysans : « *Pétition aux*
états en faveur du peuple des campagnes (4) »; (ce dernier
écrit est malheureusement perdu et Badeni est le seul de ses
biographes à en faire mention); ce fut lui enfin qui, pour déjouer
les intrigues souterraines de l'opposition, publia la brochure
intitulée : « *Que se passe-t-il donc avec notre malheureuse*
patrie ? Nouvelle consacrée à la vérité et à l'avenir. »
(*Chełmn,* 1790) (5).

(1) V. *infra,* ch. V.
(2) V. *infra,* ch. V.
(3) V. infra, ch. VI.
(4) V. infra, ch. VII.
(5) V. infra, ch. IV.

Mais, à côté de ces ouvrages, publiés sous son nom, il est certain que Kołłątaj en écrivit un grand nombre sous le couvert de l'anonymat et qu'il en inspira en outre beaucoup. De la *forge de Kołłątaj (Kuźnica Kołłątajowska)* sortirent énormément d'écrits politiques, qu'il revisait soigneusement avant de leur laisser voir le jour (1). Le vice-chancelier de la Couronne prononça, en outre, de nombreux discours, qui eurent un grand retentissement et influèrent sur les événements politiques du moment. Ils furent réunis et publiés sous ce titre : « *Discours de Hugo Kołłątaj, vice-chancelier de la Couronne, prononcés les 20 mai, 3, 21 et 28 juin, 30 septembre et 10 novembre, avec les quatre réponses du trône des 3, 15 et 20 septembre et 12 octobre 1791.* » (*Varsovie* 1791) (2) ; ce recueil parut d'abord par fragments et les principaux discours furent traduits en français (3). Tous ces discours de Hugo Kołłątaj furent prononcés après la Constitution du 3 mai : nous n'avons donc pas à nous en occuper ; il est bon de dire cependant qu'ils constituent autant de témoignages vivants des capacités politiques réelles de Kołłątaj et de sa grande habileté. Et quand on parle de ses écrits, il est impossible de passer sous silence l'ouvrage : « *Sur l'établissement et la chute de la Constitution du 3 mai 1791* » (4) auquel il collabora avec Ignacy Potocki et qui a été rédigé par Dmóchowski. Publié après la Diète de quatre ans, en 1793, à Leipzig, s'il n'eut aucune influence sur les événements dont nous nous occupons, il les éclaire singulièrement.

En terminant cet aperçu sur le prêtre Hugo Kołłątaj, dont nous aurons encore souvent l'occasion de prononcer le nom, disons qu'il

(1) Cf. Władysław Smolénski : *La forge de Kołłątaj* (étude historique) (Kużnica Kołłątajowska, — studyum historyczne —), I. Kanonik Jezierski, II Trębicki, Dmóchowski, Meier, Konopka et Dembowski, Kraków, 1885.

(2) Mowy ksiedza H. Kołłątaja, podkanclerzego koronnego na sejmie terazniejszym), Warszawa, 1791, in-8°, 212 pages.

(3) Ex : « Discours sur le nouvel ordre à établir dans la régie des domaines royaux, prononcé dans l'assemblée des États, le 10 novembre 1791, par M. de Kołłataj, chancelier de la Couronne, » Varsovie, 1792, in-8°, 127 pages.

(4) « O ustanowienu i upadku Konstytucyi polskiej 3go Maja » Metz (en réalité Lipsk (Leipzig), 1793, 2 vol., in-8°, 244 et 308 pages.

faut regretter qu'on n'ait pas encore étudié à nouveau sa vie, si bien remplie, et souhaitons de voir bientôt cette lacune comblée (1).

II

Stanisław Staszyc (1755-1826), après avoir terminé ses études en Pologne, alla à Paris où il s'adonna aux sciences naturelles et lia connaissance avec nombre d'encyclopédistes — de là son indifférence religieuse. A son retour, Wybicki, qui le connaissait, le recommanda à André Zamoyski. Devenu précepteur du fils, il se fit ordonner prêtre, conformément au désir de sa mère, mais n'en remplit pas les fonctions. Il vint à Varsovie au début de la Diète de quatre ans.

En 1785 il publiait le fruit de ses longues et patientes recherches : « *Remarques sur la vie de Jean Zamoyski, hetman et grand chancelier de la Couronne, appliquées à l'état actuel de la Pologne.* » (*Varsovie*, 1785) (2). Cet ouvrage, paru sans nom d'auteur, et qui contenait un projet de réforme du gouvernement, fit une impression extraordinaire : jamais livre en Pologne, depuis celui de Konarski : « *O skutecznym rad sposobie* » (3) n'avait eu un tel succès. Il suscita un grand nombre de brochures (environ 22) et fut réimprimé plusieurs fois, à l'insu même de Staszyc, avec la « *Collection des écrits provoqués par les remarques sur la vie de J. Zamoyski (1788)* » (4).

(1) Sur le prêtre Hugo Kołłątaj, cf : 1) *Notions sur la vie et les écrits du prêtre Hugo Kołłątaj*, par J. Sniadecki, Ignacy Badeni et H. Schmitt, dans l'introduction de la brochure : sur l'établissement et la chute de la Constitution du 3 mai (O ustanowienu i upadku Konstytucyi 3go majo), 2º édit. Paris, 1833. 2) Kalinka, *la Diète de quatre ans, op. cit.*, t. II, liv. V. ch. 3, §. 156 et § 157 ; 3) Dr R. Pilat. *op. cit.* ; 4) B. Limanowski, *op. cit.*

(2) Uwagi nad życiem Jana Zamoyskiego hetmana i Kanclerza w. Koronnego do teraźniejszego stanu Polski przystosowane. Warzawa, 1785, in-8º, 365 pages.

(3) V. supra. Introd., p. 28.

(4) Zbior pism do których były powodem Uwagi nad życiem J. Z., 1788, 8 vol. ; ce sont :

Ce succès prodigieux est dû à deux causes : d'abord au mérite de l'ouvrage, ensuite à l'heure où il parut. Malgré leur incontestable valeur et parce qu'elles furent publiées quelques années plus tôt, les « *Lettres patriotiques à l'ex-chancelier Zamoyski* », de Wybicki (1), avaient passé à peu près inaperçues. Ce sort eut donc pu être aussi celui du livre de Staszyc sans les circonstances ; la meilleure preuve en est que les réponses, les brochures que son apparition provoqua ne devaient commencer à être publiées que près de trois ans plus tard, à l'ouverture de la Diète de quatre ans.

Ce n'est pas un projet d'ensemble complet et définitif, mais bien plutôt un recueil de remarques générales, de réflexions et de considérations sur la réforme du gouvernement. On sent, en effet, que l'auteur n'a pas encore un programme bien arrêté, mais il a le mérite de s'être dégagé des préjugés et des traditions, et cela lui permet d'insister davantage sur une foule de points que les premiers publicistes avaient à peine osé indiquer.

Staszyc devait plus tard reprendre, développer et compléter ces considérations dans un second ouvrage, qui contient cette fois un tout systématique : « *Avertissements pour la Pologne — dictés par la situation actuelle de l'Europe et les lois naturelles à l'auteur des Remarques...* » (4 janvier 1790), in-8º, xx et 340 pages (2).

---

1) *Pensées à l'occasion des remarques sur la vie de J. Z.* (Myśl z okazyi Uwag nad zyciem J. Z). 43 pages,

2) *Des moyens d'augmenter la puissance de la Pologne par l'organisation de milices obligatoires.* (Sposób powiększenia sił krajowych w Polsce przez popisowe milicye) 46 pages ;

3) *Accord et désaccord avec l'auteur des Remarques...* (Zgoda i Niezgoda z autorem Uwag...) 58 pages ;

4) *Réponse d'un hobereau à un ami de Varsovie* (Respons ziemianina do przyjaciela w Warszawie bawiącego (28 pages).

5) Pensées et réflexions à propos des Remarques... (Myśl na myśl i do myśli z okazyi Uwag...) 24 pages ;

6) A l'auteur de « *Accord et désaccord* ». (Do autora zgody i niezgody...) 24 pages ;

7) *Réflexions sur l'état législatif en Pologne* (Myśl nad stanem prawodawczym w Polsce) 15 pages.

8) *Pensées sur la réforme du gouvernement* (Myśl względem poprawy formy rządu), 1790, 96 pages. — Cf. Dr Roman Pilat, *op., cit.* I.

(1) V supra Introd., p. 30.

(2) Przestrogi dla Polski z terazniejszych Europy związków i praw

L'un des hommes les plus honnêtes et les plus nobles de cette époque, Stanisław Staszyc est républicain corps et âme ; c'est un disciple passionné de J.-J. Rousseau. Ce qui le différencie des autres écrivains politiques, c'est qu'il a compris qu'il s'agissait avant tout, non pas du triomphe de tel ou tel programme, ou de tel ou tel parti, mais du salut même de la patrie et que l'on devait savoir céder aux exigences du moment. C'est une question de vie ou de mort, il faut donc consentir à tout et se résigner même à l'établissement du despotisme si cela était nécessaire : « *La nation avant tout, les libertés ensuite ; il faut vivre avant de songer au bien-être.* »

Le point essentiel par lequel les *Avertissements* diffèrent des *Remarques* est celui-ci : en 1785, Staszyc n'espérait plus en l'avenir de sa patrie ; il ne croyait plus au réveil possible de l'esprit national ; dès lors il songe à assurer le salut de la Pologne au moyen du trône héréditaire, en accordant la couronne à quelqu'une des puissances voisines — lui qui considère les rois comme des tyrans, comme des ennemis du genre humain, sans même consentir à avouer qu'il pût en être autrement ! Mais, en 1788, il a foi en la vitalité de sa patrie et, espérant tout de la seule énergie de la nation, il renonce à son idée première. Aussi fait-il bon marché de ses opinions personnelles pour se plier aux circonstances, dont ses conseils s'inspirent toujours : « de deux maux, dit-il, il faut choisir le moindre ! » C'est ainsi qu'hostile au militarisme et à l'esprit militaire, détestant les armées permanentes, « *ce produit de la tyrannie et cette source d'esclavage* », il n'en conseille pas moins l'augmentation des forces défensives de la nation : « La règle principale de la politique actuelle n'est- « elle pas de chercher à nuire par tous les moyens possibles, la « violence et la ruse, aux puissances voisines et de chercher à les soumettre et à les détruire ? »

... « L'Europe est aujourd'hui un champ de bataille sur lequel « sont massés plus de 2.000.000 d'hommes, prêts à en venir aux « mains et n'attendant qu'un signal pour engager la lutte. »

natury wypadające przez pisarza Uwag... Warszawa, 4 janv. 1790, in-8º. XX et 340 pages.

En conséquence, Staszyc demande la levée et l'entretien de 100 et même 200.000 hommes pour assurer avant tout l'existence et l'indépendance politique de la république. Le premier effort des Polonais doit donc être porté sur l'organisation d'une armée nombreuse, bien disciplinée ; et pour cela on ne doit reculer devant aucun sacrifice et il faut puiser sans compter et sans hésiter aux différentes sources de revenus existantes, comme les starosties, (qu'il conseille de changer en *colonies militaires* ou de transformer en fonds éternel de réserve, pour l'entretien de l'armée), les couvents et les églises, les biens des chevaliers de Malte et les *bona mensæ regis* ; c'est ainsi que, républicain ardent, il se prononce pour le trône héréditaire ; c'est ainsi que, partisan des principes de liberté et d'égalité et voulant confier au peuple la toute-puissance, il exclut les bourgeois de toutes les hautes fonctions et passe sous silence la représentation des classes inférieures ; c'est ainsi enfin que, partisan convaincu du libre-échange, il désire en même temps prohiber l'importation des produits étrangers..... (1).

Dans l'organisation intérieure, Staszyc se manifeste surtout comme un partisan des principes de J.-J.-Rousseau ; comme Kołłątaj, l'auteur des *Avertissements* admet un cens électoral, basé sur le montant de l'impôt et non plus sur l'étendue de la propriété foncière ou le chiffre des rentes ; chaque woïéwodie élirait un nombre de députés proportionnel à l'impôt payé. Les fonctionnaires administratifs et judiciaires et même les sénateurs, les nonces (soumis au mandat impératif) sont élus dans les Diètines, au vote secret : c'est donc l'autonomie accordée aux woïéwodies. Certes c'eût été là un magnifique progrès, mais il en est des choses gouvernementales comme des choses architecturales ; les rouages les plus simples sont les plus durables. Les constructions pélasgiques sont indestructibles, les chefs-d'œuvre d'art, au contraire, pleins de finesse et d'élégance disparaissent ; les organisations politiques simples, comme l'autocratie, demeurent ; les organisations politiques compliquées, même réalisant

(1) Cf. V. Kalinka, *la Diète de quatre ans*, *op. cit.*, t. II, liv. V, ch. 3, § 155.

un progrès considérable, un idéal de décentralisation, succombent.....

Dans le projet de Staszyc, les nonces seuls devaient siéger à la Diète et les sénateurs ne participeraient pas au pouvoir législatif ; les villes n'auraient pas une Chambre à part, mais leurs représentants, aussi nombreux que les représentants territoriaux, jouiraient des mêmes droits politiques qu'eux et siégeraient à leurs côtés. Les nonces sont élus pour deux ans et, à la Diète *permanente*, tout se décide à la majorité des instructions des woïéwodies, mais pour les *lois organiques*, les deux tiers des voix sont nécessaires. Voilà pour le pouvoir législatif ; quant à l'exécutif, il est exercé par quatre commissions : guerre, trésor, affaires étrangères et police (intérieur), élues par la Diète, responsables devant elle et présidées par les ministres respectifs. Dans l'intervalle des sessions, le pouvoir est exercé par une grande commission, composée de nonces et de sénateurs, choisis par la Diète, et chargée d'assister le Roi.

Il faut noter que Staszyc n'a pas, comme Kołłątaj, senti le besoin d'une commission de l'instruction publique, qui fut cependant l'une des manifestations les plus vivaces de la vie nationale d'alors et avait déjà tant fait pour la Pologne et son avenir ! (1) Par contre, l'un et l'autre s'accordent pour refuser de grands pouvoirs au roi, qui, dans leurs projets, constitue un simple ornement de l'édifice gouvernemental. Staszyc en cela se montra fidèle disciple de J.-J. Rousseau et il conseille même d'avoir sans cesse l'œil « sur ces gens terribles aux nations » et de ne leur laisser aucune influence (2).

En somme, son projet repose à peu près sur les mêmes bases que celui de Kołłątaj, mais les points faibles, que contient l'œuvre de ce dernier, deviennent, chez Staszyc, des erreurs manifestes. Tout en cédant parfois au funeste courant de décentralisation, venu de France, Kołłątaj sait y résister à propos, quand cela devient nécessaire ; il tient toujours un peu compte des institutions existantes, des traditions et même des préjugés de la nation ; Staszyc,

(1) B. Limanowski, *op. cit.*
(2) B. Limanowski, *op. cit.*

au contraire, disciple de Rousseau, est ballotté sans cesse entre les théories du philosophe de Genève qu'il a adoptées et les réalités pratiques auxquelles il se heurte. De là des contradictions nombreuses, dont nous avons déjà relevé quelques exemples; il a sous les yeux la république utopique de J.-J. Rousseau; il en suit les lignes générales et parfois même les points de détail; puis, tout à coup, brusquement, son bon sens le force à conclure contre ses théories; bref, trop peu logique pour un doctrinaire, Staszyc est en même temps trop doctrinaire pour un homme politique (1).

C'est ce qui explique les points obscurs de son œuvre, les contradictions et les paradoxes qu'on y rencontre; de là, le manque d'unité de son projet, qui, au lieu d'être d'un seul bloc, comprend deux parties, l'une théorique, l'autre pratique, démentant, en général, les affirmations contenues dans la première. Personnalité extrêmement curieuse de l'époque de la Diète de quatre ans, il est la preuve vivante de l'influence funeste qu'exercèrent en Pologne les brochures et les théories politiques publiées et formulées en France dans le courant du xviiie siècle. C'est à son instinct politique et aussi surtout à son amour pour sa patrie, qui le força souvent à renoncer à des principes nuisibles, qu'il doit de n'avoir pas été entièrement un utopiste doctrinaire (2).

Outre les deux ouvrages dont nous venons de parler, Staszyc aurait publié plusieurs autres opuscules, que l'on trouve mentionnés dans des mémoires du temps. C'est ainsi que Przyłęcki, dans sa Biographie manuscrite de St. Staszyc (3), donne comme étant de lui une brochure intitulée : « *Le Polonais est sage après le dommage* (4); mais, comme elle est introuvable, rien n'est moins certain. Ce que l'on peut, par contre, affirmer, c'est qu'il n'a jamais exercé d'influence autrement que par ses écrits; il ne prit pas part à l'action réformatrice et continua à être précepteur dans la famille des Zamoyski. Mais son importance politique, comme publiciste, a été un peu surfaite, et il n'y a guère de comparaison possible entre

(1) Cf. Dr R. Pilat, *op. cit.*; Kalinka, *La Diète de quatre ans, op.* et *loc. cit.*

(2) Dr R. Pilat, *op. cit.*

(3) A la bibliothèque des Ossoliński, à Lwów.

(4) Mądry Polak po szkodzie.

lui et Kołłątaj ; son style est plus impétueux, plus passionné ; d'une grande éloquence, il s'élève parfois jusqu'au sublime ; mais Staszyc n'a pas le coup d'œil aussi perçant, le jugement aussi prompt ni aussi sûr ; il ne voit pas aussi vite ni aussi bien la situation d'ensemble... On ne peut nier pourtant qu'il fut un des premiers à comprendre les besoins du pays et à apercevoir les dangers qui le menaçaient ; il peignit de main de maître les périls de la république et il a exprimé beaucoup de pensées justes, mais il ne fut pas de taille à concevoir un projet de réforme complet et définitif ; réformateur hardi et courageux, et écrivain de valeur, il ne fut ni un politique de très large envergure, ni un homme d'État (1).

Son influence n'en fut pas moins considérable et les services qu'il rendit à sa patrie, très grands ; il fut un des premiers qui osèrent dire sans fard la vérité à la nation ; nul ne remua plus de cordes puissantes du sentiment national : il électrisait les masses et offre à ce point de vue une analogie frappante avec Skarga : ce fut un écrivain éminemment populaire (2). Le relèvement de la nation, dans les dernières années qui précédèrent la chute, fut plutôt dû au sentiment et à l'enthousiasme qu'à la conscience raisonnée des forces nationales ; cela n'apparaît chez aucun auteur avec plus de clarté que chez celui des « Avertissements pour la Pologne » (3).

* * *

A côté des œuvres du prêtre Hugo Kołłątaj et de Stanisław Staszyc, l'on doit encore mentionner un grand nombre de brochures et d'écrits, les uns, réduits à des indications particulières, se bornant à mettre en lumière et développer ce qui était resté dans l'ombre ou n'avait été qu'indiqué. Ainsi, chacun collaborait

(1) Dr. Roman Pilat, *op. cit.*
(2) Dr A. M. Kurpiel, *op. cit.*
(3) Cf. sur Stanisław Staszyc ; A. Au point de vue littéraire ; 1) Dr. A. M. Kurpiel, *op. cit.* ; B. Au point de vue politique ; 1) J. Szujski, Stanisław Staszyc, écrivain politique (Stanisław Staszyc, jako pisarz polityczny), Kraków, 1885 ; 2) Kalinka, *La Diète de quatre ans*, op. et *loc. cit.* ; 3) Dr Roman Pilat, *op. cit.* 4) B. Limanowski, *op. cit.*

6

au grand travail de la réforme, et l'on doit noter qu'il se trouve beaucoup de choses excellentes dans cette collaboration générale.

Les brochures, dont nous citons les principales, d'après le remarquable ouvrage du docteur Roman Pilat, proviennent toutes du « parti patriotique » (1).

(1) 1) *Pensées sur l'état législatif en Pologne.* (Myśl nad stanem prawodawczym w Polsce), 1788. in-8°, 15 p.

2) Stanisław Potocki, nonce de Lublin : *Pensées sur la réforme générale du gouvernement du pays* (myśli o ogólnej poprawie rządu krajowego), in-8°, 21 pages.

Cet écrit fut traduit en français sous le titre : « Pensées sur la réforme générale du gouvernement de Pologne, par M. le Comte Stanisław Potocki, (Varsovie).

3) *Remarques sur les remarques, observations sur la brochure parue en 1785 : Remarques sur la vie de J. Z.* (Uwagi nad uwagami, czyli, obserwacye nad książką ktora w r. 1785 wyszła p. t. Uwagi nad życiem J. Z...), Warszawa, 1789, in-8°, 485 p.

Brochure attribuée par le Dr. A. Sokołowski au Prince Czartoryski.

4) *Aux états éclairés avant la réforme de 1789. Les secrets de la juridiction des maréchaux dont l'insigne est le bâton de maréchal de la couronne.* (Do najjaśn. stanów sejmujących przed poprawą rządu krajowego 1789 r. Sekreta jurysdykcyi marszałkowskioj pod laską w. koronną zamknięte), in-8°, 48 p. ;

5) *Opinions sur les principes de la réforme gouvernementale* (Zdanie o zasadach poprawy formy rządu), in-8°, 19 pages ;

6) *Pensée égarée ajoutée au premier point des principes gouvernementaux* (Do pierwszego rządowych zasad, myśl zgubiona), in-8°, 32 pages ;

7) *Du mode de gouvernement le plus convenable pour la Pologne pendant l'intervalle des Diètes.* (Jaki rząd w Polsce między sejmem a sejmem mógłby być najprzyzwoitszy). in-8°, 11 pages ;

8) *Pensées ajoutées au projet de la réforme gouvernementale en ce qui concerne la szlachta pauvre* (Myśli do projektu formy rządu co do szlachty mniej majętnej) in-12°, 24 p.

Le but que veut atteindre l'auteur de cette brochure, c'est de briser l'influence des magnats : il propose donc de rétribuer la szlachta pauvre qui siégerait aux Diètes.

9) *Pensées relatives à la forme du gouvernement d'une Diète à l'autre,* (Myśli względem formy rządu między sejmem a sejmem), etc... Cf. Dr. Roman Pilat, *op.cit.*, I.

III

La situation du *parti royal* était excessivement délicate : la monarchie, en effet, comme nous avons déjà eu l'occasion de le constater, n'était plus très considérée ni très honorée (tant était grande la crainte du despotisme), et ce n'était pas le roi régnant, Stanisław August, qui était en état de dissiper ces préventions. Dans ces conditions, se ranger sous l'étendard royal était fort impopulaire, car l'esprit du temps devenait de plus en plus hostile au principe d'autorité et il soufflait partout un vent de liberté et d'indépendance. Les partisans du roi ne se découragèrent pourtant pas et soutinrent énergiquement la lutte. Comprenant parfaitement l'absolue nécessité des réformes, ils cherchèrent à les exécuter au profit du pouvoir royal.

L'ouvrage, où se trouve magistralement exposé leur programme, est réellement remarquable. Il a paru, en 1789, sous ce titre : « *Pensées politiques pour la Pologne.* » (1) On y trouve développée cette idée que la cause principale de la faiblesse de la Pologne, c'est l'affaiblissement de la monarchie ; par crainte du despotisme, la nation a tellement abaissé le pouvoir royal qu'elle a anéanti elle-même ses propres forces « *C'est une bien grande faute politique* « *que d'affaiblir l'autorité suprême.... Polonais, entourons* « *donc le trône de nos rois et serrons-nous autour afin de le* « *soutenir de nos épaules et de l'empêcher de chanceler, car sa* « *chute serait notre ruine et sa faiblesse notre perte.* » Conclusion : le Roi doit exercer tout le pouvoir exécutif et participer au pouvoir législatif.

L'auteur reproche à la Diète de vouloir réunir dans ses mains les attributions des pouvoirs législatif et exécutif ; il réclame la liberté du paysan et la puissance du pouvoir central : « Le Roi est le

(1) Myśli polityczne dla Polski, Warszawa, 1789, in-8º, 250 p. On n'en connaît malheureusement pas d'une façon certaine l'auteur, qui écrivit aussi en 1788 : « *Des serfs polonais* » (comme il le déclare lui-même à la page 23 des *Pensées politiques*). V. infra ch. VII.

premier magistrat, la puissance exécutive doit donc reposer dans ses mains. » Et il ajoute : « Il me semble que la nation est convain-
« cue de la nécessité d'un roi, mais elle ne sait quelles prérogati-
« ves lui confier. Elle craint de voir en lui un tyran et cette ter-
« reur jette partout la confusion. Voilà pourquoi les Polonais, se
« plaignant toujours de leurs rois, diminuent sans cesse leur pou-
« voir et courent ainsi eux-mêmes à leur perte. Et pourtant la
« puissance suprême doit avoir la haute main sur l'activité de
« l'administration, sans quoi le manque de contrôle peut engendrer
« les abus et la négligence. » C'est ce qui était arrivé en Pologne
avec toutes ces Diètes rompues avant d'avoir atteint un résultat
quelconque, avant même parfois d'avoir pu se mettre d'accord
pour le choix d'un maréchal ! « Pourquoi tant de lois », poursuit
l'auteur des *Pensées politiques*, « sont-elles restées inexécutées,
« sinon à cause de la faiblesse du pouvoir royal ? » Aussi se prononce-t-il pour l'hérédité du trône, mais avec une dynastie
polonaise, non étrangère.

Comme Staszyc et comme Kołłątaj, il demande donc : l'augmentation des impôts et de l'armée ; un trône héréditaire ; l'émancipation des villes et la transformation radicale des rapports des
propriétaires avec leurs paysans.

Ce livre, qui constitue un manuel précieux pour les membres de
la Diète, est écrit avec une grande prudence et se distingue par
son ton calme et la largeur de ses vues, — qualités que peut seul
posséder l'homme qui sait se placer au-dessus des partis et de leur
agitation. L'auteur, tout en n'ayant pas la prétention de se dire un
réformateur, montre pourtant un grand intérêt pour tous les besoins nationaux. Les nombreuses redites, les explications très
simples, que l'on rencontre dans son ouvrage, prouvent la nécessité
où l'on était alors d'instruire les nonces sur une foule de choses,
qu'ils eussent dû connaître, mais que vraisemblablement ils igno-
raient (1). Dans le chapitre Ier il insiste particulièrement sur les
qualités que doit posséder un représentant de la nation : « S'agit-il
« d'un état étranger ? Il faut qu'il se familiarise avec sa politique,
« qu'il connaisse ses qualités et ses défauts et que, dans les rap-

(1) Cf. Kalinka, *La Diète de quatre ans*, *op. cit.*, t. II, liv. V., ch. 3, § 159.

« ports de sa nation avec lui, il ait une vue très nette du but à at-
« teindre (1), car s'il ne peut deviner les desseins des autres, il est
« du moins fort capable de conduire son pays à la ruine...... Il
« n'a pas le droit d'être vindicatif, et il lui faut discuter sérieuse-
« ment les opinions de ses adversaires et ne pas les rejeter sous
« le prétexte que ce sont celles de ses adversaires sans même les
« avoir examinées, alors qu'au fond il les juge bonnes et pra-
« tiques. » C'est certainement là, selon le père Kalinka, l'historien
de la Diète de quatre ans, une allusion transparente « à ces décla-
« mateurs qui insultaient la Russie au cours des séances et s'en
« remettaient au roi de Prusse du soin de sauver la Pologne, se
« figurant ainsi avoir fait suffisamment pour leur patrie ! » (2)

Dans les deux chapitres qu'il consacre « aux villes », l'auteur
montre quelle oppression les bourgeois ont à supporter de la part
de tous, de la szlachta, des starostes, de l'armée... et pourtant,
écrasées de plus par l'impôt, elles payent encore 20 0/0 de leurs
revenus ! « Cette oppression continuera tant que la Diète n'aura
« pas consenti à admettre dans son sein des représentants de la
« bourgeoisie, car la noblesse ne saurait accomplir toutes les ré-
« formes nécessaires ; celles-ci, qui doivent être graduelles, exi-
« gent en effet une connaissance approfondie des choses et des
« gens, que les bourgeois peuvent seuls être en état de posséder. »

La prospérité et la puissance de la Pologne dépendent non seulement de la prospérité de ses villes, mais encore de celle de ses
paysans, continue l'auteur des *Pensées politiques;* or, ceux-ci
aussi sont victimes de tous les abus ; et, à ce propos, après avoir
loué le courage des orateurs, qui ont pris, à la Diète, leur défense,
il déclare que sans une agriculture prospère la Pologne ne pourra
se relever et que l'agriculture ne sera dans un état florissant que
lorsque les paysans seront libres (3) ; on doit donc s'efforcer de
répandre parmi eux l'instruction.

(1) C'est un point sur lequel notre éminent maître à l'Ecole des sciences
politiques, M. Albert Sorel, de l'Académie française, insistait particulièrement dans ses conférences d'histoire diplomatique : La première chose, en
politique, avant de rien entreprendre, disait-il, est « savoir ce qu'on veut, et
ensuite ce qu'on peut ! »
(2) Kalinka, *La Diète de quatre ans*, *op. cit.*, t. II, liv. V, ch. 3, § 159.
(3) V. infra, ch. VII. Remarquons à ce propos que ceux qui ont com-

Notons en passant (le fait en vaut la peine) que c'est un des
rares écrivains qui n'attaque pas les Juifs : sans doute, comme tout
le monde, en Pologne, à cette époque, il désire leur voir retirer
l'auberge et le débit de boissons (1), « parce qu'ils excitent », dit-il,
« les paysans à boire et *font ainsi beaucoup pour la propagation*
« *du fléau de l'alcoolisme* », mais, ajoute-t-il aussitôt, « cette
« prohibition ne devra durer que jusqu'au jour où les paysans,
« enfin libres, auront perdu le vice de l'ivrognerie. » Il se montre
même plein de sollicitude pour les Juifs : « ils sont très pauvres,
« dit-il, et meurent jeunes par suite des épidémies. » Prenant alors
résolument en mains leur défense, il réclame pour eux la liberté
absolue de leur culte, l'exemption du service militaire « auquel
ils ne sont pas encore aptes » et s'élève énergiquement contre les
abus de pouvoir, qu'on commet quotidiennement envers eux, ce
qui ne facilite pas une fusion, « qui, encore impossible, avec les
« autres éléments de la nation, deviendra bientôt absolument né-
« cessaire. » Cherchant enfin à expliquer « le dégoût instinctif du
« Juif pour l'agriculture » : « c'est qu'il craint », déclare-t-il, « de
« tomber dans la situation misérable, où il voit le paysan, en se
« livrant, comme lui, à la culture » (2).

On ne sait pas d'une façon certaine quel est exactement cet
auteur qui fit preuve d'une telle sagesse politique dans ses deux
ouvrages : « *Pensées politiques* » et « *Des serfs polonais* ». Selon
le Dr Roman Pilat, ce serait Joseph Wybicki, tandis que le père
Kalinka croit, au contraire, pouvoir attribuer ces deux livres au
Primat, qui les aurait écrits au milieu de l'année 1789, quand il se
retira à Jabłonna, et appuie son hypothèse sur l'examen du style et

posé les meilleurs traités sur la réforme de la république, se sont tous
montrés défenseurs éloquents des bourgeois et des paysans.

(1) Ce sont les Juifs qui tenaient (et tiennent encore) en Pologne et dans
les pays d'Orient les débits de boissons ; aussi le prince Potemkine les
appelait-il spirituellement *la navigation de la Pologne !*

(2) On ne s'occupa pour ainsi pas de la question juive à la Diète de
de quatre, avant la constitution du 3 mai ; nous renvoyons aux ouvrages
de Deiches : *La question des Juifs à l'époque de la Grande Diète* (Sprawa
żydowska w czasie sejmu wielkiege) Lwów, 1891 et de W. Smoleński :
La dernière année de la Grande Diète (Ostatni rok sejmu wielkiego),
Kraków, 1897.

des expressions. Quoi qu'il en soit, Bentkowski ne les signale même
pas dans son « *Histoire littéraire* ».

C'est ainsi que le programme de réformes du parti royal, simplement esquissé tout d'abord, se dessinait peu à peu et prenait
des traits de plus en plus nets. On étudiait les divers états européens ; les institutions anglaises, cependant, attiraient surtout
l'attention des publicistes polonais, comme elles avaient déjà attiré
celle des publicistes français et des publicistes américains, et au
premier rang de leurs admirateurs, en Pologne, se trouvaient les
membres du parti royal. Hostiles, en effet, au mouvement décentralisateur venu de l'Occident, ils cherchaient à réaliser la réforme
du gouvernement en copiant la « Constitution anglaise », ce qui
eût valu au Roi un accroissement de force et d'autorité ; la royauté
ayant en Angleterre une influence plus grande et un champ
d'action plus vaste qu'en Pologne. Le parti patriotique, au
contraire, qui suivait attentivement les événements de France,
prenait pour modèle la « Constitution française ». Une brochure,
qui parut alors, « *Description de la manière de procéder au
Parlement anglais* » (1) fut l'occasion d'une polémique très vive
entre les deux partis. Celui du Roi, s'appuyant sur les boulever-
sements, dont notre pays était alors le théâtre, cherchait à faire
ressortir les mérites de la Constitution anglaise et publia les
« *Remarques à la nation française* » (2) ; de son côté, le parti
patriotique fit paraître en réponse les « *Remarques sur le gouvernement anglais et autres réflexions utiles pour une nation
libre* » (3).

Deux publications, émanées du sein du parti royal, mais d'un
auteur presque inconnu, le major **Łobarzewski**, méritent cependant d'attirer tout particulièrement notre attention ; ce sont : 1° « *La
liberté polonaise égale à la liberté anglaise avec des remarques
appropriées et une description du gouvernement anglais* » (4),

---

(1) « Opisanie porządku sejmowania w parlamencie angielskim, « Warszawa, 1790, in-8°, 30 pages ;

(2) « Uwagi podane narodowi francuskiemu », in-8°, 84 pages ;

(3) « Uwagi nad rządem angielskim i inne dla wolnego narodu uży-
teczne, » Warszawa, 1791, in-6°, 132 pages ;

(4) « Zaszczyt wolności polskiej , angielskiej wyrównywający z uwa-

et 2° « *Testament politique laissé à un enfant de la Patrie avec un plan complet de la forme du gouvernement républicain* » (1).

La première contient une description exacte et complète de la Constitution anglaise et sa comparaison avec la forme du gouvernement existant en Pologne et, après avoir montré la grande analogie des institutions de ces deux pays, au point de vue de l'esprit et des principes, l'auteur exprime le vœu de voir le futur gouvernement polonais se rapprocher encore davantage du gouvernement anglais qui, dit-il, « a reçu l'approbation légitime de l'Europe entière ».

La deuxième, qui cherche à réaliser cet espoir, est un projet détaillé d'adaptation à la Pologne des institutions anglaises. Loharzewski demande sans doute la reconnaissance de la religion catholique comme religion officielle, mais il se déclare en même temps partisan résolu de la liberté absolue de tous les cultes. Le pouvoir législatif est exercé par les trois ordres : le Roi, le Sénat et la Chambre des nonces. Un projet n'aura force de loi qu'après avoir été voté d'abord par le Sénat, puis par la Chambre et ratifié enfin par le Roi. Les nonces seuls votent les impôts. Le trône est héréditaire et le Roi a l'exercice du pouvoir exécutif, assisté d'un « Conseil » (*Straż*) nommé par la Diète et ayant sous sa dépendance quatre Commissions : financière, judiciaire, militaire et politique.

Le Roi nomme les Sénateurs et les hauts fonctionnaires sur une liste de présentation de la Diète; il a le droit de battre monnaie et le droit de grâce ; il conclut enfin les traités et octroie les privilèges des villes ; mais, pour une déclaration de guerre, l'accord des trois ordres est indispensable, sauf dans les cas urgents, où le Roi peut prendre sur lui de la faire seul.

La Diète s'assemble tous les deux ans et sous la surveillance de la *Straż*, le Roi ouvre et clôture les sessions, mais, non convoquée, la Diète peut, de plein droit, se réunir.

gami do tego stosownemi opisaniem rządu angielskiego » Warszawa, 1789, in-8°, 254 pages;

(1) « Testament polityczny synowi ojczyzny zostawiony z planem bezpiecznym formy republikańskiego rządu. » Warszawa, 1789, in-8° 219 pages.

L'auteur insiste sur cette idée (nouvelle en Pologne) que le nonce ne représente plus seulement sa woïéwodie, mais la nation tout entière : il demande donc la suppression du mandat impératif, cette « *conséquence néfaste de la suprématie de l'intérêt particulier sur l'intérêt général.* » Comme nous avons déjà eu l'occasion de l'indiquer (1), cette idée ne tardera pas à être familière aux Polonais et elle sera réalisée dans la Constitution du 3 mai.

Łobarzewski demande enfin énergiquement la suppression du servage et se montre chaud partisan de l'amélioration du sort des paysans (2).

Mais le parti royal ne se contentait pas de travailler à un projet général de réformes, il en cherchait en même temps les moyens d'application. Toutes les tentatives précédentes, comme celles des Czartoryski, entre autres (dont les efforts généreux se heurtèrent aux préjugés, à l'ignorance et à l'aveuglement de leurs compatriotes, qui croyaient, il est vrai, faire preuve de patriotisme en s'opposant ainsi à des *desseins despotiques*) (3), tentées par la voie ordinaire et légale, n'avaient pas abouti : d'autre part, les délibérations de la Diète actuelle, montraient suffisamment combien, en l'absence de formes parlementaires précises, pouvaient être dangereuses et nuisibles la mauvaise volonté et l'inexpérience ; aussi songea-t-on à faire passer le projet de réforme en bloc et sans permettre la discussion de détail. C'était Joseph Wybicki, qui, quatorze ans auparavant, avait eu cette idée et l'avait lancée dans

(1) V supra ch. II p. 71.

(2) Le major Łobarzewski mérite d'être connu pour ses idées politiques très saines et surtout pour avoir eu conscience des nécessités d'un gouvernement. On a encore de lui :

« Entretien secret, dans l'éternité, entre le prince Sułkowski, woïéwode de Posen et le maréchal comte Gurowski. » (Sekreta konferencya między ś. p. Ks. Sułkowskim, woj. poznańskim, a marsz. hr. Gurowskim w wieczności) 1791, in-8°, 86 pages.

(Le maréchal comte Gurowski était ce stipendié de la Russie, qui, avec une cynique impudence, avoua un jour en pleine Diète toucher de l'argent de Catherine II, « *pour appauvrir cette vieille femme !* ») — Cf. Dr. R. Pilat, *op. cit.*

(3) Léon Wegner, *op. cit.*

ses « *Pensées politiques sur la liberté civile* » (1) et le parti royal l'adopta, sur l'initiative même du Roi, qui espérait exercer ainsi une plus grande influence sur la direction et l'esprit du futur gouvernement. Ce système fut défendu par son chambellan, Gaétan Kwiatkowski (2) qui exprima et développa son opinion dans une petite brochure, intitulée : « *Bref avis sur le moyen de rédiger une bonne Constitution* » (3), et rédigée d'un style encore jeune et inexpérimenté, mais plein de vigueur. L'auteur y montre l'urgence d'une prompte réforme et, après avoir retracé les mille difficultés suscitées à chaque instant par l'opposition, qui ne craint pas de se couvrir des fausses apparences du patriotisme, il conseille à la Diète de remettre, pour quelque temps, à une commission choisie dans son sein, l'exercice du pouvoir législatif, sauf à accepter ou à rejeter ensuite en masse le projet qui lui serait soumis.

G. Kwiatkowski devait développer à nouveau, un an plus tard, cette même idée, dans un ouvrage plus étendu : « *Essai de la plume d'un citoyen impartial sur l'état actuel et futur de la république de Pologne* » (4) et sur lequel nous reviendrons (5).

Cette idée, bien qu'excellente, et parce qu'elle restreignait trop la liberté politique de la Diète, était trop impopulaire pour être admise au moins immédiatement, car ce fut de cette façon qu'on fit la Constitution du 3 mai, œuvre commune du parti patriotique

(1) V supra, Introd., p. 30.

(2) Kajetan Kwiatkowski, chambellan du roi, dont il est un chaleureux partisan, a fait un magnifique tableau de la lutte des partis. Ses ouvrages constituent, pour cette raison, une source importante et curieuse de l'histoire de la Diète de quatre ans. Il fut, plus tard, membre de la « Société des amis des sciences de Varsovie » et écrivit une histoire de Władysław IV.

(3) « Krótka rada względem napisania dobrej Konstytucyi, 1790, in-8°, 38 pages. Il est certain que ce fut bien K. Kwiatkowski l'auteur de cet opuscule. Cela ressort de la comparaison que l'on peut faire des pages 4, 9 et 12 de « *Bref avis* » avec les pages 111, 112 et 113 de « *Essai de la « plume* » (dont nous allons parler) et dont il est authentiquement l'auteur. Cette assertion se trouve en outre confirmée par l'examen du style, des tendances et des points de vue des deux ouvrages. Cf. Dr. R. Pilat, *op, cit.*, I.

(4) « Próbka pióra bezstronnego obywatela nad stanem terazniejszym i przyszłym Reczypospolitej polskiej » przez K. K. Warszawa, 1791, in-8°, 216 pages.

(5) V. supra ch. V.

et du parti royal. Celui-ci, en effet, quoique sans appui dans l'opinion, en opposition même, jusqu'à un certain point, avec le courant universel, exerça cependant, par le prestige de ses membres, une grande influence sur la direction des réformes (1).

IV

Si le principal mouvement politique se concentra dans le camp des publicistes réformateurs, le parti vieux-noble cependant, ne se tint pas tellement à l'écart qu'il n'y participât pas. Sans organisation, sans chef et sans but précis, ses membres n'étant rapprochés que par le respect des mêmes traditions et des mêmes préjugés, il se montra au début très indifférent et eut l'air de ne prêter aucune attention aux vœux émis et exprimés de toutes parts, tant leur réalisation lui semblait éloignée! Mais le projet gouvernemental, élaboré en 1790 et reposant sur les principes établis par les réformateurs et sur leurs désiderata, les força à sortir de la réserve où il se tenaient; les sentiments qu'ils éprouvèrent tout d'abord furent ceux de la colère et de l'indignation et ils les exprimèrent dans une foule de brochures, dont la valeur intrinsèque, au point de vue politique, ne pouvait évidemment pas être très considérable (et ne le fut pas en effet), mais qu'il est bon de connaître, car elles dévoilent on ne peut mieux l'état d'esprit de ce parti (2). Ce sont : « *Lettre de Varsovie à un ami à la campagne — avec une relation des projets présentés à la Diète sur la réforme du gouvernement, le 9 août 1790* » (3). — *Lettres de Varsovie à un ami à la campagne* » (4). — *Le veto français appliqué aux conditions actuelles de la Diète* » (5). — « Re-

(1) V. supra I. pp. 59 et 60.
(2) Dʳ R. Pilat, *op. cit.*, I.
(3 « List z Warszawy do przyjaciela na wies z doniesieniem o wniesionych na sejm projecktach nowej formy rządu 9 s. 1790 » in-1º, 12 p.
(4) « List z Warszawy do przjaciela na wsi będącego », in-4º.
(5) « Francuzkie « nie pozwalam » do dziesiejezych okoliczności sejmujących służące. »

marques d'un citoyen impartial sur le projet de la Commission constitutionnelle » (1). — *Opinion sur les principes de la réforme gouvernementale »* (2). — *De la liberté individuelle »* (3). — *« Réponse de la campagne à la lettre écrite de Varsovie sur la forme du gouvernement »* (incomplète) (4).

Ces brochures (5) ne contiennent aucun projet; elles ne renferment pas davantage de critiques, mais de simples protestations; c'est une série de pamphlets, accusant les réformateurs de vouloir bouleverser l'état de choses existant, pour introduire en Pologne des formes constitutionnelles étrangères et y détruire les bases des libertés nationales! Ce qui excite surtout l'indignation de leurs auteurs, c'est le projet d'une Diète permanente, le refus des droits politiques aux gentilshommes *« bene nati sed non possessionati »* la supression du *mandat impératif*, etc... tout cela ne peut que préparer le despotisme et ils s'insurgent, d'ores et déjà, contre cette conséquence, inévitable selon eux, des réformes entreprises! Bref, dans cette collection d'écrits, plus ou moins hostiles et violents, on ne saurait trouver absolument aucune proposition pratique (6).

Dans le parti vieux-noble, cependant, beaucoup ne tardèrent pas à comprendre qu'on ne devait pas se borner à de vagues protestations, que les injures n'étaient pas une solution et qu'il fallait se décider enfin à opposer des contre-projets aux projets des réformateurs. C'est ce qui fut fait.

Le plus important publiciste de ce camp fut **Adam-Laurent Rzewuski**, castellan de Witebsk (7), qui écrivit un ouvrage

---

(1) « Uwagi jednego bezstronnego obywatela nad projektem od prześw. deputacyi do formy rządu podanym. »

(2) « Zdanie o zasadzie do poprawy formy rządu » in-8°, 9 p.

(3) « O wolności człowieka » (in-8°).

(4) « Respons ze wsi na list o formie rządu z Warszawy pisany », brosz. inc., in-8°.

(5) Nous en avons donné la liste d'après Dr R. Plat, *op. cit.* I.

(6) Cf. Dr Roman Pilat, *op. cit.*

(7) Fils de Stanislas-Ferdinand Rzewuski, ancien confédéré de Bar et feld-maréchal autrichien, et neveu de l'hetman de la Couronne Seweryn Rzewuski. Tout jeune il fut commandant dans la cavalerie nationale et envoyé par la woïéwodie de Nowogrodek aux Diètes de Varsovie et de Grodno. Il fut ambassadeur à Copenhague et nommé enfin, en 1790, cas-

intitulé : « *Pensées sur la réforme du gouvernement républi-cain* » (1).

Tandis que Kołłątaj et Staszyc réclamaient un gouvernement foncièrement républicain, dont ne serait exclue aucune classe, et que le parti royal réclamait la monarchie constitutionnelle, Adam-Laurent Rzewuski se prononçait, dans son projet, pour le maintien de l'aristocratie nobiliaire et ne voulait que des réformes adminis-tratives, sur les bases politiques existantes. Il demande une dis-tinction précise et nettement délimitée des différents actes législatifs avec les lois constitutionnelles — organiques ou *cardinales* — « *qui ne pourront être modifiées que par la volonté expresse* « *des instructions de l'unanimité des woïéwodies !* » et parmi ces *lois cardinales* il range : le « *Neminem captivabimus nisi jure victum* », la liberté de penser et d'écrire (sauf contre la reli-gion) ; la loi déclarant que le roi ne pourrait exercer aucune in-fluence sur l'armée ; la loi portant que les impôts existants ne pourraient être modifiés que par la volonté expresse des woïéwo-dies, terres et districts ; la loi interdisant toute proposition tendant à l'établissement du trône héréditaire (et que celui qui oserait pré-senter une motion semblable *hostis patriæ sit*)... bref, il restreint singulièrement le champ des réformes.

Il accuse ensuite la royauté d'être la cause directe des malheurs de la Pologne, mais il est forcé de convenir que cette institution doit être encore conservée pour un temps, qu'il est du reste ferme-ment résolu à abréger le plus possible. En attendant cet heureux jour, il diminue encore les prérogatives du Roi en refusant à ce dernier : 1° toute participation à l'exercice du pouvoir législatif ; 2° le droit de pourvoir aux divers emplois et charges ; 3° le droit d'exercer aucune influence sur l'armée, etc., et le Sénat, « *cette réunion d'agents royaux* » doit être un simple conseil, composé

tellan de Witebsk. Il publia encore « *Remarques sur la proposition de la cour de Londres sur la cession à la cour de Berlin de la ville de Danzig* « *avec son territoire.* » (O proponowanej przez dwór londyński cessyi miasta Gdańska « cum territorio » dla dworu berlińskiego, uwagi. » et quelques-uns de ses discours.

(1) « O formie rządu republikanskiego myśli » Warszawa 1790, in-8° en 2 parties de 210 et 176 p. Cet ouvrage fut interrompu par la maladie de l'auteur et pour d'autres raisons que donne Pilat ; cf. Dr R. Pilat, *op. cit.*

de woïéwodes et d'évêques, qui ne pourront jamais siéger à la Diète ni aux Diétines et dont l'unique but devra être de *contrecarrer toutes les entreprises despotiques du monarque.*

Il distingue entre les Diètes ordinaires et extraordinaires : les premières se réunissent de plein droit aux époques fixées par la loi, les secondes ne s'assemblent que sur convocation et dans des circonstances précises et nettement déterminées.

Tous ne doivent pas pouvoir exercer les droits politiques : à cet effet il demande, dans chaque woïéwodie, l'institution d'un « *Livre d'or* », où seront inscrits les « *bene nati et possessionati* », c'est-à-dire les seuls membres de la szlachta qui doivent jouir de l'*activitas* ou, en d'autres termes, avoir *les droits politiques.* Il se prononce ensuite contre l'établissement d'une réglementation des débats à la Diète, suivant en cela l'opinion de J.-J. Rousseau, pour qui « *si l'ordre est bon, la liberté est meilleure !* » et s'oppose enfin au retrait de l'*activitas* aux « *non possessonati* », dont les pères ont rendu des services à la patrie.

Rempli de réminiscences du livre du philosophe de Genève : « *Considérations sur le gouvernement de Pologne* », l'ouvrage d'Adam-Laurent Rzewuski n'en repose pas moins, comme nous venons de le voir, sur des principes nettement réactionnaires ; il exprime donc bien les vues du parti vieux-noble et en résume les desiderata. Sans doute, l'auteur se réclame des publicistes français d'avant la Révolution française ; fulmine contre la tyrannie et le despotisme et se prononce pour la liberté individuelle et pour l'égalité : « O comme je demanderais qu'il n'y eût aucune classe « d'hommes privilégiés et qu'à la place du szlachcic, du bourgeois « et du paysan il n'y eût que des hommes, que des Polonais ! » (1) « L'homme, » avait-il déjà dit, « puise dans la nature un droit « égal ; quiconque cherche à en déposséder son prochain est digne « du mépris public et le despotisme ne repose que sur la bêtise et « la lâcheté des gens... Une nation, où il y a 7.000.000 d'esclaves « et 1.000.000 d'hommes libres doit succomber nécessairement — « même malgré les meilleures lois » (2). « Or, une loi est mau-

(1) Iʳᵉ Partie, p. 168.
(2) Iʳᵉ Partie, p. 90.

« vaise » (selon lui) « quand elle ne repose pas sur la justice. Com-
« ment en effet les hommes peuvent-ils aimer la vertu et l'équité,
« quand la loi, dans laquelle le citoyen doit puiser avec son
« bonheur sa règle de vie, consacre le dommage des uns et la
« suprématie des autres ? » (1) Aussi recommande-t-il par-dessus
tout aux éducateurs de la jeunesse de s'efforcer de « rendre leurs
élèves véritablement égaux dans la vie. » Mais qu'on ne s'y trompe
pas : malgré toutes ces déclamations, Rzewuski ne s'en oppose pas
moins énergiquement à l'admission des bourgeois aux droits politiques, il passe sous silence la question si importante de l'amélioration du sort des paysans et, malgré les contradictions dont son
livre est rempli, ses tendances sont franchement révolutionnaires
à l'égard du pouvoir royal, dont il veut saper la base et nettement
réactionnaires, malgré tout, contre les bourgeois et les paysans.

Certes les « *Pensées sur la réforme du gouvernement républicain* » ne furent pas le seul ouvrage publié dans le camp
vieux-noble, mais elles furent certainement le plus important.
Les autres, en effet, ne contiennent aucun programme d'ensemble,
ne traitent que des points particuliers et sont l'œuvre d'hommes
peu éclairés et bien malhabiles à manier la plume, mais qui
n'ont pas su résister au désir de faire comme tout le monde et
d'exprimer leurs opinions. Tels sont notamment, les opuscules
suivants : 1) « *Post-scriptum à la note des lettres d'un
anonyme, adressées à S. Exc. Malachowski, référendaire de
la Couronne et maréchal de la Diète* (2)». — 2) « *Que doit considérer la république de Pologne dans la législation antérieure
et postérieure à l'adoption des institutions anglaises, diffé-
rences et ressemblances de l'état politique de ces deux pays
libres* (3), etc.

1) IIe Partie, pp. 35-36. Tous ces extraits sont cités d'après B. Limanowski, *op. cit.*

(2) « P. S. do noty listów anonyma adresowanych de J. W. Małachowskiego, ref. kor. i marsz. sejmu », 1789, in-8°, 124 p.

(3) « Co ma uważać Rzeczpospolita polska w prawodawstwie tak przed
dopuszczeniem jako i po dopuszczeniu składu rzadu angielskiego ; stanu
politycznego róznice i podobieństwa między sobą tych dwóch wolnych
państw stosując », 1799, réimp. en 1891, la première partie, revue et augm.,
in-8° XLVIII et 144 p.

Parmi ces brochures il faut cependant en mettre deux à part, non pas qu'elles aient une grande valeur intrinsèque, mais parce qu'elles peignent admirablement les aspirations et les tendances du parti vieux-noble. Ce sont : « *Pensées à propos de la réforme du gouvernement* (1) » et « *Remarques sur l'année* 1790 (2). »

La première se prononce nettement pour le maintien de l'antique état de choses, tout en reconnaissant la nécessité de quelques réformes (augmentation de l'armée, abolition du liberum veto, réorganisation du système de la royauté élective et des Diètines) et son auteur se montre franchement hostile à toutes les autres réformes, « œuvres de philosophie et de rhétorique, bonnes peut-être en théorie, mais détestables en pratique ; » quant à la deuxième, elle s'élève résolument contre l'augmentation projetée du pouvoir royal (3) et excite même la nation à le renverser. L'une est l'expression des vues de la masse de la szlachta, l'autre reflète la pensée des magnats.

En résumé, le parti vieux-noble ne prit qu'une bien faible part à la direction générale de la réforme — mais son opposition n'en fut que plus violente et plus irréductible (4).

(1) « Myśli względem poprawy formy rządu », in-8°, 96 p.

(2) « Uwagi pod rokiem, 1790 », in-8°, 212 p.

(3) C'est en effet dans l'année 1790 qu'eut lieu le mouvement pour l'adoption du trône héréditaire, v. infra, le chap. V.

(4) V. supra, p. 64 et 65.

CHAPITRE III

Les Questions financières et militaires à la Diète et devant l'opinion.

Le 6 octobre 1788 la Diète libre fut solennellement ouverte, sous la présidence de Kwilecki, nonce de Posen (plus tard, castellan de Kalisz) qui avait été le maréchal de la Diète précédente. La vérification des pouvoirs terminée, on procéda à l'élection du maréchal : Piotr Potocki renonçant à toute candidature, Stanislaw Nalęcz Małachowski, référendaire de la Couronne, fut nommé à l'unanimité. Puis, conformément au vœu du pays, on songea à former la Confédération générale, dont l' « acte » signé dès le lendemain, indiquait comme but principal à atteindre l'augmentation de l'armée et prévoyait, par suite, la création de nouveaux impôts et enfin, comme toute confédération générale exigeait deux maréchaux (l'un pour la Pologne et l'autre pour la Lithuanie), on donna pour collègue à Małachowski le prince Casimir Nestor-Sapieha, général d'artillerie lithuanienne.

De l'accord unanime de tous les partis, l'attention se concentra tout d'abord sur la « question de l'armée »; c'est d'elle que dépendaient d'ailleurs l'existence du pays et la réalisation des réformes. « Donnons à la jeunesse une éducation militaire, » avait écrit l'auteur des « *Lettres d'un anonyme* » « étendons la « conscription des districts aux woiéwodies et mettons sur pied « autant d'hommes que les circonstances pourront l'exiger; » ce fut dans toute la nation un enthousiasme débordant, dont la séance à la Diète, le jour où l'on vota par acclamation le décret portant l'armée à cent mille hommes, peut seule donner une idée approximative (17 octobre 1788).

Mais c'est alors que l'on commença à rencontrer d'insurmontables difficultés pratiques ; l'augmentation des effectifs, ayant pour corollaire inévitable celle des revenus publics, la réorganisation du système inique d'impôts, qui existait alors, s'imposait et il fallait absolument trouver une solution prompte à la question financière, si l'on voulait pouvoir mettre sur pied les cent mille hommes demandés. Toutefois, l'on devait agir ici avec beaucoup de prudence, afin de ne pas exciter le mauvais vouloir général, auquel on devait fatalement se heurter en fin de compte, lorsqu'il s'agirait de voter les impôts nécessaires et surtout, l'enthousiasme disparu, de les recouvrer. Il en avait été de même en France où les Turgot et les Necker virent également leurs réformes financières échouer contre l'opposition sourde, mais invincible, de tous les privilégiés coalisés.

La réforme principale, en dernière analyse, était donc celle des finances : c'est ce que comprit la littérature politique du commencement de la Diète de quatre ans et ce fut l'ùnique objet de ses discussions et de ses examens. Est-ce qu'un jardinier ne doit pas enclore son jardin avant de se livrer à la culture des fleurs rares ?

I

Mais la Diète comptait-elle dans son sein des membres compétents au point de vue militaire et financier ? Tout d'abord l'élément militaire y était faiblement représenté : sur les 92 sénateurs, en effet, et les 180 nonces, qui signèrent l'acte de confédération, on comptait à peine 13 ou 14 officiers, 3 hetmans, 2 généraux d'artillerie, etc., dont l'influence ne devait être ni incontestable ni incontestée, si l'on considère que Oginski et Tyszkiewicz n'étaient hetmans que de nom ; que le jeune Jabłonowski était chef de la Garde et que Kurdwanowski, Lipski et Jordan portaient le titre de généraux... sans l'être (1) et la commision militaire, qu'on nomma,

(1) Kalinka, *La Diéte de quatre ans, op. cit.*, t. I, liv. III, ch. 2, § 89.

ne comprenait que des civils (juristes, avocats, propriétaires) et ne pouvait prendre aucune décision importante sans en référer à la Diète. Ce fut pis encore pour les finances. Moszyński, nonce de Bracław, fut à peu près le seul qui possédât quelque expérience et les connaissances indispensables. Un autre homme, qu'on regardait, à juste titre d'ailleurs, comme compétent, le prêtre Ossowski, économiste distingué, n'était pas membre des états (1).

Dans ces conditions, le rôle de la littérature politique, semble-t-il, aurait dû être considérable : il n'en fut pourtant pas tout à fait ainsi. Que pouvait faire, en effet, une assemblée, n'ayant ni règlement ni ordre du jour, et où chaque membre parlait autant et comme il lui plaisait? Avec une pareille absence de méthode, une discussion n'était pas possible et, de fait, chaque motion, loin d'amener un débat sérieux, où l'on aurait pesé attentivement le pour et le contre, ne faisait surgir... que d'innombrables contre-projets, appuyés par un ou plusieurs discours de leurs auteurs, et la Diète devait écouter tout cela sans pouvoir mettre un frein à ce flot d'éloquence (2). Il était bien difficile, dans de telles conditions, de faire adopter une série de résolutions formant un tout systématique, comme l'exigeaient les affaires financières et militaires. Les exhortations du Roi ou les prières du maréchal ne parvinrent jamais à empêcher un nonce de prononcer jusqu'au bout le discours préparé, et il arriva quelquefois que la Diète dut supplier un de ses membres, inscrit pour prendre la parole, de ne pas interrompre la discussion et d'en vouloir bien attendre la fin pour déposer sa motion, qui n'avait naturellement aucun rapport, même éloigné, avec la question traitée ; le maréchal, enfin, profita souvent de la lassitude générale pour faire passer quelque résolution importante en matière militaire ou financière (3).

Cependant, les circonstances exigeant une prompte solution, il était urgent d'augmenter les ressources publiques, ne serait-ce que provisoirement et par des moyens temporaires. Tel était l'avis de Staszyc et de Kołłątaj, telle fut aussi l'opinion des auteurs de toutes

(1) V. infra, p. 116 et 117.
(2) Kalinka, *La Diète de quatre ans*, *op.* et *loc. cit.*
(3) Notamment aux séances du 27 décembre 1788 et du 7 janvier 1789.

les brochures qui parurent alors ; à tous, une réforme financière radicale apparaissait comme impossible, sinon comme dangereuse. On devait donc se borner à chercher de nouvelles sources de revenus et, à ce propos, les brochures fourmillent de pensées, de remarques et de conseils ; toutes reconnaissent l'absolue nécessité de commencer par réaliser des économies et demandent, presque unanimement : la réduction des pensions payées aux grands dignitaires ; la suppression de toutes les fonctions aussi grassement rétribuées que parfaitement inutiles ; la réunion, en un seul, du trésor de la Couronne et de celui de la Lithuanie ; l'abolition de la ferme des tabacs et son remplacement par le système de la régie ; la même transformation en ce qui concerne les péages sur les routes et les ponts, et enfin des offrandes patriotiques [volontaires.

Le 26 janvier 1789, la Diète votait une contribution extraordinaire sur les cheminées (1), payable en deux termes (le 1ᵉʳ mars et le 1ᵉʳ juin), déduction faite du montant des taxes ordinaires, et décidait, sur la proposition de J.-U. Niemcewicz, qu'elle n'obligerait que les propriétaires, en épargnant leurs paysans. « *Avant* « *de voter un impôt* », avait déclaré ce nonce (à la séance du 9 janvier), « *l'on doit considérer s'il est équitable, c'est-à-dire* « *s'il est également supporté par tous, car il est tout naturel* « *que ceux qui tirent les plus grands profits de la république* « *soient astreints à l'aider davantage et à ménager les pay-* « *sans* », « *dont* » (ajouta-t-il le 26 janvier), « *il se fait gloire* « *d'être le défenseur, puisqu'ils n'ont pas de représentants aux* « *États.* »

On calcula que cette contribution rapporterait environ 7,000,000 de florins polonais (5 pour la Couronne, 2 pour la Lithuanie), et, comme ce n'était pas suffisant, on dut encore proposer l'établissement d'un nouvel impôt sur le timbre et de soumettre à un droit assez élevé toute nomination aux hautes dignités de la Couronne, de l'armée, du clergé, etc... Ce fut voté (3 février 1789) et, en vertu de cette loi, le Primat dut payer 1,000 ducats, les évêques 600 (plus 5 0/0 de leurs revenus pendant quatre ans), les ministres 200 ; etc. ; enfin, les lettres de noblesse ou de « naturalisa-

_____

(1) *Kominowe*, impôt sur les feux.

tion » furent taxées à 1,000 ducats et rapportèrent beaucoup, car elles furent très nombreuses au cours de la Diète de quatre ans. Le 23 février, enfin, la Commission des finances présenta à l'approbation des États le traité conclu avec le banquier Tepper, qui s'engageait à faire réussir un emprunt à Gênes et à avancer 100,000 ducats au Trésor, en échange du droit pour ses gendres (Schultze et Arndt) d'acquérir des propriétés foncières en Pologne (ce qu'ils ne pouvaient faire sans être nobles) ; et le traité fut ratifié.

Mais il devint bientôt évident que ces moyens étaient insuffisants : pour la mise sur pied et l'entretien des 100.000 hommes rêvés, il fallait non seulement un capital considérable, mais des revenus réguliers et assez élevés. La réforme financière s'imposait et les esprits éclairés comprirent que, pour qu'elle devînt possible, on devait faire peser les charges également sur tous et ils proclamèrent le principe de l'égalité devant l'impôt. Seule, en effet, la classe qui eût pu et eût dû, grâce à ses revenus, contribuer en grande partie aux dépenses publiques, se dérobait à ce devoir patriotique. Sur les 12.000.000 de florins polonais, qu'encaissait le Trésor, 10.000.000 étaient payés par les villes et les campagnes, (c'est-à-dire par les bourgeois et les paysans), tandis que la szlachta n'en fournissait que 2.000.000 ! Cette situation d'ailleurs n'était nullement particulière à la Pologne et l'on ne doit pas oublier qu'à cette époque les systèmes d'impôt, dans l'Europe entière, étaient loin de reposer sur des principes d'équité.

Il fallait donc, avant tout, remédier à un pareil état de choses ; c'est ce que comprit fort bien toute une élite d'hommes à qui l'on doit la tentative faite en vue d'une meilleure organisation financière. Les projets élaborés cependant ne furent pas d'abord systématiques et n'embrassèrent pas immédiatement l'ensemble des exigences de la situation.

Kołłątaj et Staszyc furent les premiers à demander l'augmentation des revenus publics pour les besoins militaires, et une réorganisation financière partielle, sage et prudente. L'impulsion une fois donnée, les brochures se multiplièrent et les auteurs firent paraître des projets de réformes de plus en plus hardies et dont les exigences allaient croissant, parce qu'on comprit, en examinant les choses de plus près, que les besoins étaient beaucoup plus considérables, qu'on avait pu tout d'abord se le figurer ; ainsi, par exemple, le budget militaire exigerait à lui seul 50.000.000 au lieu de 20 ou 25 millions de florins polonais ; les impôts devaient donc être plus élevés.

Les grandes variétés et les nombreuses inégalités d'impositions existantes entraînaient naturellement beaucoup de désordre et de confusion, qu'accroissait encore la création de nouvelles contributions indirectes. De là un besoin plus urgent encore de réorganiser le système financier, autant que les circonstances le permettaient. Beaucoup de brochures, pour le satisfaire, traitèrent la réforme financière dans son ensemble, en prenant pour base nouvelle de l'impôt le produit net des revenus. Sans rompre entièrement avec l'organisation existante, cela ouvrait la voie à une réforme radicale, qu'on réaliserait plus tard, dès que les circonstances le permettraient.

Un petit écrit, « *Des moyens de répartir l'impôt* » (1), dont l'auteur est inconnu, développe ce projet et range les contribuables en six classes, dont la première, comprenant les propriétaires territoriaux (2), paie 8 0/0 ; la deuxième (biens ecclésiastiques : évêchés, abbayes, cures, etc.) 9 0/0 ; la troisième (sommes garanties par hypothèques des fabriques rabbiniques) 6 0/0 ; la quatrième (marchands et ouvriers) 5 0/0 ; la cinquième (pensionnés de l'État) 8 0/0 et la sixième (Grecs-Unis), acquittera deux fois l'impôt sur les cheminées. Chaque contribuable doit déclarer, sous serment, la somme de ses revenus nets, sous peine d'une forte amende en cas de fausse déclaration. L'auteur demande enfin l'établissement d'un nouveau cadastre pour l'impôt des cheminées (*Kominowe*) et une revision de la capitation des Juifs.

Viennent ensuite d'autres brochures, (3) comme : « *Subsidium charitativum des biens territoriaux* » (4). — « *Pensées et*

---

(1) « Sposób ułożenia podatku », in-fol., 4 p.

(2) Sous cette qualification, l'auteur comprend : les starostes et les fermiers des biens royaux, qui paieront 8 % de la somme totale des revenus, diminuée de 3/8.

(3) Citées d'après D\u02b3 Roman Pilat, *op, cit.*

(4) « Subsidium charitativum z dóbr ziemskich.

réflexions sur les Remarques sur la vie de J. Zamoyski » (1). — « *De l'augmentation du trésor public et du droit général sur les boissons* » (2). — « *Pensées politico-patriotiques aux états de la république de Pologne* » (3). — « *Remarques sur les revenus publics* » (4) — qui sont unanimes à exiger la dime des revenus territoriaux.

Après avoir examiné en détail la question des impôts, le dernier de ces écrits « *Remarques sur les revenus publics* » arrive aux conclusions suivantes : le château doit payer un chiffre d'impôt sur les cheminées trois fois supérieur à celui de la chaumière du paysan ; l'impôt sur les boissons, perçu à Varsovie, doit être doublé, la capitale étant plus riche que les autres cités ; les starosties doivent abandonner 50 0/0 de leurs revenus, tels qu'ils auront été déterminés par le nouveau recensement ; les droits perçus par les villes sur les boissons seront transformés en impôts et tous les biens territoriaux enfin, paieront 10 0/0 de leurs revenus (5).

Les réformateurs font appel à la fois au bon sens politique et aux sentiments patriotiques : « Faisons le sacrifice du quart de « notre fortune pour nous conserver le reste ; faisons le sacrifice « de la moitié de nos biens, pour préserver l'autre ; » faisons le « sacrifice des trois quarts de notre fortune pour sauver l'autre « quart ; donnons tous nos biens enfin, pour sauvegarder nos « personnes et nous préserver du despotisme! » Mais cet appel ne fut pas entendu.

(1) V. supra, p. 76, note.
(2) « O pomnożeniu skarbu publicznego szczególniéj o czopowem generalnem », in-4°, 10 p.
(3) « Myśli polityczno-patryotyczne do stanów Rzeczypospolitéj polskiej.»
(4) « Uwagi nad dochodami publicznymi. »
(5) Ch. Dr Roman Pilat, *op. cit.*

II

S'il y avait eu en effet un réel enthousiasme dans la masse de la nation pour remplir les devoirs qui s'imposaient à tous comme contribuables, d'une façon d'autant plus stricte que les circonstances étaient plus difficiles pour la patrie, les projets eussent répondu suffisamment aux premières exigences, mais l'état d'esprit de la szlachta, quand il s'est agi de passer aux actes, demeura celui de nombreuses Diètines de l'année 1788 qui, reconnaissant parfaitement que le salut de la Pologne exigeait une prompte et importante augmentation de l'armée, donnèrent à leurs nonces mandat d'y pourvoir, mais dans la mesure où il n'en résulterait aucune charge nouvelle (1) !

Certes, dans le premier moment, il faut signaler une ardeur patriotique considérable ; les brochures suivantes, que cite le Dr Roman Pilat, en font foi : « *Pensées d'un citoyen aux Diétines de 1788 (2).* » — « *Pensées à l'occasion des Remarques sur la vie de J. Zamoyski (3).* » — « *Reconnaissance des « arbitres » témoignée aux états au nom de toute la nation (4).* » — « *Préventions (5).* — « *Réponse aux remarques économiques (6).* » — « *Réponse d'un militaire à la lettre d'un citoyen (7).* » Il y eut véritablement émulation générale entre les particuliers ; les dons patriotiques affluèrent : « *Offrande faite au Roi très éclairé et au Conseil permanent avec un appel à toute la nation pour assurer le salut de la patrie (8).* »

(1) Cf. Kalinka, *La Diète de quatre ans*, op. cit., t. I, liv. I, ch. 4, § 24.

(2) «Myśli obywatela nadchodzących sejmików tyczące się anno 1788 », in-8°.

(3) V. supra, p. 76, note.

(4) « Wdzięczność od arbitrów iminiem całego narodu stanom sejmującym oświadczona », in-fol., 1 feuille.

(5) Uprzedzenie. »

(6) « Odpowiedź na Uwagi kalkulacyjne. »

(7) « Respons zostającego w służbie wojskowej na list obywatelski. »

(8) « Ofiara podana najj. Królowi J. Mci i prześwietnéj Radzie nieustającej z odwołaniem się do narodu całego o ratunek ojczyzny », 1788, in-8°, 14 pages.

Malheureusement cette ardeur, qui n'était que le résultat d'un enthousiasme momentané et non celui de la connaissance raisonnée des besoins réels du pays, ne tarda pas à se refroidir et les préventions et les préjugés, que l'expérience des années passées n'avait pu déraciner, reprirent bientôt le dessus; bref, quand vint le moment de s'exécuter, la szlachta hésita et chercha, sinon à se dérober entièrement, du moins à alléger considérablement les charges qui devaient équitablement retomber sur elle. La littérature politique d'alors n'atteste que trop cette mauvaise volonté de la masse, cause principale de l'échec des projets de réforme du trésor et de l'armée : « *Écrit relatif à .l'écrit intitulé : Accord et désaccord avec l'auteur des : Remarques sur la vie de J. Zamoyski* » (20 *septembre* 1788) (1). « *Mal et bien* (2). » — « *Projet de la Diète inspiré par l'auteur de : Accord et désaccord, etc.* (3). » — « *Aux états très éclairés de la république* (4). » — « *Réponse d'un hobereau à son ami à Varsovie* (5). » — « *Raisons pour annihiler certaines résolutions de la Diète de* 1775 *prises au détriment de la république et du trésor* (6) » — toutes ces brochures sont remplies d'appels patriotiques (au point de vue financier), mais ce sont toujours *verba non acta* et chacun cherche à démontrer que c'est le voisin qui doit supporter toutes les charges; ce sont les starosties ou les biens ecclésiastiques ou les villes ou même les juifs qui ont le devoir d'aider la patrie dans un besoin aussi pressant, mais non la szlachta « *ce rempart de la république* », *car l'appauvrir* (comme le dit le nonce de Płock, Zieliński, le 26 février 1789, en pleine Diète), « *ce serait ruiner la république elle-même !* (7) »

(1) V. supra, **p.** 76, note.
(2) « Zle i dobrze », in-8°, 32 **p.**
(3) « Projekt séjmowy z autora « Zgody i niezgody » wynikający », in-8°, 100 pages.
(4) « Do najj. stanów Rzeczypospolitej », 1790, in-4°.
(5) V. supra, p. 76. note.
(6) « Przyczyny sprawiedliwe do uchylenia niektórych ustaw na sejmie, 1775 r. z oczywistem pokrzywdzeniem i oszukaniem Rzeczypospolitej skarbu nastąpionych. »
(7) Kalinka. *La Diète de quatre ans, op. cit.,* t. I, liv. III, ch. 2, § 92, p. 499.

Moralité : qu'on impose les starosties, les domaines nationaux et les biens ecclésiastiques, qu'on double au besoin les contributions supportées par les villes et la capitation payée par les juifs, qu'on emploie pour l'armée les revenus destinés à l'instruction publique et ceux de l'évêché de Cracovie (ce qui arriva d'ailleurs le 17 juin 1789), mais qu'on n'épargne rien pour préserver la szlachta de semblables sacrifices ! En lisant toutes ces brochures, il est bien difficile de se défendre d'un serrement de cœur ; les événements, hélas ! ne donnaient que trop raison à Kołłątaj, qui avait prévu ces sentiments égoïstes et bien peu patriotiques (1), et Wawrzecki dépeignit bien le caractère de ces gentilshommes quand il s'écria : « *Nous sommes tous prêts à verser notre sang pour la patrie — mais nul ne veut lui sacrifier sa fortune !* »

Le 26 février 1789, cependant, le maréchal de la Diète, en ouvrant la séance, fit remarquer que cinq mois s'étaient déjà écoulés sans résultat et insista sur la nécessité de voter enfin les nouveaux impôts. Là-dessus, son neveu, nonce de Sandomierz, déposa un projet doublant les impositions des starosties et frappant les revenus des biens ecclésiastiques d'une retenue de 20 0/0 et ceux des nobles d'une retenue de 10 0/0.

On s'occupa d'abord des starosties (26 février, 3-6 mars 1789), et il fut décidé : 1ᵉ qu'elles abandonneraient la moitié de leurs revenus au trésor ; 2° que celles distribuées à l'avenir paieraient 60 0/0 ; 3° que celles enfin, qui avaient été accordées par la Diète de 1775, subiraient une imposition de 87 1/2 0/0. « Sans les staroties, avait dit Staszyc, un traître comme Poniński n'aurait pas existé ! (2) »

Quant aux biens ecclésiastiques, ils furent à leur tour astreints à la dîme (3) en plus du *subsidium charitativum*, mais la Diète

(1) Lettres d'un anonyme à St-Małachowski, IIIᵉ partie, VI, p. 278 ; cité par B. Limanowski, *op. cit.*

(2) « Avertissements à la Pologne », p. 156.

(3) Au sujet de l'imposition des biens du clergé, beaucoup de brochures spéciales sont à signaler : *Lettres d'un anonyme à S. E. le prince Sapieha* (Listy do J. O. ks. Sapiehy od anonyma), 1789, in-8°, 28 p. — *Remarques à propos des différents écrits sur le clergé en matière d'impôts* (Uwagi z powodu różnych pism na stronę duchowieństwa w materyi podatkowania), 1789, in-8°, 85 p. — *Les représentants des villes ecclésiastiques à*

résolut d'en exempter les ordres qui se vouaient à l'instruction et les prêtres dont les revenus étaient inférieurs à 2,000 florins polo· nais et laissa aux évêques le soin de régler tous les détails de cette décision (16 mars 1789). Dans ce vote des états on sent l'in-fluence exercée par la littérature politique qui trouvait que le *subsidium charitativum* ou *don gratuit du clergé* était trop faible (il s'élevait à 676.546 fl. pol.) et très injustement réparti

S. E. Sołtyk, nonce de Cracovie (Plenipotenci miast duchownych do J.-W. Sołtyka, posła Krakowskiego), in-8°, 14 p. — *A la députation de la Diète chargée des intérêts du clergé polonais* (Do prześwietnej deputacyi od sejmu do interesów duchowieństwa polskiego wyznaczonej), in-4°, 14 p. — *Lettre turque du Pacha Achman aux Polonais* (List turecki Achmana baszy do Polaków), in-8°, 32 p.

Deux brochures, surtout, montrent bien les tendances d'alors hostiles au clergé : *Appui des remarques sur la vie de J. Zamoyski, avec l'analyse des écrits publiés à cette occasion* (Poparcie Uwag nad życiem J. Z. z roztrząśnieniem pism, które się z ich powodu pojawiły), 1788, in-12°, 127 p. — *Un tzigane vertueux fustigeant le désordre avec le fouet de la Vérité* (Cygan cnotliwy gandzarą pradwy nielad chłoszczy), in-8°, 87 p., dont les auteurs demandent à l'Etat de confisquer les biens ecclésiastiques, en prenant à sa charge l'entretien du culte.

Les publicistes d'alors cherchent à créer un mouvement contre l'ins-truction donnée par les prêtres et dont le plus clair résultat est d'entretenir l'ignorance, la superstition et les préjugés au sein des masses, ce à quoi le clergé riposte en déclarant que l'impiété générale est la cause principale des malheurs de la Patrie ; aussi le prêtre Albertrandy, tout en se montrant partisan de la liberté d'écrire, se prononce-t-il néanmoins en faveur d'une censure sévère des livres anti-religieux.

Le clergé répondit par une série de brochures : *La voix du clergé* (Głos duchowieństwa), 1788, in-4°. — *Appel d'un citoyen impartial aux Etats de la république à propos des impôts* (Odezwa bezstronnego obywatela do Stanów Rpltéj względem podatków), 1788, in-8°. 41 p. — *Avertissements au sujet des impôts* (Przestrogi względem okoliczności tyczących się opodatkowania), 1788, in-8°, 46 p. — *Conversation de deux cavaliers* (Rozmowa dwóch kawalerów), in-8°, 18 p. — *Lettre d'un curé à son correspondant de Varsovie* (List plebana do korespondenta warszaws-kiego), in-8°, 39 p. — *Réponse d'un curé à de nouveaux reproches adressés au clergé polonais* (Odpowiedź plebana na nowe zarzuty przeciw duchowieństwu polskiemu), 1789. in-8°, 135 p. — *Remarques sur le mémoire adressé par les plénipotentiaires des villes ecclésiastiques à S.E. Sołtyk, nonce de Cracovie* (Uwagi nad pismem : Plenipotenci miast duchownych do J. W. Sołtyka, posła krakowskiego), in-8°, 48 p. — *Douze lettres contre : Appui des remarques sur la vie de J. Zamoyski* (Dwa-naście listów przeciw : Poparciu Uwag nad życiem Jana Zamoyskiego), 1791,

(tout le poids en retombait en effet sur le bas clergé, comme l'ont montré Staszyc (1) et Kołłątaj (2).

Restait la szlachta : on se flattait de l'espoir qu'elle saurait faire son devoir et accepter, sans murmurer, sa part des charges, mais à peine le maréchal de la Diète eut-il lu la motion la concernant, dans la séance du 26 mars 1789, que le nonce Zieliński (de Płock) se leva pour proposer de passer à la discussion des affaires militaires, « *la szlachta ne pouvant payer pour les soldats dont elle avait sujet de se plaindre !* » (3) mais les états ne l'entendirent pas ainsi et, malgré tous les efforts faits par quelques membres pour écarter la discussion (4), on vota un impôt de 10 0/0. Alors le nonce Matuszewicz, désireux d'épargner l'amour-propre de la noblesse, demanda que cette contribution soit regardée non pas comme un impôt mais comme une « *offrande volontaire et per-* « *pétuelle consentie par la szlachta !* » Ce fut une explosion d'enthousiasme, les mots, de *zgoda ! zgoda !* retentirent... et la loi passa.

« Ce jour d'aujourd'hui, écrivit le résident de Saxe à Varsovie, « demeurera inoubliable dans les annales polonaises si la résolu-« tion est exécutée, car la Pologne pourra alors reprendre sa place « parmi les nations ; mais on doit toujours conserver quelques » doutes au sujet de son exécution » (5).

---

in-8., 198 p. — *Réponse d'un curé à son correspondant de Varsovie* (Respons plebana do korespondenta warszawskiego), 1791, in-8e, 25 p. Cf. Dr Roman Pilat, *op. cit.*

De tous ces écrits il ressort que le Clergé ne se refuse nullement à contribuer comme tous les citoyens aux dépenses publiques, mais qu'il n'entend pas avoir à les supporter exclusivement.

(1) Staszyc, *Remarques sur la vie de J. Zamoyski, op, cit.*, p. 198.

(2) Kołłątaj, *Lettres d'un anonyme,* etc., *op. cit.*, Ire partie, pp. 70 et 127.

(3) V. infra, p. 115.

(4) Kalinka, *La Diète de quatre ans, op. cit.*, t. I, liv. III, ch. 2, § 93.

(5) Essen, rapport du 27 mars, cité par Hermann, *Hist. de l'Etat russe, op. cit.*, VI, p. 233.

III

Certains symptômes, en effet, justifiaient déjà cette méfiance, car dès la séance du lendemain (27 mars 1789) les nonces Rożnowski et Strojnowski se plaignirent à la Diète que beaucoup de propriétaires ne se conformaient pas à la loi votée le 26 janvier (stipulant que les impôts provisoires consentis devaient être uniquement supportés par la szlachta) (1) et réclamèrent l'envoi d'une « Circulaire » pour mettre fin aux injustices dont les paysans étaient victimes et la motion de Sapieha, — demandant que des peines sévères fussent édictées pour réprimer ces violations de la loi — fut énergiquement appuyée par le roi Stanisław August, Jan Krasiński, Stanisław Potocki, le prince Adam Czartoryski et le maréchal de la Diète.

La discussion reprit le 29 mars sur ce sujet : Zieliński, castellan de Rypin et Kossakowski, évêque de Samogitie, prirent en main la cause des paysans, « *ces bienfaiteurs de l'État* » comme les avait appelés le Roi à la séance précédente. Le 30 mars, cependant, Weyssenhof, nonce de Livonie et Michel Zaleski, nonce, de Troki, combattirent la motion Sapieha que J. Krasiński avait faite sienne : certes ni l'un ni l'autre ne se montrèrent hostiles aux paysans, mais Zaleski, insistant sur ce fait qu'il était peu convenable de donner à ces derniers les moyens de citer leurs maîtres en justice, déclara suffisant l'envoi par la Commission des finances d'une Circulaire, qui ferait appel à la conscience des propriétaires, et conclut « *qu'il fallait commencer par apprendre aux* « *paysans à être hommes avant de les rendre libres !* » Le nonce de Troki avait touché la corde sensible et ce fut en vain que de magnifiques discours furent prononcés en faveur des paysans par J. U. Niemcewiz, par Suchodolski, qui rappela à Stanisław August la gloire de Casimir le Grand (2), par J. Krasiński, qui prit

(1) V. supra, p. 100.
(2) Surnommé le *Roi des paysans*.

quatre fois la parole et, montrant l'évolution qui se produisait lentement dans les sentiments du szlachcic, termina par cette péroraison pathétique : « Autrefois c'eût été un crime de parler en faveur de ces millions de malheureux ! » La Diète fut attendrie, elle applaudit cet orateur éloquent — et repoussa sa motion.

Cependant l'impôt de 10 0/0, enfin consenti, ne supprimait pas toutes les difficultés : il restait encore à déterminer le revenu net des biens de chaque contribuable ; ce qui n'était pas facile. Le cadastre, en effet, ne pouvait donner de bons résultats que dans l'avenir et s'en rapporter à la déclaration (même faite sous serment), était bien aléatoire ; beaucoup, d'ailleurs, préféraient des moyens plus pratiques et surtout plus efficaces, entre autres Moszyński, secrétaire de la Couronne et nonce de Bracław, dont le projet, prenant pour bases des impôts les actes de transactions, déposés dans les greffes des tribunaux au cours des dix dernières années, était très ingénieux. Malheureusement, il n'avait pas été suffisamment appuyé par l'opinion publique, n'ayant provoqué que peu de contre-projets (1), et quand il vint en discussion à la Diète il fut repoussé le 4 avril 1789 : il en résulta que (cette séance étant la dernière avant les fêtes de Pâques), le système de la déclaration par serment, base bien fragile pour un impôt, mais la seule possible après le vote du 4 avril, ne put être adopté que le 25 mai, mais assez tôt pourtant, étant donnée la cruelle déception que son application devait apporter. Sur les 36 millions de florins prévus, en effet, pour la dime des biens de la noblesse, le Trésor en encaissa à peine 18 ! L'enthousiasme de ceux qui s'écriaient : « Nous voulons tout donner pour sauver la Patrie » s'était donc bien modéré, ce qui n'empêcha pas un publiciste d'écrire plus tard, en parlant du vote du 26 mars 1789 : « Sublimes nous appa- « raissent la Diète et la Nation, qui s'imposent de pareilles « charges ; mais elles se montrent encore plus sublimes en « acceptant ces charges annuelles que la szlachta supportera et

___

(1) « Observations sur le projet de S. Exc. Moszyński, nonce de Bracław « (Obserwacye nad projektem J. W. Moszyńskiego, p. b.) ; — *Observations sur les observations* (Obserwacye nad obserwacyami). Cf. Dʳ Roman Pilat, *op. cit.*, II.

« non le peuple et les paysans ! » (1) Il y eut cependant de nombreuses exceptions qu'on est heureux de glorifier : quelques
personnages, en effet, s'illustrèrent réellement par leur esprit de
sacrifice, Jan Potocki, Joachim Potocki, Radziwill, le Roi, Stanisław Malachowski, etc... (2) mais qu'il y avait loin de cela à
l'élan général tant escompté !

Il fallut se résigner à chercher d'autres sources de revenus,
mais les tentatives faites dans cette vue sur les tabacs, les tan-
neries, etc... furent loin de donner d'excellents résultats (3).
Cependant l'hetman Branicki et son parti ne cessaient de réclamer
l'armée de 100.000 hommes « *pour n'avoir pas à rougir devant
l'Europe* » ; mais avec un trésor vide il était impossible de faire
passer du rêve à la réalité le fameux décret du 17 octobre 1788 et
les mémoires du temps attestent suffisamment en quel état lamentable se trouvaient les troupes (4).

Cependant le temps pressait, car chaque minute nouvelle qui
s'écoulait rendait plus difficile la réforme financière. En votant
sans cesse des impôts d'expédients, sans méthode et sans ordre, la
Diète ne réussissait qu'à augmenter la confusion. Aussi les écono-
mistes polonais en vinrent-ils à demander la suppression du système financier existant et sa complète réorganisation sur la base
d'un impôt unique. Tel fut par exemple le projet que Sébastien
Dembowski, commissaire civilo-militaire de la woïéwodie de
Cracovie, développa dans sa brochure intitulée : « *De l'impôt* » (5),
et conçue d'après le point de vue physiocratique que la terre est
seule productrice de valeurs. L'auteur demande donc le remplacement de toutes les contributions indirectes par un unique impôt
général sur les propriétés foncières.

(1) Cf. « *Sur l'établissement et la chute de la Const. du 3 mai* » (v.
supra, p. 79), I, 32; et Kraszewski, « *La Pologne à l'époque des trois
partages* » (Polska w czasie trzech rozbiorów), Poznań, 1874, II, pp. 167
et 175.
(2) Kalinka. *La Diète de quatre ans*, op. cit., t. I, liv. III, ch. 3; § 100.
(3) Kitowicz. *Mém.*, op. cit.; I, pp. 190-199.
(4) Kitowicz. *Mém.*, op. cit. ; I, p. 26.
(5) « O podatkowaniu », Kraków, 1791 ; in-8°, 100 pages.

Ce courant physiocratique, qui se manifesta alors en Pologne, entraína aussi Kołłątaj, lorsqu'il élabora (mais pour l'avenir) son projet financier (1).

IV

La réforme de l'armée excita, au début, le même enthousiasme que celle des finances — et échoua pareillement. Toutes les Diétines de 1788 se prononcèrent pour l'augmentation des effectifs et s'occupèrent avec ardeur de toutes les questions militaires. Le nonce Strojnowski (de Wolhynie) conseillait de restaurer les anciens usages (introduits au xvi⁰ siècle, sous Sigismond l'Ancien, dans le but d'entretenir l'antique ardeur guerrière de la nation polonaise) et de remettre en vigueur les décrets instituant et organisant de fréquentes revues et inspections ainsi que de nombreux exercices militaires dans les woïéwodies, terres et districts. Sans doute la Diète de 1764 y avait déjà songé, mais la sage décision qu'elle prit à ce sujet était devenue lettre morte, quand parut en 1788 la brochure (due probablement à Strojnowski, selon le père Kalinka) et intitulée : « *Moyens d'augmenter les forces militaires de la Pologne: les milices* » (2). « Les Polonais, qui s'empressaient tant d'ordinaire de copier les Institutions romaines, ne devaient pas oublier que Rome, dès que son territoire cessa d'être renfermé dans les limites étroites de la « Urbs » eut des légions permanentes — et ils eussent, par conséquent, commis une grande faute en comp-

(1) Kołłataj. *Lettres d'un anonyme, op. cit.*, IIIᵉ part., VI, p. 278; — Cf. Dʳ Julius Marchlewski, *op. cit.*

(2) « Sposób powiększenia sił krajowych w Polsce przez popisowe milicye » 1788, in-8⁰, 47 p. Dans le même esprit parut : « *Voix demandant qu'il y ait le plus grand nombre possible de gentilshommes dans les armées de la république, pour en réveiller l'ardeur guerrière.* » (Głos dowodzący iż w wojsku republikańskiem powinna byé umieszczona jak największa liczba szlachty, z przyczynami waleczności takiego wojska próbującemi). Cf. Dʳ R. Pilat, *op, cit.*, II.

tant uniquement, pour la défense de leur pays, sur la milice ou levée en masse (pospolite ruszenie), mais ce projet, qui n'empêchait en rien d'organiser une armée active permanente, était en lui-même excellent et Kołłątaj en fit un grand éloge » (1).

Sa réalisation offrit cependant de grandes difficultés. Le premier obstacle provenait, naturellement, de l'incapacité parlementaire de la Diète à mener à bonne fin une réforme militaire quelconque. De plus, les *leaders* (St. Małachowski, Ignacy et Stanisław Potocki, Adam Czartoryski et principalement Stanislaw August) tous, très éclairés, animés en outre du plus pur patriotisme, avaient reçu une éducation européenne et pensaient en Européens, non plus en Polonais. Certes, ils gagnèrent ainsi bien des qualités et se dégagèrent de bien des préjugés, mais ils cessèrent aussi d'être en étroite communion d'idées avec la masse et de connaître les bonnes traditions de leur pays ; les institutions politiques de l'Occident leur semblaient un idéal et dans les questions militaires, en particulier, la Prusse leur paraissait un modèle qu'on ne pouvait faire autrement que de suivre. La milice leur apparut donc un anachronisme, tandis que ce projet plaisait beaucoup à la petite noblesse, qui se préoccupait peu de ce qui se passait à l'étranger (2).

Le deuxième obstacle fut un obstacle politique. Le parti de l'hetman, qui éveillait toujours (et avec raison) de la méfiance dans les sphères gouvernementales, cherchait à créer un mouvement d'opinion en faveur de ce projet d'une milice, qui devint ainsi peu populaire parmi les réformateurs. L'opposition, qui n'avait pas osé aller contre l'enthousiasme avec lequel on avait voté le décret du 17 octobre 1788, profita de la querelle soulevée à propos de la question des impôts pour entraver toutes les délibérations et les empêcher d'aboutir, car elle ne voulait que d'une organisation militaire, qui lui permît de confisquer l'armée à son profit ; de là cette idée d'une milice, appuyée par Szczęsny Potocki, qui, soucieux en apparence des charges qui allaient peser sur la szlachta, conseilla de ne pas mettre sur pied plus de 13.000 hommes,

(1) Kalinka, *la Diète de quatre ans. op. cit.*; T. I. liv. III, ch. 2, § 90.
(2) Kalinka, *la Diète de quatre ans, op. et loc. cit.*, p. 484.

ajoutant que la milice fournirait le reste. C'était très habile, mais ces efforts pour s'emparer de l'armée restèrent sans résultat. Dans la brochure « *Pensées sur le projet de milice* » (1), en effet, le parti du progrès ne manqua d'en montrer le danger. « Ce projet, » écrit le ministre d'Autriche, « éveille chaque jour plus de méfiance « contre l'hetman Branicki. Depuis son retour, celui-ci parle de « nouveau de la commission militaire comme d'une commission « dont les membres ne savent rien ; aussi le soupçonne-t-on « généralement d'avoir conçu le dessein de se mettre à la tête de la « milice et de restaurer ainsi l'antique pouvoir de l'hetmanat ; cela « déplait naturellement au parti opposé et aux Potocki. Aussi le « projet tombera-t-il vraisemblablement. » (2) La vérité, c'est qu'il ne fut même pas discuté — mieux eût valu pourtant une milice plutôt que rien !

Cependant la Diète avait chargé la Commission militaire, le 27 déc. 1788, de lui fournir un état complet de l'armée ; mais ce travail était fort long et avant qu'il fût achevé le woïéwode Walewski, parent et ami de Branicki, proposa le 26 janvier 1789 la motion suivante : Considérant que la république, au printemps prochain, pouvait se trouver dans la nécessité de défendre ses frontières, on devait augmenter d'abord la cavalerie nationale (l'infanterie exigeant en Pologne une éducation militaire assez longue), et à cet effet la république (non la commission de l'armée) devait désigner, dans chaque woïéwodie, quelques citoyens chargés de recruter, d'équiper (chaque escadron devant être porté à 150 hommes) et d'exercer jusqu'en mai de nouveaux cavaliers.

La motion déplaisait bien à beaucoup, mais nul n'avait le courage de le dire, par crainte de l'opinion publique, qui s'était prononcée énergiquement en sa faveur et n'eût pas manqué de traiter tout opposant de *traître* et de *vendu*. La discussion dura 3 jours (4-6 février 1789). Le Roi prit le premier la parole pour déclarer « qu'il serait insensé de vouloir recruter de nouveaux « soldats avant que la commission de l'armée eût trouvé les moyens

____

(1) « Myśli nad projektem milicyi województwa wołyńskiego. », in-8° VI et 17 pages.
(2) De Caché, rapport du 25 fév. 1789.

financiers nécessaires. » Le trésorier Poniatowski combattit aussi la motion Walewski : « 20.000 hommes de cavalerie ? mais c'était « bien trop ! puisque l'on ne pouvait augmenter les cadres de « l'infanterie et de l'artillerie dans la même proportion et que cette « arme ne constituait pas, à elle seule, une armée et demeurait « dans une dépendance étroite avec les deux autres. » Mais l'hetman Branicki appuya le projet par un discours si habile qu'il l'emporta par 120 voix contre 51 ! « L'enthousiasme de toute la « nation et le désir général de sauver la patrie était si grand » écrit un témoin oculaire, Michel Kossakowski (1), « qu'en un instant les « cadres furent au grand complet, tous rivalisant d'empressement. »

Dès juin, en effet, on put admirer à Varsovie maints escadrons bien équipés ; le premier prêt fut celui d'Ożarowski, « que le « peuple accueillit avec des transports de joie, premier témoi- « gnage que les efforts de la Diète pour le bien du pays portaient « déjà leurs fruits » (2). Mais cette ardeur tomba vite et les prédictions pessimistes du trésorier Poniatowski faites en février à l'assemblée des états, ne tardèrent pas à se réaliser : les plaintes commencèrent à affluer sur le manque de discipline des nouvelles troupes (3) ; on en trouve de nombreux échos dans les Mémoires de l'époque (4). « Partout où un détachement de cavalerie prend « ses quartiers », écrit Kitowicz, « c'est aussitôt un concert de « réclamations, qui n'en finissent pas, de la part des paysans et « des bourgeois, forcés de livrer des vivres sans recevoir aucun « paiement. Les cavaliers, pour leur défense, allèguent, il est vrai, « qu'ils ne touchent pas leur solde, assertion conforme aussi, très « vraisemblablement, à la vérité » (5).

On reprenait alors à la Diète la discussion du budget de l'armée, qui dura 45 séances et de la fin du mois de juin au milieu du mois

---

(1) Du parti de l'opposition, cf. *Mémoires* (Pamiętniki Kossakowskiego), manusc.

(2) *Gazeta warszawska*, n° du 6 juillet 1789.

(3) Lettre de la princesse Lubomirska à un membre de la commission militaire, cf. Kalinka, la *Diète de quatre ans, op. cit.* ; I., liv. III, ch. 2 ; § 91.

(4) K. Koźmian, *Mém., op. cit.*, I, p. 207.

(5) Kitowicz, *Mém., op. cit.*, I. p. 157.

d'octobre 1789 toutes les questions militaires furent tranchées : le nombre des officiers, la force des brigades et des régiments, l'équipement, la remonte et l'armement; l'organisation de l'artillerie, du génie et du service de santé; les munitions, les approvisionnements; l'établissement d'une caisse de retraites pour les invalides, etc... Puis cette ardeur réformatrice militaire diminua peu à peu pour tomber complètement en 1790, année dans laquelle on ne se préoccupa guère que de la question de l'hérédité du trône et des réformes intérieures; puis la lutte des partis reprit — et l'on perdit de vue l'armée et les finances !

V

Seuls quelques esprits éclairés, comprenant toutes les conséquences funestes qui devaient résulter d'une pareille indifférence et d'un pareil abandon, ne cessèrent de rappeler à l'attention publique les questions militaires et financières (« *Remarques d'un citoyen sur les conjonctures actuelles de la Pologne, bref opuscule* » (1). — « *Pensées d'un citoyen* » (2). — *Lettre d'un ami à Varsovie* » (3), etc. mais sans succès; et ce ne sera que vers la fin de la Diète que l'on s'apercevra de l'étendue de la faute commise alors, en constatant qu'il manquait à la Constitution, proclamée le 3 mai, la première condition d'existence : la force matérielle. Les brochures politiques reparaîtront alors en grand nombre; on songera aux mêmes expédients, comme la vente des starosties.

Le prêtre Michel Ossowski, le plus célèbre économiste de cette époque, partisan des principes politiques de Kołłątaj (qui fait de lui le plus grand éloge et le place au-dessus de Necker) (4) avait écrit plusieurs brochures dans ce sens et rédigé dans tous ses dé-

---

(1) « Uwagi obywatela w terazniejszych okolicznościach Polski, rzecz krótka, » in-8°, 24 p.

(2) « Myśli obywatelskie, in-8°, 8 p.

(3) « List do przyjaciela z Warszawy », in-8°, 12 p.

(4) Kołłątaj : Lettres d'un anonyme, *op. cit.*, IIIe Part., pp. 124-128.

tails un projet de vente qui vaut réellement la peine d'être lu et pris en considération. La Diète le repoussa malgré tous les efforts de Kołłątaj, qui avait fait traduire à ce propos le livre d'Adam Smith, « *De la richesse des nations* » (1). L'opinion publique n'ayant pas exercé une pression suffisante, les starostes (2) purent en effet opposer une résistance invincible (3).

A côté des ouvrages étendus, consacrés aux questions militaires et financières, l'on doit mentionner enfin une nuée de feuilles volantes, traitant des points de détail et dont le principal mérite consiste dans la masse de renseignements très intéressants qu'elles fournissent. Citons entre autres : « *Remarques sur l'impôt de la ville de Varsovie* » (4) — « *Remarques d'un citoyen* » (Michel Potocki) « *sur les moyens d'organiser le service de l'intendance de l'armée* » (5) — « *Moyen d'organiser la conscription.* » (6), etc.

(1) « O bogactwie narodów. »

(2) Un petit écrit jette une lumière curieuse sur cette question des starosties : « Conversation d'un staroste avec un szlachcic » (Rozmowa starosty z szlachcicem), in-8°, 20 p.; cf. Dr R. Pilat, *op. cit.*, II.

(3) Il y eut d'autres projets plus radicaux que celui de Michel Ossowski; d'abord celui que Jan Krzywkowski développa dans sa brochure : *Économie politique* (Gospodarstwo polityczne), Warszawa, 1791, in-4°, 64 pages; où il se prononce pour la vente immédiate et sans condition des starosties; elles sont, dit-il, la propriété exclusive de la république qui peut en disposer à son gré. Tel est le principe qu'il pose, mais n'applique pas rigoureusement et sans exceptions, car il conseille quelques mesures transitoires en faveur des starostes, qui auraient moins de 6.000 francs de revenus.

(Jan Krzywkowski écrivit encore une brochure sur le trône héréditaire, dont il est partisan : *De la succession du trône et du pouvoir des États*, v. infra, ch. V.

Une autre brochure due, croit-on, à la plume du banquier Kapostas : *De la banque nationale à créer en Pologne* (O banku narodowym w Polsce ustanowić się mającym in-4°, 40 p. et VI tableaux); se prononce également pour la vente immédiate des starosties, dont le produit devra servir à fonder la banque nationale.

Aucun de ces projets ne reçut l'agrément de la *Diète*. Celle-ci, à vrai dire, vota bien la vente immédiate, mais à des conditions irréalisables, — et après le 3 mai 1791; nous n'avons donc pas à nous en occuper ici (cf. W. Smoleński, la Dernière année de la *Grande Diète, op. cit.*)

(4) « Uwagi względem podatku z miasta Warszawy » (in-8°, 22 p.)

(5) « Uwagi obywatela nad sposobem urządzenia i dostarczania żywności dla wojsk ».

(6) « Sposoby zachęcania rekruta do służby naszej. »

Tout ce mouvement se trouve concentré dans les œuvres d'un publiciste économique, **Jacek Jezierski** (1), castellan de Łuków, personnalité originale et très connue de ce temps.

D'une intelligence fort vive, Jacek Jezierski reçut une solide instruction, ce qui lui permit d'avoir beaucoup de succès dans la vie publique : de 1772 à 1775 il siégea à la « Délégation », fit partie de la commission de répartition des fonds de l'instruction publique et enfin fut membre de la Diète de quatre ans. Très aimé dans la noblesse à cause de son humeur gaie et de ses bons mots, d'une ironie fine, souvent âpre et mordante (2) et qu'on se répétait à la Cour, il vit rétablir pour lui dès 1775 la castellanie oubliée de Łuków. Plein d'activité et très entreprenant, il amassa rapidement une immense fortune (3) qu'il employa pour le bien de son pays : il fonda en effet des villages et même une ville, fit construire la première aciérie à Maleniec, établit une saunerie à Szolcy sous Łęczyca et une fabrique de faïence à Grębenice ; il exploita une mine de cuivre à Miedzierz et ses forges livrèrent 5.000 sabres à la république ; bref Jacek Jezierski s'occupa presque exclusivement, tout d'abord, de commerce et d'industrie ; sa carrière de publiciste ne date en effet que de la Diète de quatre ans.

Sa préoccupation constante fut alors de chercher les moyens d'augmenter les revenus du Trésor ; dans cette question il fut d'ailleurs le premier à prendre la parole et publia : « *Accord et désaccord avec l'auteur des Remarques sur la vie de J. Zamoyski* » (4) plein d'aperçus excellents et d'observations judicieuses, où il combat l'impôt « par arpent » (préconisé par Staszyc) comme trop lent et trop difficile à établir sur une base équitable et qu'il propose de remplacer par la dîme du clergé (5) qu'on affermerait en adjudication...

(1) Jacek Jezierski (1722-1815) naquit en Podlachie. Il est fils de Louis Jezierski, qui était très riche.

(2) V. infra ch. VI, p. 162, note 2.

(3) Par des moyens souvent illicites, s'il faut en croire Kitowicz, cf. *Mém., op. cit..* I. p. 64 ; — et les « Archives de Wróblowiecki », Poznań, 1869 ; I. p. 17.

(4) V. supra, p. 76, note.

(5) « Pardonnez-moi, Très digne Clergé, dit-il à ce propos, si je conseille « d'employer vos biens à l'entretien de l'armée. Si j'ai péché, j'irai à Rome

Jacek Jezierski est beaucoup plus un économiste qu'un écrivain politique ; on doit avant tout s'occuper, selon lui, de développer le commerce, l'industrie et les voies de communications et il regarde comme vaines les discussions sur des réformes politiques, ce qui ne l'empêcha pas d'intervenir dans toutes les questions soulevées ; celles des bourgeois (1), des paysans (2) et du trône héréditaire (3), quoique dans le fond la pensée d'améliorer les finances de la république le tourmente exclusivement (« *Projet d'une banque nationale* », etc.) (4).

Ses œuvres contiennent des idées de progrès, mêlées à d'anciens préjugés ; s'il se montra (en principe) défenseur des paysans, il se prononça énergiquement contre les bourgeois, soutint souvent les réactionnaires et devait enfin se déclarer contre la Constitution du 3 mai 1791 (5) ; mais quel que soit le jugement qu'on portera sur sa carrière politique, si l'on doit constater son peu d'influence en tant que publiciste politique, on ne peut lui refuser d'avoir joué un grand rôle dans l'Economie nationale de son pays (6).

chercher l'absolution, à moins que vous ne puissiez me l'accorder ici. »
Ce fut lui l'un des promoteurs du mouvement hostile au clergé dont nous avons parlé (v. supra, p. 107, note), aussi s'attira-t-il des réponses énergiques comme *Lettre d'un curé à son correspondant de Varsovie* (v. supra, p. 107, note), à laquelle il répondit avec la même ironie mordante, qui est la caractéristique de son esprit incisif : *Réponse à la lettre d'un curé caché sous le manteau d'un chanoine* (Respons na list plebana pod płaszczykiem kanonika), in-8°, 16 p.

(1) V. infra, ch. VI.
(2) V. infra, ch. VII.
(3) V. infra, ch. V.
(4) « Projekt banku narodowego », etc. (sept. 1790.)
(5) Kosmowski, Mém., *op. cit.*, p. 25.
(6) Sur Jacek Jezierski. Cf. : 1) Dr R. Pilat, *op. cit.* ; 2) B. Limanowski, *op. cit.*

CHAPITRE IV

La politique extérieure.

Depuis longtemps déjà, le roi Stanisław August avait formé le
projet d'un traité avec la Russie (1) et à diverses reprises, en 1778-
1779, lors de l'affaire de la succession de Bavière ; en 1783, quand.
éclata la guerre russo-turque, et enfin, en septembre 1787, il avait
fait faire des propositions d'alliance à Catherine II, mais sans grand
succès, car l'impératrice ne se pressait guère de répondre aux
avances du roi. En juin 1788 pourtant, son ambassadeur à Varsovie,
le comte Stackelberg, présenta à Stanisław August un contre-pro-
jet, rédigé par le prince Bezborodko, sur les ordres de Catherine II,
mais dont les conditions le rendaient plutôt défavorable à la Pologne ; il ne répondait d'ailleurs nullement « aux vœux du roi
« ni à son dessin qui était d'écarter la garantie et de procéder
« ainsi librement à l'augmentation de l'armée » (2) sous les auspices
russes.

Cependant le comte Stackelberg avait reçu en outre l'ordre
d'informer immédiatement de ce projet d'alliance les plénipotentiaires prussien et autrichien et s'y était conformé. La cour de
Vienne ayant déjà admis le principe de ce traité sans même se
soucier des conditions qui pourraient être émises, il n'y avait aucune
espèce de difficultés à craindre de sa part, et à Pétersbourg on se
flattait de l'espoir qu'il en serait de même de la cour de Berlin ;
mais il n'en fut pas ainsi, car Buchholtz reçut immédiatement

____

(1) Kalinka, *la Diète de quatre ans, op. cit.*, t. I, liv. I, ch. 3.
(2) Rapport du nonce Saluzzo au Cardinal, secrét. d'Etat, 1er oct. 1788.

l'ordre d'avoir à s'opposer, par tous les moyens possibles, aux desseins de Catherine II et, en peu de temps, l'antagonisme latent entre
la Prusse et la Russie atteignait son maximum d'acuité.

La république de Pologne aurait certainement pu tirer de grands
avantages de cette situation : il lui suffisait pour cela de se placer
entre ces deux puissances, sans se fier aveuglément ni à l'une ni
à l'autre et de jouer, en un mot, vis-à-vis d'elles, le jeu que Catherine ne cessa jamais de jouer vis-à-vis de la Prusse et de l'Autriche. « Ne soyez ni Russes, ni Prussiens, soyez seulement Polonais » répétait sans cesse le prince de Ligne ; et il avait raison,
car c'était là la seule politique habile à tenir pour la Pologne, mais
elle ne le comprit pas et Stanisław Staszyc fut le seul écrivain qui
conseilla la « neutralité armée ». Tous les autres publicistes de cette
époque en effet, considérant que le pays n'était pas suffisamment
fort par lui-même, réclamaient la conclusion d'une alliance et
prirent parti avec une égale éloquence et une égale force, les uns
pour l'alliance prussienne, « qui devait permettre à la Pologne de
briser le joug de la tutelle russe », les autres pour l'alliance russe,
« qui devait lui permettre de se réorganiser et de se réformer », —
et tous reçurent des événements un même démenti !

Quoi qu'il en soit, Buchholtz informait le 27 août son gouvernement de la communication que lui avait faite le comte Stackelberg « au sujet de l'intention de la tsarine de conclure, pendant
« la prochaine Diète, une alliance défensive et offensive avec la
« Pologne pour s'assurer son action dans la guerre turque, en lui
« garantissant l'intégrité de son territoire. » Ce fut une grande
surprise pour le cabinet prussien et le comte Hertzberg envoyait
au roi, à Potsdam, la dépêche de Buchholtz, accompagnée de ses
observations : « Il est hors de doute que cette alliance est dirigée
« uniquement contre V. M. et qu'elle dénote la ferme intention
« d'arrêter toute extension de la Prusse ; l'intérêt de V. M. veut
« donc que l'on fasse l'impossible pour l'empêcher d'aboutir. Pour
« y réussir, le meilleur moyen est évidemment que V. M. propose
« de son côté un traité à la république, sur les bases des traités
« antérieurs entre la Prusse et la Pologne. Quant au comte Stac-
« kelberg, V. M. devrait lui faire répondre que V. M. ne voit
« aucune raison à la conclusion d'une semblable alliance et que

« d'ailleurs afin de garantir, Elle aussi, l'intégrité de la Pologne,
« V. M. se propose de renouveler son traité avec cet Etat. Cette
« déclaration fera ajourner la signature du traité projeté, ce qui
« nous permettra de chercher à nous gagner un parti en Pologne
« et à *empêcher la formation d'une confédération*. Tout cela
« sera d'ailleurs facile, puisqu'une grande partie de la nation polo-
« naise est hostile à la Russie... »

Frédéric-Guillaume ayant approuvé les vues de son ministre,
dès le 3 septembre un courrier partit pour Varsovie ; la dépêche,
rédigée par les deux ministres et signée par le roi, déclarait que
la cour de Berlin ne comprenait nullement la nécessité d'une
alliance polono-russe.

Empêcher à tout prix l'alliance russo-polonaise et, si cette tentative échouait, diviser la nation en deux camps, y semer le mécontentement, puis, par des promesses, se faire des partisans ; enfin,
*en secret, combattre le projet de l'augmentation de l'armée
et s'opposer à la formation d'une confédération*, telles furent
les instructions de Buchholtz.

Contrarié par ce contre-temps, Stanisław August n'en persis-
tait par moins dans son idée et voulait voir l'alliance signée malgré
tout ; mais Catherine II fut d'un tout autre avis ; les Suédois venaient de lui déclarer la guerre (1ᵉʳ juillet 1788) et la Russie avait
déjà fort à faire pour soutenir la lutte au nord et au sud de ses frontières, sans risquer encore une guerre avec la Prusse. « Dans ces
conditions », écrivit le roi à Deboli, nous n'avons plus qu'à songer
à former une « confédération pour l'augmentation de l'armée et la
« réalisation des réformes intérieures. » (1) Les embarras de la
Russie et de l'Autriche allaient en effet rendre à la Pologne sa
complète liberté d'action.

---

(1) Plan en opposition formelle avec les instructions que Buchholtz ne
cessait de recevoir chaque jour par de nouveaux courriers.

I

Quelque temps avant l'ouverture de la Diète, le ministre prussien avait annoncé une *Déclaration de Frédéric-Guillaume aux états*, et, de peur que Stanisław August ne trouvât le moyen d'en empêcher ou d'en ajourner la lecture, Buchholtz s'entendit avec Stanisław Nałęcz-Małachowski ; aussi le 13 octobre 1788, après l'allocution du maréchal de la Diète, lecture fut donnée de la note remise par Buchholtz. Elle fit une profonde impression ; après la séance, beaucoup de nonces allèrent faire viste au ministre de Prusse, entre autres un prince Czartoryski et dans tout Varsovie on ne s'entretenait que de la « *Déclaration* », et l'on parla de la nécessité d'envoyer quelqu'un à Berlin pour remercier le roi Frédéric-Guillaume.

Toute la jeune génération, qui avait grandi aux heures sombres de la domination russe (surtout quand le prince Repnin était ambassadeur), accueillit avec enthousiasme les paroles « *de cet allié et sincère ami* » et se montra avec d'autant plus d'ardeur partisan de l'alliance prussienne que la Pologne avait redouté un instant les convoitises de la Cour de Berlin (1). Dans cet esprit parurent

(1) Quand éclata la guerre austro-russo-turque, la Porte avait assuré à la Pologne, par un firman, que le territoire de la république serait respecté. Par contre, au milieu d'octobre, Stackelberg annonçait, au sein du Conseil Permanent, l'obligation où se trouvait Catherine de faire séjourner en Pologne une partie de son armée et la Turquie retirait son firman. On dut donc donner à Varsovie l'ordre au général comte Szczęsny Potocki de défendre au besoin la frontière par la force.

Pendant ce temps, au milieu de ce conflit général de convoitises, la Pologne craignit encore une fois un partage. La présence de l'armée autrichienne près de la frontière lui causait une grande inquiétude, et la méfiance à l'égard de la Prusse était justifiée par la concentration des troupes prussiennes près du territoire polonais, et on surveilla des partisans de la cour de Berlin, comme Skorzewski et Bniński, anciens confédérés de Bar, ce pendant qu'à Wilna on répandait une proclamation, (sans date ni signature), annonçant l'entrée en Pologne de 100,000 prus-

beaucoup d'écrits, dont nous citerons quelques-uns, d'après Dr. R. Pilat : «*Remarques sur la garantie*» (1). — «*Remarques sur les traités polono-russes en général et celui de 1768 en particulier*» (2). — «*Remarques d'un bon citoyen sur les notes russe et prussienne du 11 novembre*» (3). — «*Aux états très éclairés*» (4).

Mais la brochure qui exprime le mieux ces tendances est celle qui a pour titre : « *Lettres d'un nonce à son père, demeurant à la campagne, avec réponses sur les événements faisant l'objet des délibérations de la Diète actuelle...* (5) C'est la correspondance d'un nonce et de son père, lors de la discussion des alliances prussienne ou russe. Le fils, jeune, enthousiaste et ardent est le type de la génération d'alors ; il parle avec chaleur de l'alliance prussienne qui n'offre que des avantages à la Pologne — même au point de vue matériel ! — tandis que l'alliance russe, après tant d'offenses et d'humiliations, est contraire à la dignité nationale. Le père, de son côté, défend l'entente russe et expose les points de vue de ses partisans et tout cela constitue un tableau plein de vie.

siens ; la formation d'une confédération sous leur protection et prêchant la guerre contre la Russie. Puis on recevait de mauvaises nouvelles de Danzig ; en même temps, à Vienne, une compagnie prussienne obtenait de Joseph II le monopole de la vente du sel en Pologne, où les prix haussèrent aussitôt de plus d'un quart. En Ukraine, enfin, où les forces russes campaient, les choses n'allaient pas mieux.

Tous ces bruits, souvent contradictoires, tous ces incidents indisposèrent fort les esprits contre Stanisław August, qu'on rendait responsable de tout. « Ma situation est très difficile, écrit-il à Deboli, car je dois calmer toutes ces effervescences et toutes ces craintes patriotiques jusqu'au moment de la Diète, la Russie, en effet, refuse de me soutenir avant. » (Cf. Lettre du roi à Deboli, 7 mai 1788).

(1) « Uwagi względem gwarancyi », in-8°, 18 pages.

(2) « Uwagi nad traktatami między Rossyą i Polską zawartemi, zwłaszcza traktatem w r. 1768 uczynionym » in-fol., 10 pages.

(3) « Uwagi dobrego obywatela nad memoryałem rossyjskim i pruskim dnia 11 list. podanym. »

(4) « Do prześwietnych Stanów. »

(5) « Listy posła do ojca na wsi mieszkającego i odpowiedzie w okolicznościach sejm terazniejszy zatrudniających. » 1788, in-8°, 9 parties, I et II in-f. et III, IV, V, VI, VII, VIII et IX, 76. 34, 31, 38, 40, 38 et 76 p.; (Dr R. Pilat, *op. cit.*)

La plupart des membres du parti patriotique suivirent cette *politique sentimentale* et quelques-uns (tout en ne se laissant pas prendre aux *promesses prussiennes*) voient cependant dans l'alliance avec la Cour de Berlin l'unique chance de régénération politique de la Pologne. Peu nombreux, par contre, furent ceux qui se rendirent très bien compte qu'on ne ferait qu'échanger la *tutelle russe* contre la *tutelle prussienne* et ne voulaient d'une alliance que le jour où le pays, réformé, redevenu puissant après la réorganisation de son armée, serait capable de jouer de nouveau un grand rôle politique. Ce fut le point de vue des brochures : « *Accord des circonstances politiques avec les mobiles du zèle des citoyens* » (1). — « *Négociations prussiennes en Pologne* » (2). — « *Lettre d'un Citoyen à l'auteur du* « *Testament politique* » (3). — « *Vœu russe envoyé de Crimée en faveur de la Pologne* » (4). Toutes conseillaient bien un rapprochement avec la Prusse, mais mettaient les Polonais en garde contre des désillusions possibles, en montrant que la Cour de Berlin ne se laisserait certainement pas guider par simple sympathie pour la Pologne (5) ; celle-ci doit donc être forte si elle veut profiter d'une pareille alliance et, avant de songer à la conclure, les Polonais doivent se créer une armée.

Kołłątaj exerça, dans ce sens, une grande influence sur les chefs du parti patriotique (6): « *Ne nous hâtons pas de conclure une alliance avec telle ou telle puissance, et n'en décourageons aucune, mais tâchons tout d'abord de nous organiser militairement.* » (7)... « *Consacrons-nous donc au bien général du pays sans rêver de jouer un rôle parmi les Etats — et nous*

---

(1) « Kalkulacya okoliczności politycznych z pobudkami gorliwości obywatelskich. »

(2) « Negocyacya pruska w Polszcze. » (in-8°, 14 feuil.).

(3) « List obywatela do autora « Testamentu politycznego » (in-4°, 8 p.).

(4) « Z Krymu moskiewskie dla Polaków życzenia » (in-8°, 32 p.).

(5) La Prusse désirait Thorn et Danzig. Cf. Kalinka, *la Diète de quatre ans, op. cit.*, t. II, liv. IV, ch. 4.

(6) Mais non pas, très probablement, sur Ignacy Potocki qui voulait une alliance de la Prusse, même au prix de la cession de Danzig et de Thorn; v. infra, p. 147, note 4.

(7) Kołłątaj : *Lettres d'un anonyme*, 1re partie, 1re lettre.

pourrons nous relever. » (1) Mais au milieu de la surexcitation générale des esprits, ces conseils ne furent pas écoutés.

*   *   *

Cependant, cette question de l'alliance prussienne qui n'avait été envisagée jusque-là que dans ses grandes lignes, fut discutée plus en détail, en 1790, quand on apprit que la Cour de Berlin désirait Danzig et Thorn. Cela calma l'ardeur du parti prussien et de tous ceux qui avaient eu confiance dans le désintéressement de la Prusse ; les sympathies pour cette puissance tombèrent, et l'alliance prussienne devint impopulaire, sans que cette évolution de l'opinion publique ébranlât les convictions des chefs du parti patriotique. Ceux-là se doutaient bien, en effet, que la Prusse ne resterait pas désintéressée, mais, estimant l'alliance nécessaire, ils étaient partisans de la cession de ces deux villes. On doit dire, à leur décharge qu'ils se rendaient compte de la faiblesse du pays et qu'ils nourrissaient l'espoir qu'on aurait avant peu organisé une armée, mais qu'ils estimaient qu'on devait, auparavant, accepter toutes ces conditions, si dures fussent-elles, étant donné que l'alliance leur semblait indispensable.

Le ministre d'Angleterre, Hailes, pesa beaucoup sur leurs résolutions : il fut l'âme du rapprochement polono-prussien et publia à ce propos « *Mémoires sur les affaires actuelles de la Pologne* (2) ». C'est en somme une proposition officielle d'entrer dans la coalition formée par la Prusse, l'Angleterre et la Hollande contre la Russie et l'Autriche. L'habile diplomate anglais y fait

(1) Kołłątaj : *op. cit.* ; Ire partie, lettre. VIII.

(2) Varsovie, 1791, in-4º, 23 pages. Cf. Lettre du roi Stanislas Auguste à Bukaty (père V. Kalinka ; *Les Dernières années du règne de Stanisław August, op. cit.* ; IIe partie, p. 172). A ce moment on traduisit du français : « *Pensées relatives aux circonstances actuelles commerciales [et politiques de la Pologne* » (Myśli stosujące się doteraźniejszych okoliczności handlowych i politycznych Polski), Warszawa (1791, in-4º, 2 feuilles). Cf. Dr R. Pilat, *op. cit.*, III.

ressortir tous les avantages qu'en retireraient les Polonais en acceptant : les Prussiens sont prêts en effet à abaisser le tarif douanier, qui empêchait toute relation commerciale par la Vistule, et les Anglais, de leur côté, feraient leurs échanges avec eux et non plus avec la Russie ; au moyen de cette même voie. Quel magnifique avenir commercial pour la Pologne ! Qu'elle accepte donc — « sinon les Anglais traiteront directement avec la Russie ! »

Mais ce mémoire ne produisit pas l'effet attendu ; ce fut, au contraire, un bon prétexte pour les adversaires de l'alliance avec la Prusse pour attaquer cette puissance. Le concert qui s'élevait dans le pays contre la cession de Danzig et de Thorn était tellement général que les *leaders* du parti patriotique se gardaient bien de l'approuver publiquement (1), mais ils comptaient bien y faire consentir l'assemblée des États. En attendant, paraissaient quelques brochures, conçues dans le même esprit que le *Mémoire de Hailes*, dont elles reproduisaient les arguments et appuyaient la conclusion : « *Lettre d'un voisin à un voisin* (2). « *Considérations politiques sur la situation de la Pologne* 3) », dont l'auteur était le prêtre Kajetan Skrzetuski, piariste, professeur d'histoire à l'École des Cadets.

II

Les partisans de la politique prussienne n'en restèrent pas là ; ils attaquèrent l'alliance russe qu'ils cherchaient à discréditer dans l'opinion publique. Une nuée de satires, fables, lettres, en vers et en prose, sema partout la haine de la Russie et, sans nous arrêter à cette multitude d'opuscules, nous pouvons citer des

(1) Témoin le Décret *pris à l'unanimité* par la Diète, le 6 septembre 1790 sur l'*indivisibilité du territoire de la république*. Cf. Kalinka, *la Diète de quatre ans, op. cit.*, t. II, liv. IV, ch. 4, § 138.

(2) « List sąsiada do sąsiada » (in-4°, 7 pages).

(3) « Widok polityczny w terazniejszych okolicznościach Polski », Warszawa, 1791, in-8°, 144 pages.

ouvrages plus considérables, animés du même esprit, comme les deux suivants : 1) « *Portrait de la Moscovie ou Réponse aux questions suivantes : Qu'est-ce que la Moscovie et dans quel état se trouve-t-elle? Quels sont les torts que la Moscovie a causés à la Pologne ? Et pourquoi la Pologne et la Moscovie se sont-elles brouillées ?* (1) » *par F. M. (François Makulski)* (2).

2) « *Courrier de Petersburg — ou Intrigues moscovites qui duraient depuis le règne de Jean Albert, interrompues sous le règne de Stanislaw August le* 3 *mai* 1791. » (3)

L'auteur cherchait à découvrir les desseins secrets de la Russie : il rappelait à la nation le souvenir des humiliations passées, mais qui ne reviendront plus ; et pour bien en convaincre les Polonais il leur montrait la « *faiblesse* » de cet empire « *statue énorme,* « *sans nerf ni sang, qui devait s'écrouler sous son propre poids.* » D'ailleurs, à l'étranger, paraissaient des opuscules analogues — comme cet écrit, rédigé en français par un grand personnage et paru en Suède sous le titre : « *Du péril de la balance politique de l'Europe — ou exposé des causes qui l'ont altérée dans le Nord depuis l'avènement de Catherine II au trône de Russie.* » (4)

Toute cette campagne, que la lutte passionnée des partis rendait souvent très violente, dépassa quelquefois, il faut bien le reconnaître, les limites du bon sens : on prodigua à la Russie les injures et les menaces ; on décocha toutes les moqueries à l'adresse des partisans d'une entente avec cette puissance et ce devint bientôt l'un des moyens les plus efficaces pour se rendre populaire,

(1) « Portret Moskwy (czyli) Odpowiedź na pytania : Co jest Moskwa i w jakim znajduje się stanie? Jakie krzywdy Moskwa poczyniła Polsce? I dla czego Polska z Moskwą poszła do rozwodu ? przez F. M., Warszawa, 1790, in-8°, 32 pages.

(2) V. supra, p. 44, note 7.

(3) « Kuryer petersburgski (czyli) Intrygi moskiewskie od panow. Jana Olbrachta czyli Alberta ciągnące się a przerwane pod panow. N. Stanisława Aug. dnia 3g° maja 1791 r. » W., in-8°, 368 p.

(4) Cf. Allgem. Literaturzeit. Halle u Leipzig Intelligenzblatt 1790, pp. 154 et 327. Cette brochure fut traduite en polonais : « O niebezpieczeń stwie wagi politycznej, albo wykład przyczyn, które zepsuły równowaźność na północy od wstąpienia na tron Katarzyny », W., 1790, in-8°, 156 pages.

moyen devant lequel ne reculèrent pas même des personnages officiels. Ils ne prévoyaient pas, hélas ! alors, combien leur pays, dans un avenir prochain, aurait à expier durement cette conduite inconsidérée. On sait en effet que, dans la *déclaration de partage* un des prétextes invoqués fut justement « *les insultes prodiguées à la personne de l'Impératrice par la Diète et par la nation !* »

* * *

C'était un « emballement » pour la Prusse et, devant un courant d'opinion publique aussi violent, les adversaires de l'alliance, les partisans d'une entente avec la Russie n'osaient pas élever la voix. Mais, quand on connut les exigences de la cour de Berlin, quand on sut que, pour prix de son amitié, elle entendait obtenir Danzig et Thorn, alors ils sortirent de leur réserve ; puis, l'opinion publique retournée se déclarant contre cette cession avec la même énergie qu'elle s'était déclarée pour l'alliance avec Frédéric-Guillaume « *le sincère ami* », ils purent enfin se permettre d'attaquer la Prusse et s'élever contre ses exigences. Citons les brochures (1) : « *Remarques sur la proposition faite par la cour de Londres sur la cession de Danzig cum territorio à la cour de Berlin* », (par Adam-Laurent Rzwuski) (2). — « *Lettre de Vienne du 22 juin 1790* », de St. Szczęsny Potocki, génér. d'art. de la Couronne, nonce de Braclaw, à B. Hulewiez, nonce de Wolhynie ; (3) — « *Conversation d'un Polonais, d'un Russe et d'un Anglais sur l'affaire de Danzig* » (4). — « *Analyse de l'écrit : Mémoires sur les intérêts actuels de la Pologne, trad. du français* » (5). « *Contre-*

____

(1) Cf. Dr R. Pilat, *op. cit.*, IV.

(2) V. supra, p. 92, note 7.

(3) « St. Szczęsny Potocki, gen. art. kor., poseł bracł. do Benedykta Hulewicza, posła wołyńskiego dnia 22 czerw. 1790 z Wiednia », in-4°, 3 p.

(4) « Rozmowa Polaka, Rossyanina, Anglika w okoliczności Gdańska », W., 1791, in-8°, 79 p.

(5) « Roztrząśnienie pisma p. t. : Pamiętnik ściągający się do niniejszych interesów Polski tłumaczony z francuzkiego », W. 1791, in-4°, 24 p.

9

mémoires sur les intérêts actuels de la Pologne, édité en langue nationale » (1). C'est le mémoire de Hailes avec réponse....

Tous ces écrits mettaient la nation en garde contre la *comédie* jouée par l'Angleterre et la Prusse. L'alliance proposée n'apportera à la Pologne aucun profit commercial ou politique et la cour de Berlin n'abaissera jamais les tarifs douaniers prohibitifs, qui rendent tout transit polonais impossible par la Vistule. La perte de Danzig, par contre, serait très sensible à la république au point de vue commercial, d'abord en elle-même, et ensuite parce que les Polonais se verraient en outre fermer par la Russie tout débouché vers la mer Noire et quant à ce qui est de la *garantie anglaise* elle ne saurait avoir absolument aucune valeur.

De plus, ces publicistes insistent sur ce fait que Danzig fait partie de la république et que celle-ci est *une et indivisible*. Céder cette ville à la Prusse ce serait donc consentir sans nécessité à un deuxième partage. Ils prévoient enfin la vengeance prochaine de la Russie offensée.

* * *

Ces brochures émanent de gens qui prêchent un rapprochement avec la Russie, non pas par sympathie pour cette puissance, mais parce qu'ils regardaient comme nécessaire de conclure une alliance avec elle. Il faut donc prendre bien soin de les distinguer des divers opuscules, publiés par des individus manifestement soudoyés par la Russie. Ces derniers préconisent naturellement une entente cordiale avec ce pays, dont ils ne craignent pas de vanter les bonnes dispositions et dont ils justifient tous les actes envers la Pologne — même ceux éminemment hostiles, comme le partage, « *auquel la Russie a dû se résigner, forcée qu'elle fut* « *de céder aux violences et aux menaces des deux autres puis-* « *sances copartageantes !* »

(1) « Antimemonyał nad interesami terazniejszemi polskiemi w narodowym języku wydany », 1791, in-4°, 74 p.

Dans ce goût-là parurent les brochures suivantes, citées par Dr Roman Pilat : 1) en français : « *L'esprit du vrai patriotisme* « — *Avis aux vrais Polonais !* » (1).

2) « *La masque arraché, à Paris, sur le champ de Mars* », traduit du français (2).

Dans ce dernier ouvrage, on cherche à prouver que « *la Russie* « *ne cessa jamais de donner à la Pologne des marques de sa* « *sollicitude et de sa sincère amitié, et que, sans elle, la Pologne* « *fût devenue une « Arabie déserte ! »* (*pusta Arabia*). On y trouve, à côté de cela, des détails fort curieux sur la politique prussienne, dont l'auteur cherche à dévoiler les desseins secrets.

III

Le roi et ses partisans occupaient une position complètement à part dans cette question de la politique extérieure. Favorables à la Russie et à la Prusse, ils ne surent pendant longtemps laquelle de ces deux voies ils devaient prendre. Tout d'abord, la crainte de la puissance russe, le sentiment de la faiblesse intérieure du pays et le manque de confiance en la Prusse, tout les faisait s'opposer à la rupture des rapports avec la Russie; puis, les propositions prussiennes et le courant général de l'opinion publique ébranlèrent, jusqu'à un certain point, leurs tendances russophiles et réveillèrent en eux l'espoir de conquérir une situation plus indépendante vis-à-vis de la Russie.

C'est dans ces hésitations et ces indécisions que le parti royal passa les deux premières années de la Diète de quatre ans. Il est facile de comprendre dès lors que, n'ayant pas de but très net, il ne pouvait agir activement dans cette question de la politique extérieure; aussi ne prit-il qu'une faible part dans les polémiques à ce sujet. Toute son action se borna à modérer l'ardeur des partisans de

(1) Hamburg, 1791, in-4°. 45 p.
(2) « Maska odkryta na marsowem polu w Paryżu », 1790, in-8°, 262 p.

la Prusse et à adoucir la violence de leurs attaques russophobes.

C'est dans cet esprit que furent conçues toutes les brochures qui sortirent du cercle étroit de l'entourage du roi : « *Le testament politique* » (1) — « *Essai de la plume,* » etc. (2) — « *Lord Burke aux Polonais* » (3), traduit de l'anglais ; « *Le secret du partage de la Pologne dévoilé* » (4). Elles ne contiennent aucune attaque contre la Prusse (comme celles émanées des partisans absolus de la Russie), mais le simple avis de ne pas avoir en elle une confiance illimitée, car la cour de Berlin, au moment critique, ne manquera pas d'abandonner la Pologne (5). « *Polonais* » s'écrie Kwiatkowski, l'auteur de « *Essai de la plume* » « *jamais vous n'aurez assez de vigilance vis-à-vis de la Prusse, ni assez de méfiance pour ses pièges ; profitons de la triste expérience acquise.* » — « *Ne soyez pas aveuglés par les brillantes apparences de l'amitié* » lisons-nous dans le petit écrit de « *Lord Burke* », qui, en conseillant aux Polonais la méfiance envers la Prusse, s'élève contre le mépris de la Russie, « *car il vous pourrait arriver prochainement d'être obligés de boire de cette eau, dans laquelle vous crachez présentement.* »

* * *

L'année 1790, dans laquelle eut lieu le rapprochement des partis patriotique et royal en vue de la réforme, vit la politique royale pencher en faveur de la Prusse, cédant en cela bien plutôt

(1) Du major Łobarzewski, v. supra, pp. 87-88.

(2) De K. Kwiatkowski, v. supra, p. 90.

(3) « Lord Burke do Polaków. pismo z angielskiego przełożone », 1790, in-8°, broch. incompl.

(4) « Tajemnica podziału Polski odkryta » 1789, in-8°, 103 p.

(5) Cf. pour la « façon cavalière » avec laquelle le roi de Prusse lâcha la Pologne en 1792, S. Askenazy, l'*Alliance polono-prussienne. op. cit.,* (n° du 9 août 1899 (Biblioteka Warszawska). On y trouve le récit tracé en français par Ignacy Potocki, ambassadeur extraordinaire à Berlin, de son entretien avec Frédéric-Guillaume (7 juin 1792), et avec le comte de Schulenburg), reproduit par le *Bull. polonais,* du 15 nov. 1899; n° 136.

à la pression de l'opinion de la majorité de la nation — qui approuvait l'alliance prussienne (1) qu'à ses propres convictions.

De ce jour le cri : « Le Roi avec la nation, la nation avec le Roi » (Król z narodem, naród z Królem), devint le cri de ralliement de tous les partisans de la réforme. Le parti patriotique ayant gagné le roi s'efforça dès lors de le laver de tous les repproches qu'on lui adressait. Dans cet esprit agit la brochure retentissante de Kołłątaj : « *Que devient notre malheureuse patrie ? Nouvelle* « *consacrée à la vérité et à l'avenir* » (2). Ce sont les « magnats » qui furent la cause de tous les malheurs du pays ; en semant la méfiance entre la Nation et le Roi, ils ont toujours forcé ce dernier à s'unir avec la Russie, et chaque fois que le roi cherchait à gagner la confiance de ses sujets, eux-mêmes se vendaient alors à cette puissance. Puis Kołłątaj dévoile leurs intrigues pendant les confédérations de Radom et de Bar, leur bassesse et leur trahison pendant la Diète du partage, leurs menées contre la réforme et il termine par un appel à la nation en faveur de Stanisław August : elle peut avoir confiance dans la volonté du roi et ses bonnes intentions et elle peut être certaine qu'il ne faiblira pas, malgré toutes les calomnies qu'on lancera contre lui.

---

(1) Cf. S. Askenazy, l'*Alliance polono-prussienne, op. cit.*

(2) « Co też to się dzieje z nieszczęśliwą ojczyzną naszą. Wiadomość poświęcona prawdzie i przyszłości. »

Cette brochure curieuse, contenant beaucoup de détails sur le groupement des partis, fut imprimée plusieurs fois. (Varsovie, in-8°, 43 p.); (Varsovie, 1790, in-8°, 56 p.) (Chełmn, 1791, in-8°, 46 pages). Quelques détails furent corrigés sous l'inspiration du roi dans « *Lettre d'un sénateur à un ami* ». (List senatora do przyjaciela), in-12°, 7 p.

CHAPITRE V

Le trône héréditaire.

Tant que l'union du parti patriotique et du parti royal ne sera pas un fait accompli, les travaux constitutionnels de la Diète n'aboutiront pas. C'est ainsi que, depuis la chute du *Conseil permanent* (1) qu'on voyait d'un très mauvais œil à cause de l'influence que la Russie exerçait sur lui et qui fut enfin supprimé, après de longs débats et malgré les efforts du Roi et de son parti, dans la séance du 19 janvier 1789, près d'un an s'était écoulé sans que les États se fussent sérieusement occupés de le remplacer par quelque chose de durable. Malgré la décision prise, à la suite d'un entretien confidentiel qu'ils avaient eu entre eux, le 1er juin 1789, par les deux maréchaux, Ignacy Potocki et l'évêque Rybiński, de limiter l'activité de la Diète à ces trois points fondamentaux : l'alliance avec la Prusse (qui devait être suivie d'un traité d'amitié avec l'Angleterre et la Hollande), la nouvelle constitution et la succession du trône, l'élaboration du projet de constitution aurait risqué d'être encore singulièrement retardée, les nonces n'étant pas près de se mettre entièrement d'accord sur les clauses du traité à conclure avec la cour de Berlin (2), si celle-ci n'avait eu l'heureuse inspiration d'apporter quelques modifications au programme arrêté le 1er juin 1789, en refusant d'entamer toute

(1) Kalinka, *La Diète de quatre ans*, op. cit., t. I, liv. II.
(2) Kalinka, *La Diète de quatre ans*, op. cit., t. II, liv. IV ; et Simon Askenazy, *L'alliance polono-prussienne* (1788-1791), op. cit.

négociation avant que la Diète eût jeté tout au moins les bases du nouveau gouvernement. Force fut donc aux États de s'occuper enfin de la question constitutionnelle et, le 7 septembre 1789, ils se décidaient à nommer une commission de dix membres, dont quatre choisis *ex ministerio* (l'hetman Ogiński, le vice-chancelier de Lithuanie Joachim Chreptowicz, le maréchal Ignacy Potocki, le vice-chancelier de la Couronne Kossowski) et six *ex ordine equestri* (Suchodolski, nonce de Chełmn, Działyński, nonce de Poznań (1), Moszyński et Wawrzecki, nonces de Bracław, Sokołowski, nonce d'Inowrocław, Weyssenhof, nonce de Livonie), sous la présidence de l'évêque de Kamieniec, Adam Krasiński, l'ancien chef de la confédération de Bar. Ignacy Potocki, chargé de rédiger le projet, au nom de la *députation*, déploya une grande activité (car il avait hâte de voir commencer les pourparlers avec la Prusse) (2), et dès le 17 décembre 1789 présentait à la Diète les « *Bases de la nouvelle Constitution.* » (3).

Toutefois, malgré quelques discussions vagues, qui eurent lieu à ce sujet à la Diète en décembre 1789 (4) et en mai 1790 (5) le projet définitif, dont le principal auteur était encore Ignacy Potocki (que Kołłątaj et Piatoli, entre autres, avaient aidé de leurs conseils), ne fut achevé qu'au commencement du mois d'août 1790. Il comprenait 658 articles (6) dont la seule lecture prit trois séances (7). Aussi, désireux d'en faciliter la discussion en écartant tous les obstacles, le maréchal de la Diète, Stanisław Małachowski, eut-il l'idée de réunir chez lui, matin et soir, les membres les plus influents des États ; mais il ne semble pas que Ignacy Potocki eût été très satisfait (comme en témoignent les lettres qu'il écrivit alors

---

(1) Posen.

(2) Ils commencèrent le jour même où le travail de Potocki fut remis au ministre de Prusse, Lucchesini (30 décembre 1789).

(3) Cf. Kalinka, *La Diète de quatre ans, op. cit.*, t. I, liv. III, ch. 4, § 112.

(4) Kalinka, *La Diète de quatre ans, op. et loc. cit.*

(5) Kalinka, *La Diète de quatre ans, op. cit.*, t. II, liv. V., ch. 1, § 148

(6) Le père Kalinka est loin de faire un éloge de ce projet et de son auteur principal, Ignacy Potocki. « Il passait pour le plus habile homme politique de son parti, dit-il, mais son œuvre prouve combien cette assertion reposait sur une base fragile ! » (T. II, liv. V, ch. IV, § 160.)

(7) Celles des 6, 7 et 9 août 1790.

à son fidèle Aloi) (1) de ce petit comité, qui se permettait de faire des modifications, souvent importantes, à son projet.

Quoi qu'il en soit, il faut féliciter les membres des États, qui assistaient à ces réunions chez Małachowski, d'avoir pris, dès le début, la détermination de porter à la Diète la question du trône héréditaire, qui avait été soulevée déjà en juillet, dans plusieurs woïéwodies, lors des élections pour les Commissions civilo-militaires. Elle n'était d'ailleurs pas nouvelle : nulle autre n'avait plus passionné l'opinion publique ni fait couler autant de flots d'encre; la discussion, en effet, engagée en décembre 1789, sur ce sujet, qui divisa la nation en deux camps, devait durer sans interruption toute l'année 1790 et le nombre des écrits parus allait devenir si considérable, qu'il fallut bientôt publier de véritables ouvrages, résumant l'ensemble des arguments invoqués pour et contre, dans les brochures antérieures.

Un mouvement aussi considérable s'explique d'ailleurs facilement par l'immense portée de la question à résoudre ; le principe de l'élection royale et le liberum veto n'étaient-ils pas, en effet, les deux bases fondamentales de l'ancien état de choses ? Aussi une agitation analogue avait-elle déjà eu lieu, vingt ans plus tôt (2), quand Konarski osa demander l'abolition du liberum veto, mais avec cette différence qu'elle avait été moins profonde que celle à laquelle on assista en 1789-1790, ce qui n'a rien d'étonnant quand on songe qu'à ce moment-là toute la nation prenait part aux discussions politiques.

I

L'opposition avait si bien compris l'importance capitale de cette question, qu'elle concentra sur ce point tous ses efforts.

A sa tête se trouvait **Seweryn Rzewuski** (3), très estimé de

(1) Kalinka. *La Diète de quatre ans, op. cit.*, t. II, liv. V, ch. IV, § 161.
(2) V. supra, pp. 25, 27, 28.
(3) Il était le troisième fils de Wacław Rzewuski, grand hetman de la Couronne et castellan de Kraków.

la szlachta, esprit intelligent, mais utopiste et orgueilleux. Sous la direction du marquis de Caraccioli, il avait voyagé en Allemagne, en Italie, en France et en Hollande. A son retour, il fut nommé général-major (1760), et devint nonce de Podolie à la Diète de convocation et d'élection de 1764, où il se montra adversaire irréductible du roi Stanisław August, contre qui il écrivit le pamphlet « *Iter Polydori ad arcem, quæ vocatur Dei gratia* ». En 1767, enlevé avec son père, Sołtyk et Załuski, sur les ordres de Repnin, il fut déporté à Kaluga et n'en revint qu'en 1772. En 1776 enfin, quand on diminua considérablement les prérogatives de l'hetmanat, son orgueil en souffrit tellement qu'il abandonna son pays pour aller vivre à l'étranger et s'établit à Vienne. Il ne devait interrompre qu'un instant cet exil volontaire, lors de la Diète de quatre ans, mais, après avoir constaté l'influence exercée en Pologne par les idées nouvelles, il retourna à l'étranger et n'agit plus contre les réformes que par ses écrits (1).

Il publia : « *Bref avis de Seweryn Rzewuski, hetman de la Couronne, sur la succession du trône en Pologne* (2). »

Cette brochure fut composée à Dresde et de là envoyée en Pologne. L'hetman y passe en revue les divers arguments invoqués contre le système électif. On déclare, dit-il, que chaque élection entraîne une confusion politique considérable dans le pays, sans songer qu'il y a un moyen très simple de la prévenir : il suffit d'obliger par serment les woïéwodes et les castellans à reconnaître pour roi celui des divers candidats qui aura obtenu les 5/6 des voix recueillies dans les woïéwodies. Un serment, tel

---

(1) Il mourut à Vienne en 1811.

(2) « Seweryna Rzewuskiego, hetmana polnego koronnego, o sukcessyi tronu w Polsce, rzecz krótka, bez m. d. i. r. (sans lieu ni date), in-8º, 45 pages.

A en juger par le titre de l'écrit de Kołłątaj, en réponse à celui de Rzewuski, on pourrait conclure que la brochure de Rzewuski fut éditée à Varsovie, mais il n'en est rien. Nous connaissons en outre deux autres éditions qui paraissent postérieures, l'une avec la mention : Amsterdam, 1789, in-8º, 45 p,, et l'autre de la même année : 1789, in-8º, 47 pages. C'est par erreur que Szujski donne comme titre « Sur la succession et l'élection », *Hist. de Pologne, op. cit.*, t. IV, p. 619. (Note du Dʳ R. Pilat, *op. cit.*, IV).

est donc le remède suffisant et efficace proposé!! L'élection, dit-
on encore, continue Seweryn Rzewuski, soumet la nation à
l'influence étrangère, mais ce nouvel argument n'a pas plus de valeur
que le précédent, car l'influence exercée en Pologne par les
puissances voisines ne provient pas des interrègnes, mais de la
faiblesse de notre nation. Soyons donc forts et nous n'aurons plus
à craindre une seule armée étrangère, comme au temps de Jan III
(Sobieski), alors que la Pologne était le rempart du christianisme !

L'hérédité du trône, au contraire, engendre fatalement la
tyrannie (dont il fait une description comme au temps d'un Tibère)
et, à l'appui de son dire, il affirme à ses lecteurs que le Roi
d'Angleterre jouit d'une trop grande puissance, aux dépens de la
nation anglaise, à laquelle il ravit toute liberté. Aussi s'élève-t-il
contre l'établissement, en Pologne, du trône héréditaire, avec une
éloquence digne d'une meilleure cause. Pour lui ses adversaires
ne visent qu'au despotisme, ce sont donc des traîtres à ses yeux;
et il espère qu'ils se heurteront à des obstacles insurmontables.
Mais au cas où ils triompheraient cependant, il prédit, dans sa
péroraison, « *une prise d'armes générale* « (rokosz), « *car
l'amour de la liberté n'est pas encore mort en Pologne* ! »
Et, à l'appui de cette prédiction, parut aussitôt « *l'acte officiel de
protestation* » signé par Seweryn Rzewuski, hetman de la Couronne, et par Stanisław Szczęsny Potocki, général d'artillerie,
« *nonce de la célèbre woïéwodie de Bractaw* (1). »

Son deuxième ouvrage, qui parut sous le titre : « *Preuves
tirées de l'histoire et du droit que le trône de Pologne fut
toujours électif* (2) », écrit sans esprit critique, d'après les vieilles
annales de Długosz et de Kromer, était fort habilement conçu et
approprié au but visé. Le succès était certain et il fut considérable ; on distribua ce livre par milliers d'exemplaires (3). On ne

(1) « Protestacya przeciw sukcessyi tronu w Polszcze Seweryna
Rzewuskiego, het. p. kor. i St. Szczęs. Potockiego, gen. art. kor., posła
z prześwietnego województwa bracławskiego ». (1790), 2 feuil.

(2) « O tronie polskim zawsze obieralnym z dziejów i prawa dowody »
Warszawa, 1789, in-8°, 109 p.

(3) Kalinka ; Les dernières années du règne de St. Aug., *op. cit.*, p. 144
(Lettre du roi à Bukaty).

voulut pas croire tout d'abord, dans le camp opposé, que **Seweryn Rzewuski** en fut réellement l'auteur, et il dut l'affirmer publiquement dans sa « *Réponse à la lettre d'un ami à propos d'une lettre de Mgr Krasiński, évêque de Kamieniec* (1). » Il **y** proteste de son grand amour pour la liberté, mais c'est là une protestation toute platonique, car deux ans après il figurait à Targowica (2).

* * *

Ainsi encouragé à la résistance par Seweryn Rzewuski, le parti vieux-noble releva la tête et il publia toute une série de brochures (3) :

« *Considérations impartiales sur le projet d'établissement du trône héréditaire en Pologne, par un gentilhomme de Łuków* (4). » — » *Remarques adressées aux Polonais sur le maintien de la libre élection des rois en Pologne* (5). » — *Remarques sur le choix entre l'élection royale et le trône héré-*

---

(1) « Seweryna Rzewuskiego h. p. k. odpis na list przyjaciela względem listu I. M. Ks, Krasińskiego, biskupa kamienieckiego ». in-8°, 9 p.

(2) S. R. a résumé ses opinions politiques dans un petit opuscule intitulé ; « *Points relatifs à la forme du gouvernement* ». (Seweryna Rzewuskiego punkta do formy rządu), in-8°, 15 pages. — Les principes fondamentaux en sont naturellement : l'élection royale, le liberum veto, etc. Cette brochure est rédigée en articles, se terminant chacun par l'excommunication : *hostis patriæ sit!* pour quiconque est de l'avis contraire.

S. R. ne fut pas un chef de parti ; il vécut en effet loin de la politique et son nom ne fut qu'un moyen de ralliement. Homme d'un autre âge, il s'obstinait encore à défendre le liberum veto que tous condamnaient !

Il écrivit encore une petite brochure sur la loi sur les Diétines, (v. infra, p. 160.

(3) Cf. Dr Roman Pilat, *op. cit.* IV,

(4) « Bezstronne zastanowienie się nad projektowaną ustawą następstwa tronu w Polsce, przez pewnego szlachcica z ziemi łukowskiéj. » in-8°, 142 p.

(5) « Uwagi dla utrzymania wolnej elekcyi króla polskiego dla Polaków » W., 1789, in-8° 31 p.

ditaire en Pologne (1). « — « *Un citoyen de la woïévodie de Podlachie, terre de Biela, contre ceux qui songent à établir en Pologne le trone héréditaire* (2). » — « *Réponse à la lettre de l'évêque de Kamieniec* (3). » — « *Lettre d'un ami de Seweryn Rzewuski à Adam Krasiński* (4). » — « *Au public : Des avantages de la libre élection et de l'hérédité du trône en Pologne avec un projet de réforme du système de l'élection par un Kiovien* (5). » — « *Fin de la conversation d'un Kiovien avec un Wolhynien sur les avantages de la succession et de la libre élection par famille et sur les conséquences de l'abaissement de l'aristocratie et autres graves dangers* (6). » — « *Appel du défunt Szlawski, nonce de Cracovie, au public polonais et particulièrement aux états confédérés de ce monde* (7). » — « *Et moi aussi* (8) », — *et beaucoup d'autres.*

Ces écrits, à l'exemple de ceux de S. Rzewuski, sonnent le tocsin en faveur de la « *liberté d'or* » menacée et repoussent l'hérédité du trône avec la plus grande indignation ; « *le choix entre la*

(1) « Uwagi nad wyborem między elekcyą a sukcessyą w Polsce. » in-8º, 54 p.

(2) « Przeciwko tym, którzy myślą o sukcessyi tronu polskiego, obywat wojew. podlaskiego ziemi bielskiej dnia stycz. 1790. » 24 janv. 1790, in-8º, 24 p.

(3) « Odpis na list biskupa kamienieckiego » in-8º, (inc.)

(4) « Przyjaciela S. Rz. do A. Krasińskiego, list na list » in-8º, 16 p.

(5) « Do publiczności : jakie korzyści da przy wolnéj z familii elekcyi, sukcessya w Rzeczypospolitej polskiej oraz i projekt poprawy elekcyi, przez Kijowianina, L. W. O. » in-8º, 84 p.

L'auteur de cet écrit et du suivant est Louis Wołczkiewicz Olizar, personnalité de deuxième ordre, et d'ailleurs inconnue, qui mérite pourtant d'être signalée. C'est un homme du parti vieux-noble, plein de bonnes intentions mais d'un esprit étroit : il est le représentant de cette masse nobiliaire vaine et ignorante, instrument aveugle de l'opposition. Il suffit de lire les titres pour juger les ouvrages.

Cf. Dr Roman Pilat, *op. cit.*

(6) « Reszta rozmowy domatorów Kijowanina z Wołynianinem o pożytkach z sukcessyi z wolną w familiach elekcyą, a stąd o skutkach uskronienia arystokracyi i innych ważnych niebezpieczeństwach. » in-8º, 170 p.

(7) « Odezwa zmarłego Szlawskiego posła krakowskiego do publiczności polskiej, a mianowicie do stanów skonfederowanych z tamtego świata. » in-8º, 47 p.

(8) « I ja też ». in-8º, 16 p.

*couronne héréditaire ou élective, c'est le choix entre l'escla-
vage et la liberté* ». Tous décrivent sous les couleurs les plus
sombres, les malheurs qu'amènera le trône héréditaire et arrivent
à la même conclusion « *qu'il vaut mieux une liberté orageuse
qu'un esclavage paisible* ». Combien plus raisonnables nous
apparaissent les paroles de Kołłątaj, déclarant « *l'égalité sous
un pouvoir monarchique de beaucoup préférable à l'inégalité
en république* ! (1)

Sans parler des insultes et des injures qui s'y trouvent en
abondance, ces opuscules déclarent tous que les réformes projetées sont dirigées uniquement contre l'ordre équestre, dont ils
cherchent à exciter les passions et les préjugés ; et il faut avouer
que leur tâche se trouvait considérablement facilitée par le courant révolutionnaire, qui emportait alors l'Europe et venait ainsi
renforcer singulièrement en Pologne le courant anarchique contre
l'autorité. En un temps où les trônes chancelaient, où le pouvoir
royal perdait son antique prestige, la propagande contre l'établissement d'une monarchie héréditaire avait quelques chances
d'aboutir ; il lui suffisait d'employer les arguments qui se trouvaient en abondance dans Jean-Jacques Rousseau, Diderot, Raynal
et les autres publicistes français du xviiie siècle, qui avaient été
traduits en polonais (2).

* * *

Dans le parti vieux-noble cependant, tous ceux que les passions
n'aveuglaient pas et qui n'entendaient pas se livrer à une agitation
stérile reconnaissaient parfaitement que le pays serait tojours exposé
aux pires désastres, lors des interrègnes. Ils s'efforcèrent donc de
prévenir ce mal, mais en vain, car par une étrange aberration, ils
ne virent pas que l'élection royale était, en somme, la source primor-
diale de ces maux ; aussi se bornèrent-ils à tenter, au moyen d'une

---

(1) B. Limanowski, *op. cit.*
(2) V. supra, p. 28, note.

réglementation détaillée, la réforme du mode électif, dont ils demeuraient partisans- Il en avait été de même au temps de Konarski quand celui-ci demanda l'abolition du liberum veto : beaucoup se figurèrent qu'il suffirait de réformer la Diète ; c'était vouloir « *concilier le feu et l'eau* » (1). Nous retrouvons ici les mêmes utopies, exposées dans les brochures suivantes (2) : *De l'amélioration du mode d'élection des rois polonais. Pensée d'un citoyen de la woïéwodie de Podlachie, terre de Biela* » (3). — « *Pensées d'un citoyen sur l'établissement d'une élection convenable des rois de Pologne pour la suppression des interrègnes tumultueux* » (4). — « *Quelque chose de neuf* » (5). — *P. S. aux écrits pour et contre la succession du trône de Pologne* », par *Spławski* (6). — « *Contenu de différents écrits sur la forme du Gouvernement et l'hérédité du trône de Pologne (anciens et nouveaux) avec addition de quelques remarques* » (7), etc.

Tous ces projets, quoique différents, trahissent le même aveuglement ; leurs auteurs sont persuadés qu'ils réussiront à supprimer les troubles inséparables de toute nouvelle élection par une réglementation détaillée ; c'est là un témoignage flagrant des préjugés existants ; quand on en a lu un, on les a tous lus. Ainsi celui qui écrivit « *Contenu de différents écrits* », propose que l'héritier du trône soit désigné, du vivant même du roi régnant, parmi les divers candidats proposés par les woïéwodies ; les bulletins du vote (qui a lieu au scrutin secret) sont déposés dans une

(1) « Pogodzenie ognia z wodą » (expression de Konarski).

(2) Cf. Dr Roman Pilat, *op. cit.*

(3) « O polepszeniu sposobu elekcyi królów polskich, myśl obywatela województwa podlaskiego ziemi bielskiej » (1788, in-8°, 32 p.).

(4) « Myśli pewnego obywatela nad ustanowieniem porządnej królów polskich elekcyi, a przez te środki odwrócenia burzliwych interregnów », in-8°, 16 p.

(5) « Coś nowego », in-8°, 16 p.

(6) « P. S. do pism za sukcessyą tronu polskiego i przeciwko niej wyszłych przez J. Spławskiego », in-8s, 11 feuilles.

(7) « Treść pism różnych względem formy rządu i sukcessyi tronu polskiego, tak dawniej jako też i świeżo wydanych z przyłączeniem niektórych uwag z nichże wypływających, w Sandomierzu (W.), 1791, in-8°, 67 pages.

boîte *ad hoc*, que le maréchal de la Diète et les assesseurs scellent aussitôt et qu'on dépose ensuite, en présence du sénat et des nonces, à Varsovie, dans un énorme coffre de fer, muni de quatre fortes serrures et fixé au sol par des chaînes; une grille de fer, hérissée de pointes d'acier, complète le tableau. Une commission spéciale appose des cachets sur le coffre, sur lequel une garde permanente de quatre soldats et un officier doit veiller. Chaque matin l'officier de garde vérifie l'état des cachets et la peine de mort est édictée contre quiconque tentera de les rompre. A la mort du roi régnant on procède solennellement à l'ouverture du coffre et de la boîte, au dépouillement du scrutin et à la proclamation du successeur; et, pendant ces opérations, les frontières sont garnies de troupes et toute relation postale ou autre est interrompue avec l'étranger.

L'auteur de ce projet très détaillé (il va même jusqu'à indiquer les dimensions de la table sur laquelle on procédera à l'examen des bulletins, à la façon dont chacun des membres de la commission spéciale doit se passer l'un à l'autre les bulletins, etc.) aurait pu exciter le rire à une autre époque, dit Dr. Roman Pilat; mais à ce moment, où la nation tout entière faisait un suprême effort pour se régénérer, on est saisi d'un profond sentiment de tristesse, en constatant que beaucoup ne se rendaient pas compte de la gravité de la situation.

* * *

Cependant la poignée de magnats qui se trouvaient à la tête du parti vieux-noble travaillaient en secret à la seule satisfaction de leurs intérêts personnels, à la faveur de l'agitation et de l'excitation des esprits. Ils tentèrent un pas de plus dans la voie de leur faux républicanisme, en profitant du courant des idées révolutionnaires pour demander la suppression du pouvoir royal; la République serait ainsi devenue une oligarchie nobiliaire.

Ces tendances anciennes (1), qui s'étaient traduites timidement

---

(1) Cf. Hofman ; Histoire des réformes politiques de l'ancienne Pologne (Historya reform politycznych w dawnej Polsce), Poznań, 1869, (p. 228).

dans l'écrit de S. Rzewuski, s'affirmèrent de plus en plus hardiment, au fur et à mesure du déchaînement des passions, chez les
chefs de l'opposition. Cette attaque de l'autorité royale, il faut le
reconnaître, fut conduite avec une grande habileté, et l'on peut
observer cette gradation de sentiments et d'opinions dans ces deux
brochures, citées par Dr. Roman Pilat : 1) « *Remarques sur les rois
de Pologne, les interrègnes, les élections et l'hérédité du trône,
à l'occasion des écrits pour la succession : réflexions, observations, lettres etc.* » (1) L'auteur de cet ouvrage s'efforce de démontrer que la personne royale fut l'unique cause de tous les
désastres éprouvés par la Pologne. A l'appui de sa thèse, il prodigue
les mensonges historiques et les calomnies et conseille enfin à la
nation de chercher aide et protection auprès des magnats, *ces
défenseurs séculaires de la liberté dorée*, en laissant entrevoir
qu'il n'y a qu'un seul remède contre le despotisme : la suppression
du pouvoir royal, mais sans le dire expressément. L'auteur du
second opuscule, intitulé « *Projet d'un interrègne perpétuel* » (2)
n'a pas la même réserve, tout en cherchant, il est vrai, à se faire
passer pour un ardent jacobin, mais sans y réussir ; en invoquant
en effet l'écriture sainte et les décisions des conciles, en s'élevant
contre les impôts qui frappent les biens ecclésiastiques, il ne tarde
pas à révéler son origine aristocratique (3).

*   *   *

A côté de la szlachta ignorante et des magnats ambitieux, on remarque, dans le camp vieux-noble, d'aveugles admirateurs de la
Révolution française, dont les violences ont trouvé en Pologne des
apologistes décidés ; le lien commun qui les unit est la même haine

(1) « Rozwagi o królach polskich, bezkrólewiach, elekcyach, sukcessyi tronu, z powodu pism za sukcessyą pod imieniem reflekcyi, uwag, listów i innych wielu », w. 1790, in-8°, 384 p.

(2) « Projekt bezkrólewia wiecznego [przez pewnego. » 1790, in-8°,
121 p.

(3) Ce fut certainement Szczęsny Potocki qui l'écrivit (cf. Szujski, *Hist.
de la Pologne, op. cit.*, t. IV, p. 590) ; il est, en effet, le principal auteur de
la pensée de l'abolition du pouvoir royal ; comme cela ressort de sa correspondance — v. supra, p.p. 64-65.

du pouvoir royal. Le représentant de cette fraction politique fut Adalbert Turski ; d'abord confident de Michel Poniatowski, puis chambellan du roi et pensionné de l'État, Turski devint finalement partisan de la Révolution française et l'allié des réactionnaires polonais. Ses « *Pensées sur les rois, la succession et les gouvernements passés et futurs* » (1) ne sont qu'une collection d'insultes à l'adresse des rois, dont il conseille la suppression et le remplacement par des consuls. (2) Turski y demande aussi l'égalisation des fortunes : un fils de famille opulente ne pourra pas épouser une riche héritière, qui devra prendre un mari pauvre. C'est là pour lui le principe d'une liberté solide et durable. Sa « *Réponse au prêtre Hugo Kołłątaj, référendaire du grand-duché de Lithuanie, Remarques sur l'écrit intitulé etc... * » (3) contient les mêmes idées. Il s'y décerne emphatiquement le titre de « *défenseur de la nation.* » Mais, chose curieuse, il ne devait pas tarder à faire amende honorable dans sa « *Conversion politique.* » (4)

Adalbert Turski n'avait, en somme, aucune capacité ; son influence fut très faible, mais il donnait aux idées réactionnaires l'apparence du progrès et, pour cette raison, fut le bienvenu dans le camp vieux-noble. (5).

II

Le parti de la réforme, de son côté, ne devait pas tarder à faire une propagande active et heureuse en faveur de l'hérédité du trône ; il publia de nombreuses brochures, qui, sans contredit, sont les plus honnêtes et les plus exactes.

(1) Wojciecha Turskiego myśli o królach, o sukcessyi, o przeszłym i przyszłym rządzie » W. 1790, in-8°, 44 p.

(2) Cf. à ce sujet la satire en vers intitulée le *Sarcasme* (Sarkasmus), dont l'auteur est Trębicki. v. supra, p. 45.

(3) « Wojciecha Turskiego odpowiedź na ks. H. Kołłątaja referendarza w. ks. Lit. Uwagi nad pismem i. t. d. » W. 1790, in-8°, 42 feuilles.

(4) « Turskiego nawrócenie się polityczne » W. 1792.

(5) Sous le nom d'Albert Sarmate il joua à Paris un certain rôle. cf : Dr R. Pilat, *op. cit.*; B. Limanowski : *op. cit.* ; et Aleksander Kraushar, « Albert Sarmate (Adalbert Turski) (Kwartalnik historyczny), 1899.

Ici, comme toujours, Kołłątaj joua le rôle principal et publia ses « *Remarques sur l'écrit édité à Varsovie, à l'imprimerie Dufour, sous le titre : Simple avis de S. Rzewuski, hetman de la Couronne, sur la succession du trône en Pologne.* » (1) Après avoir réfuté au moyen d'arguments heureux les nombreuses erreurs historiques commises par S. Rzewuski, et qui attestent sa profonde ignorance des annales polonaises, il fait l'historique de la lutte soutenue par la nation contre l'oligarchie. Sans doute, dit-il, l'élection est une chose belle et juste, en principe, mais complètement inapplicable dans les circonstances actuelles, et il met en garde la nation contre les magnats, dont le but infatigablement poursuivi fut toujours la seule satisfaction de leur ambition personnelle.

« Cette brochure, qui contient une foule de pensées profondes,
« et de magnifiques aperçus historiques, appuyés sur des preuves
« irréfutables, comptera parmi les plus remarquables écrits de
« cette époque. » (2)

Mais cet ouvrage n'avait qu'un but polémique ; Kołłątaj n'avait voulu que réfuter les arguments de S. Rzewuski et il devait encore publier, à l'adresse de toute la nation, son « *Dernier avis à la Pologne* » (3), où il trace de main de maître un tableau des intrigues qui minent la république et des malheurs qui la menacent. Kołłątaj avait fort bien compris, en effet, toute la portée de cette question et il ne cessa de chercher à gagner l'opinion publique à la réforme projetée ; le parti royal et le parti patriotique le soutinrent avec la même ardeur et le nombre des brochures publiées fut considérable ; en voici les plus importantes, d'après Dr Roman Pilat :

(1) « X. H. Kołłątaja, referendarza W. X. Litewskiego : Uwagi nad pismem, które wyszło w Warszawie z drukarni Dufourowskiej p. t. : S. Rz., h. p. k., O sukcessyi tronu w Polszcze rzecz krótka », W. 1790, in-8°, 125 p.

Cette brochure fut traduite en français sous le titre : « Observations sur un ouvrage intitulé : Essai sur le droit de succession au trône de Pologne » par Mr de Kołłątaj, référendaire du grand-duché de Lithuanie », W. 1791, in-8°, 176 p.

(2) Dr Roman Pilat, *op. cit.*

(3) « Ostatnia przestroga dla Polski ». W. 1790, in-8°, 54 pages.

« *Lettre d'Adam Krasiński, évéque de Kamieniec, au sujet du trône héréditaire, écrite à un ami le 9 janvier 1790.* » (1) Au nom populaire de Seweryn Rzewuski, Kołłątaj avait voulu opposer le nom vénéré de Adam Krasiński. — « *Des interrègnes en Pologne et de l'élection des rois, de Sigismond Auguste Jagellon à nos jours. Ouvrage utile à consulter dans les circonstances présentes.* » (2) — « *Courtes remarques sur l'écrit d'Adalbert Turski : Sur les rois, l'hérédité et les gouvernements passés et futurs.* » (3) — « Thadée Morski (4). *Remarques sur l'écrit de S. Rzewuski, het. de la Couronne : « Sur la succession du trône en Pologne.* » (5) — « Jean Krzywkowski (6) : *Du trône héréditaire et du pouvoir des états.* » (7) — « Léonard Krzywkowski : « *De la liberté polonaise.* » (8) — « J. Jezierski, castellan

(1) « Adama Krasinśkiego, biskupa kamienieckiego list w materyi sukcessyi tronu do przyjaciela pisany 9 stycz. 1790 ».

(2) « O bezkrólewiach w Polsce i o wybieraniu królów począwszy od śmierci Zugmunta Augusta Jagiełły aż do naszych czasów, dzieło w terazniejszych okolieznościach do wiadomości przydatne ». W.1790, in-8°, 99 p.

Cet ouvrage est du prêtre F. S. Jezierski, v. infra ch. VI.

(3) « Krótkie uwagi nad pismem. W. Turskiego : O królach, o sukcessyi, o przeszłym i przyszłym rządzie ». W. 1890, in-8°, 36 p.

Une mention (due à Przyłęcki) sur l'exemplaire de la Bibl. des Ossoliński, à Lwów, attribue à tort cet ouvrage à Kołłątaj; cet éminent écrivain s'y trouve en effet mentionné en ces termes : « ce véritable ami de la vérité, bien digne du XVIIIe siècle ». Partant de ces données et en se basant sur le style, on pourrait peut-être l'attribuer à F. S. Jezierski. (Note de Pilat).

(4) Thadée Morski, chambellan du roi, né en 1752, fut un des écrivains les plus capables de l'époque de la Diète de quatre ans. Il fut membre de la commission des finances, dont il publia les rapports. En 1790 il fut envoyé à Berlin par Ignacy Potocki, comme mandataire privé, pour traiter de la cession de Thorn et de Danzig à la Prusse. Cela n'ayant pas réussi, Ignacy Potocki obtint pour lui le poste d'ambassadeur en Espagne. Il publia encore : « *Remarques sur les paysans* ». (Uwagi o chłopach), in-8°, 52 pages. Il mourut en 1825.

(5) « Uwagi nod pismem S. Rz., h. p. k. « O sukcessyi tronu w Polszcze » 1790, in-8°, 48 p.

(6) Maitre de camp du district de Grodek.

(7) « O sukcessyi tronu i władzy stanów ». W., in-4°, 36 p.

(8) O wolności polskiej », in-8°, 24 feuil.

de Łuków : « *Opinions sur le règne viager et successoral.* » (1)
— « *Réflexions sur l'ouvrage paru sous le nom de Rzewuski,
het. de la Couronne.* » (2) — « *Remarques d'un gentilhomme
sur la lettre écrite de Dresde par quelque magnat.* » (3) — « *Un
cosmopolite à la nation polonaise.* » (4) — « *Lettres de Barth.
Werpechowski, citoyen de la woïéwodie de Podlachie, à Son
Exc. Rzewuski, het. de la Cour, à l'occasion de son écrit sur la
succession du trône.* » (5) — « *Lettre d'un nonce vétéran à son
voisin.* » (6) — « *Opinions d'un Polonais sur la liberté ou pensées soumises à la T. II. Diète en les circonstances actuelles
par un citoyen de la woïéwodie de Sandomierz.* » (7) — « *Discours de J. U. - Niemcewicz, prononcé le 16 sept. 1790, sur le
danger des élections, le besoin de l'hérédité et la nécessité de
consulter la nation sur ce qu'elle choisit et commande à la
Diète de décider.* » (8) — etc... etc...

Les écrivains réformateurs cherchent surtout à montrer à la
nation que l'élection royale est la principale source de la faiblesse
de l'État et l'unique cause de sa décadence. L'expérience prouve, en
effet, que cette institution, éminemment pernicieuse pour le pays,
ne profita jamais qu'aux puissances étrangères (qui s'en servirent
pour augmenter leur influence en perpétuant l'anarchie en Pologne) et à l'ambition d'une poignée de magnats, qui ne cher-

(1) « Zdanie o panowaniu dożywotnem i sukcessyonalnem ». W., 1790,
in-8°, 72 p.

(2) « Reflekcye nad pismem wydanem pod imieniem J. M. Pana Rzewuskiego, h. p. k. », W, 1790, in-8°, 32 pages.

(3) « Uwagi jednego szlachcica nad listem pisanym z Drezna przez
pewnego Pana. » (Lipsk, Leipzig) (probablement W.) 1790, in 8° 27 p.

(4) « Kosmopolita do narodu polskiego », in-8°, 76 p.

(5) « List J. P. Bartłomieja Werpechowskiego, obywatela woj. podlaskiego, do J. W. Rzewuskiego, h. p. k., z okazyi pisma jego względem
sukcessyi tronu. » 1790, in-8°, 24 p.

(6) « List posła weterana de sąsiada », in-8°, 20 p.

(7) « Zdanie Polaka o wolności (czyli) myśli w terazniejszych okolicznościach do najj. sejmujących stanów przez obywatela wojew. sandomier-
skiego podane », 1790, in-4°. 28 p.

(8) « Głos J. W. J. U. Niemcewicza, p. infl., d. 16 września o niebez-
pieczeństwie elekcyów, potrzebic następstwa i konieczności zapytania się
narodu, co obiera i co sejmowi stanowić każe. »

chèrent que leurs seuls intérêts particuliers, même aux dépens du bien général. Ils établissent ensuite que cette institution ne reposait que sur l'illusion qu'elle était un des joyaux de la liberté, alors qu'en réalité on ne pourrait citer une seule élection, qui eût été faite librement. Ce furent toujours les magnats qui jouèrent les rôles décisifs en semblable occurence; quant à la masse peu éclairée de la szlachta, elle fut toujours dupe ou complice.

« *Pour que la nation* », dit Thadée Morski, « *pût choisir « librement ses rois, il faudrait qu'elle fût éclairée, qu'elle « comprît l'importance et la portée de son choix, qu'elle fût « indépendante et que cette égalité, dont on parle tant existât « réellement... Or, il n'en fut jamais ainsi et les gentils- « hommes aux Diètes de convocation n'ont jamais constitué « une assemblée nationale, mais une réunion de gens sachant « mal de quoi il s'agissait.* »

« *Non* », dit l'auteur d' « *Opinion d'un polonais sur la « liberté* », « *ce ne sont pas là les conditions d'une véritable « liberté. Pour être vraiment libre, en effet, on doit être sûr « de sa vie et avoir l'entière disposition de ses biens ; on doit « avoir enfin la certitude de l'indépendance nationale.* »

En s'élevant contre la royauté élective, les réformateurs défendaient l'hérédité du trône et cherchaient à écarter la crainte du despotisme, mise en avant par le parti vieux-noble. « Monarchie « ne signifie pas nécessairement tyrannie et il y a une grande dif- « férence entre ces deux propositions : *le Roi a un royaume*, ou : « *l'État a un roi.* »

* * *

Cependant les réformateurs ne pouvaient et ne devaient pas se contenter de ces réfutations ; il leur restait encore à montrer à la nation que l'indépendance même du pays était en jeu. Aussi tous leurs écrits sont-ils remplis d'appels brûlants au patriotisme de la nation tout entière ; mais aucun ne surpasse en éloquence les « *Avertissements à la Pologne* ». Staszyc y supplie les Polonais de ne pas préférer la liberté individuelle à l'indépendance nationale :

« *la première peut se reconquérir, la deuxième, une fois per-*
« *due l'est pour toujours : la vie, avant le bien-être !* »

Les partisans de l'hérédité du trône étaient hostiles au projet
de l'abolition de l'autorité royale, comprenant combien son exécution serait funeste à la Pologne ; aussi cherchèrent-ils à prévenir le pays contre un dessein qui le conduirait fatalement à sa
perte. Pour ouvrir les yeux à la noblesse, pour lui montrer dans
quel but agissaient ceux qui proposaient un « interrègne perpétuel » (bezkrólewie wieczne), le parti royal et le parti patriotique
s'efforçaient de dévoiler les desseins secrets des oligarques et ne
se lassaient pas de dénoncer leur « faux républicanisme ». C'est
le prêtre H. Kołłątaj qui traça le tableau le plus saisissant des
périls et des dangers que ne manquerait pas de faire courir au
pays, déjà si éprouvé, l'abolition du pouvoir royal. Dans le « *Der-*
nier avis à la Pologne » il met en garde la masse nobiliaire contre
les « tentatives » des magnats ; « *n'oubliez pas cette parole d'un*
poète-citoyen : « Nie tobie oni twoją łowią wędą » ! (Ce n'est
pas pour toi qu'ils pêchent avec ton hameçon.

* * *

Ce projet de la suppression du pouvoir royal, contre lequel
s'élevaient si énergiquement les écrivains réformateurs, ne trouva
pas d'écho dans la grande masse nobiliaire, qui sentait d'instinct
que l'autorité du Roi, si faible fût-elle, constituait en somme un
frein à la toute-puissance des magnats ; beaucoup d'écrits le
prouvent surabondamment. Tous sont unanimes à dire « qu'il
vaux mieux un roi qu'une quinzaine de roitelets (*lepszy jeden*
król niż kilkanaście małych królików) » (1).

L'opinion de la petite noblesse d'alors se trouve notamment
exprimée, sous une forme curieuse, dans la « *Lettre d'un nonce*
vétéran à son voisin, que nous avons citée plus haut. On y trouve
une jolie peinture des mœurs politiques du temps. L'auteur s'y
élève avec naïveté contre « *ces seigneurs, si affables à la cam-*

(1) Cf. Oὐκ ἄγαθον πολυκοιρανιη, εἶς κοιράνος ἔσω εἷς βασιλεύς, Homère, Iliade, l. II.
v. 204.

« *pagne, mais invisibles à Varsovie, où une nuée de suisses*
« *défendent leur porte* ». Il combat le projet de la suppression
« du pouvoir royal : « *sans lui les autres nations cesseraient de*
« *nous respecter* », dit-il, « *et le résultat le plus clair de sa dis-*
« *parition serait la création d'une roitèlerie* (Królikarnia) (1)
« *pour l'oppression de la szlachta* ».

* * *

La lutte dura plus d'une année et elle ne contribua pas peu à
éclairer la nation et à y répandre de saines idées politiques. Les
écrivains réformateurs l'emportèrent enfin et firent pencher la
balance si instable, de l'opinion publique, en leur faveur. Vers
la fin de 1790, en effet, ils recueillirent les fruits de leur active
propagande et purent continuer la voie qu'ils s'étaient tracée, en-
couragés par le vote de confiance, que leur accorda la nation (2).

(1) Il y a ici un jeu de mots polonais peu flatteur pour les magnats :
Królikarnia signifie en effet roitèlerie et lapinerie ; et vient de *królik* roi-
telet et lapin.

(2) A la question du trône héréditaire — enfin tranchée — se rattache
évidemment celle du choix d'un candidat. Les écrits politiques, pourtant,
n'en parlent que peu ou prou ; la plupart se contentent en effet d'indiquer
évasivement les candidats possibles. Le candidat appuyé par l'opinion publique était l'électeur de Saxe : petit-fils d'Auguste III, il appartenait à la
religion catholique et parlait le polonais. L'opposition rencontrée par sa
candidature se manifesta uniquement en Allemagne : « Sur l'acceptation
du trône de Pologne. A. S. M. Frédéric-Auguste III, père des Saxons ; par
un patriote. » (Ueber die Annehmung der polnischen Krone — an S. Kur-
fürst. Durchlaucht Friedrich August den dritten, den Vater der Sachsen,
— von einem Patrioten) (Deutchland, 1791, in-8°, 45 p.). Cet écrit, assez
partial, mais contenant beaucoup de vues justes et de jugements équitables, provoqua une foule de réponses en Pologne, en 1792.

Quelques voix isolées s'élevèrent en faveur des maisons de Brandenburg et de Hannover. Pour la première, il faut citer Fr. Karpiński, qui
écrivit des lettres anonymes à toutes les personnalités de la Diète de quatre
ans, les priant d'offrir le trône de Pologne au roi de Prusse et, dans ses
Mémoires, il devait ensuite s'attribuer tout le mérite de l'alliance prussienne, suscitée, dit-il, par ses lettres. (Cf. Karpińskiego Pamiętniki),
Poznán, 1844, pp. 117-118). Pour le deuxième, se prononça Jacek Jezierski,

III

Il ne restait plus qu'à porter la question à la Diète et devant la nation, qui seule avait qualité pour prendre une décision en semblable matière et pouvait désormais la prendre en toute connaissance de cause. Mais cela devait présenter quelques difficultés, comme le faisait *espérer* le rapport de Lucchesini adressé à la cour de Berlin le 21 août : « La crainte de la guerre à chaque change-
« ment de règne et l'espérance de la rendre moins probable en
« introduisant le trône héréditaire ainsi que le désir de préserver
« la nouvelle Constitution des modifications, faites à chaque nou-
« velle élection royale, sont les diverses causes qui rendent aujour-
« d'hui le privilège, jadis si estimé, d'élire leur roi, moins cher aux
« Polonais. Toutefois, s'ils sont d'accord sur le principe, ils ne
« s'entendent pas en pratique. Les questions principales sont les
« suivantes : 1° Les membres de la Diète actuelle sont-ils fondés
« en droit à décréter un si important changement à la Constitution

castellan de Łuków, qui publia à ce sujet : « *Copie d'une lettre écrite à un anglais.* » (Kopia listu do Angielczyka pisanego).

Quelques-uns conçurent le projet de perpétuer sur le trône la famille Poniatowski, entre autres Piatoli. La preuve de ce projet se trouve dans le Journal de Bułhakow ; cf. Kalinka : Les dernières années du règne de St. Aug., *op. cit.*, II⁰ part. p. 278 ; et La lettre du roi à Bukaty, *op. cit.*, p. 168.

La brochure intitulée : « *Lettre d'un ami découvrant sa pensée relativement à l'hérédité du trône et au candidat polonais* » (List do przyjaciela odkrywającego myśl względem sukcessyi tronu i kandydata polaka), (W. 1790, in-8°, 16 p.) nous dévoile les efforts d'une poignée de courtisans dévoués au roi ; comme candidat, elle indique le prince Joseph. Stanisław August eut certainement la pensée de rendre le trône héréditaire dans sa famille, mais au prince Joseph il eût préféré le prince Stanisław, comme le prouve la Convention de Kaniow (Cf. Kalinka, *op.* et *loc. cit.*, p. 168).

Mais ce projet passa inaperçu. Au reste, il avait trop peu de chance de succès pour provoquer une opposition ; on n'en parla donc pas, même pour le combattre.

Cf. Dr R. Pilat, *op. cit.*, IV.

« polonaise ? 2° Ne sont-ce pas plutôt les Diétines que l'on devrait
« consulter en cette matière ? Le premier moyen semble sauve-
« garder la liberté nationale ; le second, au contraire, fait redouter
« des troubles dans les provinces, où les partisans de l'ancien ordre
« de choses pourraient facilement, avec l'aide de l'or russe, semer
« le désordre. Ces vœux et ces craintes contradictoires peuvent ou-
« vrir le chemin à une troisième vue, notamment l'ajournement
« d'une question si épineuse ; *c'est cette opinion que je défends*
« *naturellement avec le plus de force conformément aux ordres*
« *de V. M.* — mais je dois avouer que je trouve peu d'écho. »

Cependant, conformément à la détermination prise chez Stanisław Małachowski de proposer aux États l'envoi dans les woïéwodies d'*universaux*, destinés à préparer cette consultation nationale, en faisant ressortir tous les dangers que présenterait pour la
Pologne le maintien du système électif, J. U. Niemcewicz déposait
à la Diète une motion conçue dans ce sens, à la séance du 30 août
1790. Il en résulta naturellement une très vive discussion, au cours
de laquelle Suchorzewski, Swiętosławski, Hulewicz, le prince Sa-
picha, Suchodolski et Wybranowski s'élevèrent tour à tour contre
ce projet, que soutinrent au contraire Ignacy et Stanisław Potocki,
Thadée Morski, deux des Zieliński et Skorzewski ; bref, la séance
se termina sans aucune sanction.

Les débats sur ce sujet reprirent le 16 septembre, et, après de
nombreuses séances extrêmement orageuses, ils aboutirent aux
résolutions prises les 20 et 30 septembre, c'est-à-dire à l'envoi, le
24 septembre et le 9 octobre, de deux universaux rédigés par les
deux maréchaux pour les woïéwodies, terres et districts, demandant aux Diétines, convoquées pour le 16 novembre 1790 « *si la*
« *nation, dans la vue de prévenir les interrègnes, était d'avis*
« *de nommer un successeur au trône du vivant de Stanisław*
« *August* » et proposant « *le sérénissime électeur de Saxe comme*
« *candidat à la couronne polonaise.* »

Pendant ce temps, convaincus de la nécessité de faire aboutir
enfin la nouvelle Constitution projetée et du danger qu'il y aurait
à rompre la confédération générale, les membres de la Diète avaient
voté la motion du nonce de Kalisz, Mikorski, aux termes de
laquelle ils continueraient à siéger, sous la présidence des deux

maréchaux et *sub nexu confederationis* après s'être adjoint, le 16 décembre, les nouveaux nonces que les Diétines, convoquées pour le 16 novembre, devaient élire à cette époque.

Les nouvelles élections devaient avoir une importance exceptionnelle, puisque le sort des réformes allait dépendre de leurs résultats ; aussi Stanisław August envoya-t-il dans toutes les woïéwodies des personnages influents chargés de diriger le choix des électeurs (1), et il écrivit une foule de lettres confidentielles (2). Ses efforts furent couronnés de succès et la plupart des nonces élus vinrent augmenter le nombre des partisans du Roi, ce qui ne tarda pas à amener l'union tant souhaitée du parti patriotique et du parti royal.

IV

Les bruits de guerre, qui ne cessèrent de circuler dans Varsovie, d'octobre 1790 à mars 1791, commençaient à faire comprendre qu'il était temps de travailler à la réorganisation intérieure de la république. Il s'agissait donc, avant tout, de grouper à la Diète une majorité prête à réaliser enfin la réforme du gouvernement, malgré l'opposition ; mais pour cela il fallait l'approbation et l'alliance du Roi. Entre le parti patriotique et le parti royal, ces deux soutiens du mouvement réformateur, il n'existait aucune opposition irréductible, comme nous l'avons déjà dit (3), et il était souvent arrivé que Stanisław August appuyât à la Diète les chefs du parti patriotique, mais cet appui avait été rarement donné à la suite d'une entente. Or celle-ci était absolument indispensable si l'on voulait réellement assurer le triomphe d'un système général.

C'est ce qu'avait fort bien compris le Roi qui fit tous ses efforts, par l'entremise de Polonais et même d'étrangers (Lucchesini et

(1) Cf. Kalinka, *la Diète de quatre ans, op, cit* ; t. II, p. 590.
(2) Br. Zaleski : Correspondance polonaise de St. August (1774-1792), Korespondencya krajowa St. Augusta, Poznań, 1872.
(3) V. supra, pp. 59, 60.

Engstrœm), pour amener les Potocki à une action commune. Il proposait de dresser de part et d'autre une liste des membres de la Diète, sur lesquels on pourrait compter, avec la promesse de ne soumettre aux États aucune question qui n'eût été, au préalable, discutée en commun, et c'est sur son initiative que Kwiatkowski, son chambellan, écrivit les deux opuscules, signalés plus haut (1) : « *Bref avis sur le moyen de rédiger une bonne Constitution* » (1790) et « *Essai de la plume d'un citoyen impartial.* (1791)

L'auteur y montrait combien de temps avait été perdu et combien de choses il restait à faire ; puis, partant de là, il insistait sur la nécessité d'accepter en bloc l'ensemble des réformes, que seul pourtant un comité législatif était en état de faire aboutir, car il était absolument nécessaire de restreindre le nombre des personnes qui s'occuperaient de la rédaction des projets constitutionnels: « *Il est grand temps que nous com-* « *prenions enfin que jamais une loi et, à plus forte raison, une* « *Constitution, ne peut être bien faite et répondre aux besoins* « *du pays, quand elle est l'œuvre de plusieurs centaines de* « *personnes ; il est grand temps que nous considérions les* « *conséquences désastreuses qui résulteraient de la perpétuation* « *d'un pareil état de choses et que nous cessions de nous* « *figurer que chaque gentilhomme, par cela même qu'il est* « *nonce, devient* ipso facto *un bon législateur. Il faut pour cela* « *de nombreuses qualités qui sont indispensables, mais que bien* « *peu de gens possèdent.* »

Les efforts du roi, qui avait eu à ce sujet de fréquents entretiens avec Stanisław Nałęcz Małachowski, n'aboutirent pas immédiatement (2) et ce manque d'entente doit être imputé à Ignacy Potocki, qui, comme sa famille, avait une antipathie instinctive contre Stanisław August et tous les Poniatowski.

Ignacy Potocki comptait, en effet, uniquement sur le «*système*

(1) V. supra, p. 90.
(2) Cf. Les lettres du Roi à Deboli des 1-15, 29 sept., 2, 16, 27 oct. et 6 nov. 1790.

prussien » (1) pour réaliser ses plans de réforme. « *Ah !* » disait-il un jour dans un cercle d'intimes, chez la princesse Sanguszko, « *ah ! si seulement il était possible de persuader le roi de Prusse* « *d'accepter le trône de Pologne ! Mais c'est bien difficile, car* « *il redoute une guerre avec la Russie et l'Autriche. Si cela* « *réussissait pourtant, ce serait pour nous la meilleure solu·* « *tion : la Pologne et la Prusse unies, comme le furent jadis* « *la Pologne et la Lithuanie, avec égalité de traitement pour* « *les catholiques et les dissidents, un commerce libre entre les* « *deux nations, etc. ... Il semble que l'on pourrait satisfaire* *l'Autriche et la Russie en leur permettant de s'arrondir aux* *dépens du turc.. »* Et comme on lui objectait que la szlachta ne consentirait jamais à cela : « *Peut-être,* » répondit-il, « *mais alors nous opposerons la bourgeoisie à la noblesse et nous libérerons les serfs* (2).

Et il reproduit les mêmes idées dans sa correspondance avec Aloi. « La Pologne, » lui écrit-il dans une lettre confidentielle du 11 août 1790, « ne peut subsister ni comme république, ni comme état fédéré, son extension, ses institutions, « ses mœurs, tout s'y oppose ; on ne doit accepter ni les anciennes « ni les nouvelles théories républicaines ; Lycurgue ni Franklin, « ne peuvent nous convenir. Nous seuls nous ne pourrons trouver « une forme de gouvernement qui nous convienne. Nous devons « donc gagner à notre cause une des dynasties voisines et, à la « vérité, la seule qui nous agréerait, c'est la maison de Brandenburg. Sous la condition que la Pologne et la Prusse ne seront « jamais réunies sous un même maître, nous ne pouvons rien « faire de mieux que de choisir pour notre Roi le plus jeune fils « du roi de Prusse, avec le droit héréditaire pour ses descendants « mâles ; on pourrait aussi le marier à la fille de l'Electeur de « Saxe. (3)

« La Cour de Berlin est favorable à ce plan et, en ce qui

(1) V. supra p. 147, note 4.

(2) Kostomaroff, *Les Dernières années de la République, op. cit.,* p. 262.

(3) C'est une opinion que seule I. Potocki a eue.

« nous concerne, je ne doute pas que, sitôt connu et compris, il
« excitera dans la nation un grand enthousiasme, qui réduira les
« imbéciles au silence ! »

Et il répète la même chose le lendemain. (1)

Tel était donc le plan de Ignacy Potocki, devant lequel « les
« sots et les charlatans devaient s'incliner » (2), mais, en attendant, il ne se pressait nullement de le faire connaitre et le cachait
même à St. Nałęcz Małachowski, ce pendant que Lucchesini affirmait que le prince Louis de Prusse, deuxième fils du roi, son
maitre, embrasserait le catholicisme s'il était élu roi de
Pologne. (3)

V

Mais, pour la réalisation de ses desseins, Ignacy Potocki avait
besoin de la collaboration de Stanisław August ; aussi inclina-t-il
à un rapprochement. Tous s'y employèrent ; Deboli, à qui le roi
faisait une fidèle peinture des débats de la Diète, ne manquait pas
de conjurer Stanisław Małachowski et Ignacy Potocki de cesser
toutes ces querelles qui nuisaient tant à la Patrie (4) ; mais ce fut
surtout Piatoli l'auteur de l'entente qui s'établit entre le roi et les
chefs du parti patriotique. Pendant son séjour à Berlin, il avait
appris la signature de la paix entre la Suède et la Russie (5) et en
augura aussitôt une prompte solution de la guerre turque. « *Il ne*
« *nous est pas permis* », écrit-il, « *de douter plus longtemps*
« *qu'il n'y ait pas une minute à perdre. Vous devez donc en*
« *finir enfin avec les vexations particulières et les chicanes de*
« *partis pour vous rapprocher du Roi, car l'on n'aboutira*

(1) Lettre d'Ign. Potocki, à Aloi, à Berlin (12 août 1790).
(2) Ibid.
(3) Lettres du Roi à Deboli, des 25 août et 1ᵉʳ sept. 1790.
(4) Lettres de Deboli à St. Małachowski des 24 sept. et 5 oct. 1790.
(5) Paix de Verela, 14 août 1790.

« *jamais à rien, tant que tous ne collaboreront pas à l'œuvre de*
« *régénération.* » (1)

Les événements vinrent en aide, comme nous l'avons indiqué,
à ce conseil avisé. Les élections complémentaires à la Diète, qui
doublaient le nombre des membres des Etats (2), avaient changé
la face des choses. Les partisans de Stanisław August étaient
devenus si nombreux que le Roi était une puissance avec laquelle
il fallait désormais compter. I. Potocki le comprit et au commencement de décembre il écrivait à Aloi :

« *Pour le moment mon cerveau ne songe qu'aux moyens*
« *de former à la session prochaine une coalition qui nous assure*
« *la majorité. Mon plan est achevé, je vais le soumettre au*
« *Roi et je ne doute pas de notre accord. Il est temps en effet*
« *que cette anarchie sarmate se change enfin en une heureuse*
« *régénération.* » (1er déc. 1790).

Quelques jours plus tard, ayant formé le projet de rendre le
trône héréditaire avec l'aide de la Prusse et de la Saxe, il ajoutait
dans sa Lettre à Aloi du 12 décembre : « *Si la cour de Prusse*
n'approuve pas cette idée, la Pologne se tournera du côté de
l'Autriche (3) *et même de la Russie. Les hommes probes ne*
cesseront jamais de travailler au salut de leur patrie et il ne
leur sera pas difficile de choisir entre les incommodités de
la monarchie et les désavantages de l'anarchie. »

L'alliance fut bientôt faite et dès janvier 1791 des conférences
secrètes régulières, auxquelles assistaient Małachowski, I. Potocki,
le prince Czartoryski, Kołłątaj, et plus tard Linowski, Lanckoroński, eurent lieu au château du Roi, dans l'appartement de
Piatoli, lecteur de S. M.; Stanisław August put donc y venir sans
éveiller aucun soupçon.

(1) Lettre de Piatoli du 28 août 1790.
(2) Il y eut donc environ 500 membres.
(3) C'est ce qui arriva (v. Infr. p. 38.

VI

Les résultats en furent féconds. Tout d'abord on suivit les conseils de Kołłątaj déclarant les réformes impossibles tant qu'on ne songerait pas à mettre un peu d'ordre dans la direction des débats parlementaires, et l'on fit voter à la Diète un règlement provisoire en attendant la réorganisation du pouvoir législatif, que devait réaliser la nouvelle Constitution; l'on se préoccupa ensuite de rédiger une loi sur les Diétines, pour soustraire ces dernières à l'influence des magnats. La majorité voulait que seuls les *bene nati et possessionati* pussent exercer une influence politique et prendre part aux Diétines. « *La naissance fait le noble; la propriété, le citoyen.* » Telle était depuis longtemps la règle reconnue en Pologne par tout le monde, mais que les magnats, durant la période saxonne, avaient à dessein ignorée. C'est ainsi qu'ils purent exercer une si grande influence et que, grâce à leurs innombrables clients, ils élaborèrent avec l'aide de Repnin, l'ambassadeur russe, la Constitution de 1768. Rien n'ayant abrogé le paragraphe rédigé en 1768, les Diétines de 1790 (1) continuèrent à être régies par lui et les *non possessionati* purent y prendre part. Mais, bien qu'aucune scène de désordre n'ait eu lieu, il était temps d'en finir avec cet état de choses anarchique.

On commença par fixer le nombre des nonces que devait élire chacune des trois provinces qui composaient la république de Pologne. Il n'y avait, en effet, là-dessus aucune règle uniforme. La Grande Pologne comptait 22 Diétines, qui envoyaient en tout 66 députés à la Diète; la Petite Pologne, par contre, comptait seulement 11 Diétines et 57 députés, tandis qu'en Lithuanie et Livonie, 22 Diétines n'élisaient que 54 nonces. La loi votée le

(1) Cf. Bronisław Zalewski, *Correspondance polonaise de St. August (1774-1792)*, op. cit.

24 mars 1791 décida enfin que chaque province élirait le même nombre de députés, soit 68 ; en tout 204.

On aborda alors la discussion sur *l'électorat* ; ce fut l'occasion de séances orageuses, mais finalement on décida d'en accorder seulement l'exercice : 1° aux nobles propriétaires et à leurs fils ; 2° à ceux qui vivaient en communauté sur des biens familiaux, laissés dans l'indivision ; 3° aux nobles ayant des propriétés affermées par eux (dont ils n'étaient pas propriétaires par conséquent), et payant 100 florins d'impôts ; 4° aux officiers *possessionati.*

Cela provoqua bien l'indignation du clan vieux-noble, comme on s'y attendait ; mais la loi du 24 mars 1791 mit fin pour toujours au règne des magnats et ce fut en vain que Seweryn Rzewuski, dans ses « *Remarques sur la loi enlevant l'activitatem aux non-possessionati* » (1) déclara que cette mesure constituait « *l'attentat le plus indigne contre l'égalité nobiliaire.* »

(1) Nad pismem, któreby szlachcie bez posessyi activitatem na sejmikach odbierało, uwagi.

CHAPITRE VI

La bourgeoisie polonaise et la loi du 18 avril 1791.

« En Pologne », répète-t-on sans cesse, « la bourgeoisie n'existait pas : entre les paysans asservis et la szlachta, jouissant d'une liberté allant jusqu'à la licence, il n'y avait pas de classe moyenne, et c'est là une des principales causes de la ruine de ce pays. »

Bien que très courante, cette opinion n'est pas fondée et, présentée d'une façon aussi absolue, cette thèse est en contradiction manifeste avec la réalité historique. Des recherches faites dans les archives des villes de Pologne (1), il ressort, en effet, que la bourgeoisie n'y faisait pas défaut ; elle a d'ailleurs maintes fois joué un rôle important dans la vie nationale de ce pays (2) et M. A. Sokołowski a en outre prouvé (3) d'une façon surabondante que la bourgeoisie polonaise, malgré la ruine politique de la nation, avait même assez de cohésion pour, sous l'influence de quelque événement et sous une habile direction, réussir enfin à faire reconnaître par les lois, non plus seulement son existence, mais encore son

(1) On peut en trouver notamment de nombreux exemples dans les communications faites à l'Académie de Cracovie. Celle-ci publie un Bulletin international en français et en allemand, qu'on pourra utilement consulter à Paris, à la Bibliothèque Polonaise, 6, quai d'Orléans.

(2) L'histoire ne nous a-t-elle pas transmis le récit des fêtes données à Cracovie par le bourgeois Wierzynek, lors du mariage de la petite-fille de Casimir le Grand (1333-1370), avec l'empereur Charles VI de Luxembourg? La richesse de la Pologne, alors considérable, était entretenue par le commerce et l'industrie. Cela ne laisse-t-il pas supposer l'existence d'une classe moyenne influente?

(3) Dr A. Sokołowski: «*La question des villes à la Diète de quatre ans*» (Sprawa miast na sejmie czteroletnim). « Nowa Reforma », 5, 7 et 8 mai 1889.

rôle dans la société et son droit à participer à la direction des affaires du pays : son étude mérite de retenir notre attention, car elle jette quelque jour sur une question jusqu'à présent peu élucidée et ajoute un nouvel attrait à l'histoire de la Diète de quatre ans.

Au xviiie siècle (1), les villes royales furent atteintes par un ennemi intérieur : le staroste (2), sous la tutelle duquel elles étaient placées. « La confusion qui régnait dans les tribunaux, la puis-« sance judiciaire que s'arrogeait le staroste, la condescendance « et la corruption des tribunaux assessoriaux, tout contribua à « faire empirer une situation (3) », déjà si lamentable, comme nous l'avons vu, et, selon une brochure de l'époque, « le bourgeois n'eut d'autre consolation que celle qu'il trouva dans l'alcool (4) » ; bref, dans leur décadence morale et matérielle, les villes polonaises oubliaient leur splendeur passée : « Nous sommes comme le mau-« vais soldat », écrit un bourgeois, « qui possède de bonnes armes, « mais les laisse se rouiller dans un coin ; il en est ainsi de nos « anciens droits et privilèges : vienne l'occasion et nous ne saurons « plus en faire usage » (5).

Avec les progrès de la civilisation, cependant, et l'intelligence plus nette des intérêts du pays, on commença à mieux gérer les

(1) Nous ne revenons plus, naturellement, sur les diverses phases de la lutte politique et économique entre la bourgeoisie et la szlachta, v. supra, pp. 2-3, 6-9.

(2) V. supra, p. 9. Cf. Surowicki : « *Sur la chute des villes en Pologne* » (O upadku miast w Polsce), Varsovie, 1810, p. 229; où l'auteur raconte à ce sujet un mot d'une ironie âpre et mordante du castellan de Łuków. On parlait à la cour de Stanisław August de la destruction de la Bastille. « *Oh!* », dit Jacek Jezierski, « *les assaillants étaient si nombreux* « *que leur victoire n'a rien d'étonnant; si V. M. avait envoyé à Paris* « *quelques-uns de ses starostes, ils auraient également détruit la Bastille;* « *ils eussent même ruiné par dessus le marché la France entière et le* « *plus aisément du monde !* »

(3) Kalinka, la Diète de quatre ans, op. cit. t. II, l. V, ch. 5, p. 631.

(4) Kalinka, op. et. loc. cit.

(5) Kubala : « Le bourgeois polonais au xviiie siècle (Esquisses historiques). » (Mieszczanin polski p. xviii^m wieku (Szkiczy historyczne), Lwów, 1881; II, p. 318.

propriétés, à élever des fabriques ; on fit venir des artisans de l'étranger et il est hors de doute qu'on fit de grands efforts (dès la seconde moitié du xviiie siècle) pour relever l'industrie — mais sans obtenir de grands résultats. William Coxe en donne la raison en décrivant les manufactures royales (1) créées par le comte Tyzenhaus. « Le travail libre est seul capable d'engendrer l'activité « et l'émulation, sans lesquelles il n'est point de progrès » (2).

On se mit également à veiller à la bonne administration municipale, mais d'aussi louables intentions devaient demeurer impuissantes tant que la masse de la population des villes, privée de tout droit, formerait une classe à part et honnie. Sans doute quelques grandes cités avaient exercé une certaine action sur les affaires publiques et envoyé des représentants aux Etats, mais la jalousie de la szlachta, le dédain témoigné dans les Diètes aux députés de la bourgeoisie, avaient eu pour conséquence la perte complète de cette influence et la cessation absolue de cette faible participation des villes au gouvernement de la république (3). La Constitution de 1768 déclare en effet que l'Etat se compose de trois ordres : le Roi, le Sénat et l'Ordre équestre. Où figurent les villes dans cette hiérarchie ? Bien plus, après la Diète de 1776, onze cités conservaient seules la gestion de leurs intérêts. La Diète de 1786 enfin avait enlevé aux bourgeois le droit à tout avancement dans l'armée et rejeté la motion du roi Stanislaw August, tendant à permettre aux habitants des villes royales de la Couronne l'achat de propriétés foncières, alors que ce droit, il n'y avait pas longtemps, avait été reconnu à la bourgeoisie lithuanienne (4).

(1) Industrie textile.

(2) William Coxe: « *Voyages en Pologne*, etc... » (Travels into Poland, etc.), London, 1784.

(3) O. Balzer. op. cit. et Dr Sokołowski, op. cit.

(4) Dr Julius Marchlewski, op. cit., « Die Städte » (les villes).

I

Une telle situation ne pouvait se prolonger plus longtemps sans compromettre gravement l'existence même de la nation polonaise, et le besoin d'une réforme sociale devenait de plus en plus urgent. On doit dire à l'honneur de la Pologne, qu'il s'y faisait sentir dans les cercles de la szlachta de ce pays plus vivement encore que dans ceux de l'aristocratie de France. Les citoyens les plus considérés en effet, des membres de la Diète, le maréchal Małachowski, le prince Czartoryski, Julien-Ursin Niemcewicz, Kołłątaj, Staszyc, Wybicki, le roi Stanisław August lui-même (comme nous venons de le voir) se déclaraient favorables aux revendications des villes et soutenaient leur cause. La partie éclairée de la nation avait d'ailleurs compris, depuis longtemps déjà, la nécessité d'élargir la base nationale. Cependant l'initiative de l'action vint de la bourgeoisie elle-même. Elle eut en effet le bonheur de posséder alors dans son sein un homme indépendant par sa fortune, instruit, doué du courage civique, qui sut prendre en mains cette cause et la faire triompher par des moyens purement légaux : cet homme fut Jan Dekert (1) président de la ville de Varsovie, à cette époque.

Quelques ouvrages parus alors, et qui produisirent une très vive impression sur la masse éclairée de la bourgeoisie, exercèrent certainement une grande influence sur lui et le poussèrent à agir. Ce furent : 1° « *Les lettres d'un anonyme à Stanisław Małachowski* » de Kołłątaj, qui y proposait la formation à la Diète d'une chambre municipale; 2° *Pensées politiques pour la Pologne* » qui, inspirées, semble-t-il, par le roi Stanisław

(1) Dʳ H. Sawczyński : « *Jan Dekert, président de la ville de Varsovie* » (Jan Dekert, prezydent miasta Warszawy), Lwów, 1891.

August à leur auteur (probablement **Joseph Wybicki**) défendaient la même thèse, quoique avec moins de hardiesse, et
« 3° *Remarques générales sur les états des paysans et des bourgeois à propos de la réforme du gouvernement.* » (1) Le style,
la force de l'éloquence de cette dernière brochure, une certaine
largeur de vues, tout dénote un écrivain distingué, probablement
encore J. Wybicki (2), qui était délégué du district de Poznań et
avait su gagner la sympathie de toute la bourgeoisie, dont il
défendit avec tant de zèle les intérêts.

Après avoir partagé, sans réserve, l'enthousiasme avec lequel fut
décrétée l'armée de cent mille hommes à la séance de la Diète, du
17 octobre 1788 l'auteur des « *Remarques générales* » montre
qu'une telle résolution resterait lettre morte *sans la réforme des
villes.* L'augmentation des impôts dans la proportion exigée par
les besoins immédiats de l'armée, étant donné l'appauvrissement
général, entraînerait fatalement la ruine du pays; elle ne sera possible que lorsque la réforme sociale, enfin accomplie, ouvrant aux
couches inférieures un plus vaste champ de développement, verra
accroître les revenus et le bien-être matériel de la nation. « *Aujour-*
« *d'hui il nous faut des hommes, car la richesse nationale ne*
« *découle que du travail des individus ; or, les quelques cent*
« *mille hommes qui se regardent comme les descendants des*
« *premiers conquérants du pays ne sont pas la nation, dont*
« *ils ne constituent tout au plus que la quatorzième partie, sur*
« *sept millions (soit une proportion de quatorze bourgeois et*
« *paysans contre un gentilhomme, si ce n'est plus) et l'intérêt*
« *général exige, pour chaque individu en particulier, la garantie*
« *de la liberté personnelle et de la propriété mobilière et immo-*

(1) « Uwagi ogólne nad stanem rolniczym i miejskim z powodu przy-
szłej rządu narodowego formy » Warszawa, 1789, in-8°, 46 pages.

(2) Cf. « *Additions aux mémoires de Wybicki* » (Dodatek do pamiętników Wybickiego) Poznań, 1842, 30 p.

On peut affirmer que J. Wybicki écrivit des brochures politiques sur la
question des villes et l'hypothèse qu'il est l'auteur des *Remarques générales* n'a rien d'invraisemblable. D'ailleurs, il a lui-même publié les discours qu'il prononça sur ce sujet à différentes époques. Cf. Dr Roman Pilat, *op. cit.*, V.

« *bilière. Par conséquent, le travail des citoyens étant, je le*
« *répète, l'unique source de la richesse nationale, il importe,*
« *et il est juste que chaque habitant ait l'estime et la protection*
« *du pouvoir législatif en proportion du profit qu'il procure à*
« *sa patrie par son propre labeur* ».

Après avoir montré ensuite combien la distinction entre nobles
et non-nobles ne servait que les ennemis de la république, qui
travaillaient de toutes les manières à la maintenir, Wybicki adjure
la Diète de se dégager enfin des antiques préjugés et de prendre
pour unique base du bonheur de tous la participation des bourgeois aux droits politiques : « *Le véritable législateur* », dit-il,
« *doit être exempt de tous ces préjugés que l'attachement à sa*
« *caste lui rend chers; s'il n'en est pas ainsi, il ne légiférera*
« *jamais pour l'ensemble des citoyens, mais seulement pour*
« *une infime partie, qu'il rendra peut-être heureuse de la*
« *misère générale, mais uniquement pour un temps et en*
« *causant pour toujours la ruine de la nation entière* » et il
fait un tableau saisissant de toutes les spoliations que les villes ont
à subir de la part de l'armée et des starostes. Pour remédier à cet
état de choses, il serait bon de consulter les bourgeois eux-mêmes ;
pour toutes ces raisons, il faut leur donner des représentants à la
Diète ; mais ce n'est pas tout : on doit encore, logiquement, leur
accorder l'avancement dans l'armée, les déclarer aptes à remplir
les fonctions administratives et judiciaires et leur permettre, enfin,
d'acquérir des biens territoriaux.

L'heure de l'action avait sonné : Jan Dekert le comprit et
convoqua, à Varsovie, les représentants des villes de la Couronne
et de la Lithuanie ; 141 cités, répondant à cet appel, envoyèrent
269 délégués. Seuls les habitants de Cracovie, qui avaient
demandé conseil au roi et au maréchal de la Diète et en avaient
reçu une réponse peu encourageante, s'abstinrent, entraînant à
leur suite quelques vieilles villes déchues comme Kruszwica,
Olkusz, etc... Cette politique séparatiste des Cracoviens s'explique
par la misérable situation de l'antique capitale de la Pologne : par
suite des invasions, des contributions de guerre et de la peste,
Cracovie était tombée au point de ne plus compter que 9.000 habitants à peine, de ne plus pouvoir payer les impôts et de subsister

grâce seulement aux subventions du Trésor public. Malgré cet abandon, la manifestation projetée par Jan Dekert obtint un plein succès. Les délégués étaient accourus nombreux au rendez-vous et, dans toutes les églises de la capitale, à l'instigation du président, des messes solennelles furent célébrées pour la réussite de la *cause des villes*. Le 24 novembre 1789, enfin, les délégués signaient à l'Hôtel de Ville l'*acte d'union*, conçu en termes respectueux, mais fermes, et rédigés par le prêtre Hugo Kołłątaj (1) :

« *Le siècle de la vérité et de la justice est arrivé ; il nous*
« *presse de nous exprimer dignement et nous inspire, Sire*
« *et illustres États, des témoignages de dévouement à la*
« *Patrie ; il nous donne le courage d'invoquer les lois qui*
« *garantissaient l'État et la liberté des citoyens des villes, qui*
« *nous donnaient le droit de posséder des propriétés fon-*
« *cières — lois consacrées par des siècles de jouissance, lois*
« *sages, précieuses non seulement pour nous-mêmes, mais pour*
« *l'État entier... oubliées cependant depuis deux siècles.*

« *La ruine des villes, l'appauvrissement des provinces, la*
« *destruction du commerce, des décombres et des ruines là où*
« *existaient autrefois des cités riches et florissantes : voilà le*
« *triste effet de l'abaissement de l'état des bourgeois et de*
« *l'inexécution des lois, qui, sous vos ancêtres, concouraient à*
« *la richesse et à la puissance de l'État...*

« *Nous vous demandons l'unique grâce de pouvoir nous*
« *rendre utiles à la Patrie en nous donnant la faculté de la*
« *servir... et nous voudrions que dans la république chaque*
« *individu fût assuré, comme homme, de ses biens et de sa*
« *personne ; que, comme citoyen, et d'après la Constitution*
« *polonaise, chaque bourgeois fût membre de la Patrie, que la*
« *république fût composée de toutes les classes de citoyens,*
« *sous un même chef : le Roi.* »

La députation devait se rendre auprès de Stanisław August pour

(1) « Les villes de la Couronne et de la Lithuanie au T. éclairé monarque et aux T. éclairés États confédérés de la république ».(Od miast koronnych i litewskich do najj. Pana i najj. Rpltej skonfederowanych Stanów).

lui remettre son mémoire. Ce fut pour Varsovie une journée grandiose : vêtus de noir, l'épée au côté, conduits par Jan Dekert, les députés s'avançaient au milieu d'un concours immense de peuple. La curiosité et l'attente, d'une part; le mauvais vouloir et la peur (1), d'autre part, accompagnaient cette manifestation extraordinaire et imposante. Dans les cercles vieux-nobles, que n'avait pas encore pénétrés le rayon du progrès, on voyait dans ce rappel des villes en faveur de leurs droits une révolte ouverte contre l'autorité et l'augure d'une prochaine révolution sociale ; on y accusait tout bas le Roi d'avoir provoqué le mouvement pour s'emparer du pouvoir absolu et pour réfréner les libertés de la szlachta. D'autres rejetaient la faute sur Kołłątaj et ses partisans. Quelques-uns (tant étaient fortes les craintes et présent le spectre de la Révolution française) s'attendaient à toutes les atrocités et l'hetman de la couronne, François-Xavier Branicki, passa avec Kurdwanowski, chez lui, toute la journée du 25 novembre 1789, en armes, par peur de cette prétendue révolution qui devait éclater le jour du couronnement du Roi (2).

Cependant Stanisław August, favorable aux demandes de la bourgeoisie, était loin de considérer cette démarche comme un attentat. Il reçut les délégués avec affabilité, leur donnant l'assurance de sa sollicitude, mais aussi les mettant en garde contre

(1) Le Roi raconte dans une lettre que Branicki et Kurdwanowski avaient passé chez eux toute la journée du 25 nov. 1789, en armes et prêts à tout événement. Le prince Sapieha s'était fait conduire au château, pour voir les illuminations, et y ayant rencontré Jan Dekert le salua respectueusement. Comme on lui en demandait la raison, il répondit ; « qu'il ne voulait pas être pendu ! » Cette « panique » selon le Roi, avait été causée par cet incident : quelques jours auparavant, Sapieha avait fait demander une loge au théâtre pour y conduire ses maîtresses ; l'impresario Guardasoni fit répondre que toutes étaient louées. Sapieha sachant que Mme Dekert, en tant que présidente de Varsovie, en avait une à sa disposition, la fit séparer en deux de sa propre autorité. Mme Dekert perdit patience et s'écria : « Le prince Sapieha devrait penser un peu aux événements dont Paris est le théâtre »: Ces paroles agirent fortement sur Sapieha, comme nous l'avons vu. Cf. Kalinka. *La Diète de quatre ans, op. cit.*, t. I. III, 3, p. 586 (note).

(2) *Bull. Polonais*, n° 45 : « *La Bourgeoisie et la Diète de quatre ans* d'après Dr A. Sokołowski » Paris, 1891.

les motions violentes. Le maréchal de la Diète, Stanisław Nałęcz Małachowski, ne fit pas moins bon accueil à la *noire procession des villes*, comme on la désignait, mais son frère, le chancelier Jacek Małachowski la reçut avec rudesse (1), et les autres ministres écoutèrent la pétition avec plus de mauvaise humeur encore, si possible, qualifiant la réunion d'insolence (2).

Et pourtant les demandes formulées, au nombre de dix, étaient des plus modestes et très raisonnables. Les bourgeois réclamaient entre autres : 1° la sécurité personnelle des individus soumis aux lois municipales en vertu du principe « *neminem captivabimus*» ; 2° la faculté d'acquérir des propriétés foncières ; 3° l'accession aux dignités ecclésiastiques et aux grades dans l'armée ; 4" la participation aux traités de commerce ; 5° le droit de représentation à la Diète, etc., mais nullement comme l'affirme à tort Szujski (3) la création d'une Diète spéciale.

Certes, ce fut une surprise pour l'opinion publique, mais une surprise à laquelle s'attendaient toutefois les esprits éclairés depuis que des publicistes, comme Joseph Wybicki et Stanisław Staszyc, avaient commencé à battre fortement en brèche les vieux préjugés, le premier avec ses « *Pensées sur la liberté civile* » (1775-1776) et ses *Lettres patriotiques à l'ancien chancelier Zamoyski* » (1777-1778), le second avec ses « *Remarques sur la vie de J. Zamoyski* » (1785).

L'influence des bourgeois s'affirmait de plus en plus et le *mouvement des villes* allait sans cesse en grandissant. A Varsovie des

____

(1) Le chancelier n'était pas chez lui, mais au tribunal assessorial ; il demanda avec froideur aux délégués des villes s'ils venaient à lui pour une question judiciaire, puis ceux-ci lui ayant répondu qu'ils désiraient parler au Chancelier : « Je suis chancelier auprès du Roi, répondit-il, ici je suis juge, et chez moi je suis simplement Małachowski », et il refusa d'accepter leur pétition. Cf. Kalinka, *La Diète de quatre ans, op. cit.*, t. I, liv. III, ch. 3, p. 590 et p. 590, note 1.

(2) On trouvera là-dessus de très curieux détails dans les *Lettres de S. E. R***, de Varsovie. à S. E. S***, à la campagne avec réponse* (Listy J. Mci P. R ** tu w Warszawie znajdującego się do J. Mci P. S*** na wsi miejszkającego i odpis', in-8°, 42 p.

(3) Szujski, *Histoire de Pologne* (Dzieje Polski), Kraków, 1862-1866, 4 vol., t. IV, p. 613.

clubs se fondaient à l'instar de Paris ; on y revendiquait l'égalité politique ; le prêtre François Jezierski en fut un des principaux orateurs. La partie éclairée de la bourgeoisie prenait une part de plus en plus active à la discussion des questions politiques, beaucoup de bourgeois suivaient attentivement les séances de la Diète et exerçaient ainsi une certaine action sur ses membres.

II.

Cependant, la *question des villes* n'était pas encore résolue et elle devait rester plus d'un an à l'ordre du jour de l'opinion publique et de la littérature politique ; mais un grand pas était fait, qui permit aux partisans de la réforme de poursuivre leur propagande avec un redoublement d'ardeur (1).

Il s'agissait avant tout de poser habilement la question ; les défenseurs des villes s'appuyèrent principalement sur l'histoire ; on fouilla les archives, on réimprima d'anciens actes et diplômes.

Dans ces travaux se distingua surtout **Adam Mędrzewski**, avocat au tribunal assessorial de la Couronne. Il publia une série d'ouvrages très consciencieux, où il prouve que de la prospérité des villes dépendait celle du pays entier. 1° *Droit des villes polonaises à participer aux pouvoirs législatif, exécutif et judiciaire.* (2), où il démontre que jusqu'à la mort de Sigismond Auguste il n'y avait pas une distinction bien nette entre le *szlachcic* et le *mieszczanin*, que les villes prenaient part à la confection des lois, au vote des impôts, à l'élection des rois et que leurs habitants pouvaient être propriétaires fonciers. 2° « *Collection des lois et documents, avec des remarques, pour la commission des Illustres états de la république et servant à éclaircir les droits et*

---

(1) Dʳ R. Pilat, *op. cit.*, V.

(2) « Prawa miast polskich do władzy prawodawczej, wykonującej i sądowniczej i. t. d. », Warszawa, in-4°, 64 p.

privilèges des bourgeois » (1). — 3° « *Aux membres de la commission pour la ville de Varsovie, choisis par S. M. le Roi et les Illustres états de la république* (5 nov. 1789)(2).

Le principal collaborateur d'Adam Mędrzewski fut François Bars, banquier de Varsovie, et plénipotentiaire élu des villes (3).

A côté d'eux, on doit signaler André Kapostas, qui s'agita beaucoup pour la fondation à Varsovie d'une banque nationale ; Trębicki (4), l'ami de Kołłątaj, président du *club constitutionnel* et auteur du « *Droit politique et civil de la couronne de Pologne et du grand-duché de Lithuanie ou Nouvelle Collection des lois des deux nations de 1347 au temps présent.* » (5), dans l'introduction duquel il réclame l'extension des droits politiques à la bourgeoisie et l'amélioration du sort des paysans ; Grabowski, Tepper, Kabryt, etc.

Cependant les écrivains réformateurs ne se bornaient pas à recueillir des preuves historiques et ils s'efforçaient de montrer la corrélation intime qui existait entre la réforme du gouvernement

(1) Zbiór praw, dowodów i uwag... N. Deputacyi od Stanów Rzpltej do rozstrząśnienia praw i przywilejów miejskich wyznaczonej podany », VII parties de 24, 23, 7, 25, 26, 13 et 10 pages).

(2) « Do P. Duputacyi przez N. Króla Jmci i N. Stany Rzpltej do miasta Warszawy wybranéj podane dnia 5 listopada 1779 », in-8°, 96 p.

(3) Nous savons que Bars écrivit aussi des brochures en faveur de la bourgeoisie, parce que le castellan de Łuków, J. Jezierski s'éleva violemment contre son anoblissement *pour avoir attaqué la noblesse et sa propre personne et avoir excité les bourgeois à la révolte* (séances de la Diète des 4-5 nov. 1789).

Quelles brochures publia F. Bars ? On ne le sait au juste ; mais il est probable qu'il fut l'auteur de : 1° *Remarques impartiales sur le discours de S. E. J. Jezierski, cast. de Łuków, prononcé à la Diète le* 15 *décembre contre les bourgeois* (Bezstronne uwagi nad mową J. W. Jezierskiego, kasz. łuk. mianą na sejmie 15 grud. przeciw mieszczaninom), in-8°, 64 p. ; 2° *Tout le monde ne se trompe pas ; la conversation de Bartek avec un seigneur éclaircit toute la chose* (Nie wszyscy błądzą; rozmowa Bartka z panem rzecz całą objaśni), W., 1790. Il mourut, après la chute de la Pologne, à Paris, au commencement du XIXe siècle.

(4) Cf. W. Smoleński, la forge de Kołłątaj, *op. cit.*

(5) « Prawo polityczne i cywilne kor. polskiej i wiel. ks. litewskiego-tj. Nowy zbiór praw obojga narodów od r. 1349 aż do terazniejszych czasów », W. 1789-1791, 2 vol.

et celle des villes. Il y avait là un intérêt primordial à donner satisfaction aux revendications de la bourgeoisie, disaient-ils, puisque c'était une condition *sine qua non* de la renaissance politique de la nation tout entière.

Les uns, se plaçant au point de vue économique, après avoir décrit la chute du commerce et de l'industrie, entraînant la disparition du bien-être national, indiquaient comme cause principale de ce triste état de choses l'abaissement de la bourgeoisie, dont l'importance est si considérable dans la vie sociale, économique et politique d'un pays et ils le démontraient avec chiffres à l'appui. Bien entendu, comme corollaire indispensable de la réforme économique et sociale qu'ils réclamaient (et sans traiter pour cela le point de vue politique), ils revendiquaient en même temps l'extension aux bourgeois des droits politiques. C'était là, on doit le reconnaître, une façon fort habile de présenter les choses et de défendre la cause de la bourgeoisie ; et cette argumentation serrée, reposant sur des faits certains, devait nécessairement frapper l'esprit du petit nombre de gentilshommes dont les tendances progressives provenaient uniquement du grand intérêt qu'ils avaient au bien-être et au salut matériel du pays.

Les autres, se plaçant au point de vue politique, invoquaient le principe de l'égalité et surtout l'intérêt bien entendu de la szlachta. En accueillant dans son sein un élément nombreux, animé des meilleures intentions, ne donnera-t-elle pas de la durée et de l'équilibre au gouvernement polonais? Admise à prendre part aux délibérations publiques, la bourgeoisie s'intéressera au sort de l'Etat et fera cause commune avec la noblesse. L'union et la concorde de toutes les classes sont nécessaires au salut de la République et le seul moyen de réaliser cette bonne entente n'est-il pas d'accorder à tous l'égalité des droits politiques ? « *L'on parle de la nécessité* « *d'une alliance avec la Prusse... plus indispensable encore* « *est l'accord de toutes les bonnes volontés, mais il ne pourra* « *être obtenu que par l'accès des couches inférieures aux droits* « *politiques* » (1), et, à l'appui de leur raisonnement, les défen-

(1) J. Wybicki : « Remarques générales », *op. cit.*, v. supra, p. 165.

seurs des villes ne manquent pas d'ajouter que le bourgeois ne le cède en rien au *szlachcic* sous le rapport des lumières et de l'instruction et qu'il peut rendre au pays et à la cause nationale des services égaux, sinon plus grands.

Mais il s'en faut de beaucoup que tous traitent cette question au point de vue pratique; quelques-uns se bornent à des considérations générales et, disciples de la Révolution française, poussent à la réforme sociale. C'est alors au nom des *principes de 1789* et en s'appuyant sur la *Déclaration des droits de l'homme et du citoyen*, qu'ils revendiquent l'égalité des droits politiques. Aussi s'attaquent-ils avec force aux préjugés existants et le ton de ces écrits est souvent violent et menaçant. La brochure qui reflète le mieux cet état d'esprit est celle-ci : « *Tout le monde ne se trompe pas : la conversation de Bartek avec son seigneur éclaircit toute la chose* », que nous avons déjà signalée comme étant due, très probablement, à la plume de François Bars. C'est une réponse violente à la szlachta, comme on peut en juger par son exorde : « *Les nobles d'aujourd'hui sont pires que Caïn ; celui-ci* « *n'ôta la vie qu'au seul Abel tandis qu'ils ravissent la liberté,* « *qui est plus chère que la vie, à des millions d'hommes* ». L'auteur réfute ensuite les reproches adressés à la bourgeoisie et montre que l'organisation politique et sociale de la Pologne repose uniquement sur la *prétendue* supériorité de la szlachta. « *Jadis* « *la noblesse s'acquérait plus facilement que de nos jours,* « *comme on peut aisément s'en convaincre en feuilletant les* « *archives ; il suffisait alors de tuer un renard, un loup, un* « *sanglier, un bison, un ours, pour avoir un blason. Ah ! s'il* « *en était encore ainsi aujourd'hui !.. »*

Remarquons cependant que, même les écrits exprimant les opinions les plus extrêmes, ne perdent pas de vue les conditions sociales particulières à la Pologne et tous (ou presque tous) « *dé-* « *clarent qu'ils n'entendent nullement suivre aveuglément la* « *Révolution française et regardent comme une utopie l'égalité* « *des classes* ». Nous devons donc rendre hommage à la maturité politique et à la modération dont font preuve dans leurs écrits les écrivains réformateurs. C'est ainsi que tous se prononcent contre la création d'une Diète spéciale ; Stanisław Staszyc lui-même

blâme cette idée dans ses « *Avertissements à la Pologne* » ;
c'est cependant un ardent défenseur des bourgeois, qui demandait
hardiment que les assemblées de la nation fussent composées,
par moitié, d'habitants des villes et de nobles : « *Si les villes* »,
écrivait-il en 1790 dans ses *Avertissements*, « *avaient été appelées*
« *à gérer de concert avec la szlachta les intérêts de la répu-*
« *blique, croit-on que les Moscovites en seraient arrivés à ce*
« *degré d'insolence et auraient arraché impunément de Var-*
« *sovic les premiers sénateurs ?* (1) *En un clin d'œil des mil-*
« *liers d'hommes, dévoués à leur patrie, auraient lapidé ces*
« *brigands et Repnin eût payé son forfait de sa vie.* »

Mais c'est surtout du côté des adversaires des villes, dans le
clan vieux-noble, qu'on trouve de violents écrits ; beaucoup ne
voulaient même pas entendre parler d'une délibération ou d'une
discussion quelconque sur ce sujet ; quelques-uns s'obstinaient à
ne voir dans la démarche des bourgeois qu'une *révolte* dont on
devait punir les fauteurs et les instigateurs. La demande de réformes faite par ces *boutiquiers et cabaretiers* était une audace
inouïe qui exigeait une prompte et sévère répression. Les moyens
les plus violents leur semblaient les meilleurs, car il s'agissait de
défendre leurs privilèges. 1° *Réponse de l'état de la noblesse à*
ceux qui demandent la possession des biens territoriaux » (2).
2°) « *Importe-il à la perfection de l'organisme politique du*
royaume que le paysan participe au pouvoir législatif? » (3)
M. F. K. S. Z. (4).

(1) Cf. Rulhière : *Histoire de l'Anarchie de Pologne*, Paris, 1820, t. II,
liv. VIII.

(2) « Odpowiedź od stanu szlacheckiego miastom żądajacym posiadania
dóbr ziemskich. »

(3) « Pytanie, czy do doskonałości Konstytucyi politycznej państwa na-
szego koniecznie potrzeba, aby gmin miał uczastek w prawodawstwie etc., »
in-8°, 31 pages.

(4) M. F.-K, S. Z, c'est-à-dire Maurice-François Karp, staroste et
nonce de Samogitie. Il réunit et publia plusieurs des discours qu'il prononça à la *Diète* ; ce fut enfin lui qui traduisit les *Considérations sur le*
gouvernement de Pologne de J.-J. Rousseau ; v. supra, p. 28, note 1.

Le premier de ces opuscules énumère tous les torts causés à la szlachta par les bourgeois : depuis qu'ils peuvent être avocats et figurer à la commission du trésor (1768), ils ont envahi ces deux fonctions. En outre, il n'est pas de vexations qu'ils ne fassent subir à la noblesse pauvre, installée dans les villes, notamment en l'obligeant à se soumettre aux droits municipaux; enfin ils sont les auteurs du renchérissement du prix de la vie!!! La Diète doit donc refuser systématiquement tout anoblissement de ces bourgeois « *qui roulent déjà, sans cela, en carrosse.* » (1).

C'est au nombre de ces adversaires acharnés des villes qu'il convient de ranger Jacek Jezierski, le castellan de Łuków qui se montra pourtant progressif à d'autres égards, notamment dans la question des paysans. C'est lui qui désignait les bourgeois sous les noms méprisants de « *boutiquiers et cabaretiers* », dans l'ouvrage étendu qu'il publia à ce sujet, sous le titre : « *Tout le monde se trompe : conversation d'un seigneur avec un paysan* » (2). et où il cherche à tourner en ridicule une des questions les plus vitales du pays. Le spirituel castellan de Łuków, qui, dès 1764, avertissait la Diète de *ne pas laisser les jeunes pousses bourgeoises se développer outre mesure,* veut absolument persuader aux bourgeois que l'obtention des droits politiques est contraire à leurs intérêts, car ce sera la ruine du commerce et de l'industrie, dont ils ne se soucieront plus, et leur fortune se trouvera ainsi rapidement dissipée. Certes, c'est une perspective bien douce que

(1) La *Diète de quatre ans,* avait en effet anobli 227 civils et 164 militaires. Les partisans du progrès se félicitaient de cette mesure car elle contribuait à remplir le Trésor et elle constituait en même temps un moyen d'attirer à eux les couches inférieures. Mais elle causait une cruelle blessure à l'amour-propre de la noblesse ancienne qui ne pouvait admettre la création d'une noblesse d'argent — sentiments qu'expriment les deux brochures suivantes : « *Un véritable gentilhomme aux législateurs* « (Prawdziwy szlachcic do prawodawców) W. in-8º. — *Un ancien gentillomme aux nouveaux anoblis* (Stary szlachcic do nowych) W. 1791, in-8º, 44 p.

(2) « Wszyscy błądzą; rozmowa pana z rolnikiem » (W., in-8º, 1790, II part., 70 et 120 p.

celle d'être admis aux droits politiques, mais en apparence seulement et sans profit réel « *ainsi qu'une bulle de savon aux riantes couleurs !* » La responsabilité de tout ce mouvement doit retomber sur les *écrivassiers de Varsovie qui propagent l'épidémie française* et cherchent à soulever bourgeois et paysans contre la szlachta.

Nous devons noter ici, pour être justes, que Jacek Jezierski, s'il traite à la légère la question de la bourgeoisie, discute à fond celle des paysans et d'un point de vue progressif. Cette attitude différente du castellan de Łuków s'explique par ce fait, qu'il redoute positivement le mouvement des villes et regarde le *bourgeois comme un enfant terrible qui, une fois adulte, pourrait bien étrangler sa mère* » ; aussi veut-il voir chaque classe *remplir immuablement les devoirs qui lui incombent* et il termine en déclarant que les bourgeois et les paysans doivent s'acquitter de leurs travaux *comme le font le bœuf et l'âne.*

Parmi ces réactionnaires quelques-uns ne reculent pas devant l'emploi de la calomnie, comme le prouve, entre autres, la brochure intitulée : « *Le bourgmestre* » (1), dans laquelle l'auteur, qui parle (soi-disant) au nom de la bourgeoisie, n'hésite pas à déclarer que *celle-ci demande à rester sous la protection paternelle de la szlachta* et ne craint pas de s'efforcer de jeter le discrédit sur les chefs du mouvement municipal, qu'il représente comme les *agents d'intrigues étrangères* — ce qui est une allusion manifeste à Jan Dekert, François Bars et André Kapostas, dont les noms ne sont pas d'origine polonaise.

Cette brochure provoqua « *La réponse d'un ancien de village aux reproches du bourgmestre* », (2) qui montrait en quoi consistait en réalité cette *protection paternelle de la szlachta* (3).

Beaucoup d'écrivains du clan vieux-noble, cependant, traitent cette question avec plus de modération et d'égards. La décadence

(1) « Burmistrz » W. in-8º, 97 pages.

(2) « Odpowiedź wójta na zarzuty burmistrza » in-8º, 72 p.

(3) Ces opuscules furent ensuite réunis et publiés ensemble sous le titre : « *Le bourgmestre et l'ancien du village* ». (Burmistrz z panem wójtem) II part., W. 1790, in-8º, 160 p.

des villes et par suite la ruine du commerce et de l'industrie, qui
en était la conséquence fatale, atteignait en effet par contre-coup la
noblesse et lui donnait à réfléchir. Aussi quelques-uns demandent-
ils que les bourgeois aient à la Diète des représentants avec voix
consultative en ce qui concerne les questions commerciales ; mais
tous s'opposent, avec la dernière énergie, à la participation des
villes au pouvoir législatif. La thèse qu'ils soutiennent généralc-
ment est à peu près celle-ci : ce sont les villes qui ont été les seuls
auteurs de leur propre ruine ; qu'elles s'occupent donc exclusivement de reconquérir leur bien-être ; c'est le seul moyen qu'elles
aient de servir utilement le pays. Quant à la szlachta, elle doit
seule continuer à posséder les droits politiques, qu'elle a acquis
par des services et de réels sacrifices — et nullement par un
mémoire.

Cela n'a rien d'étonnant, quand on songe que *des amis des
villes* ne croyaient pas à l'influence salutaire de leurs représentants à la Diète, tel, par exemple, le prince Czartoryski, écrivant
dans ses « *Remarques sur les remarques* » (1), que les députés
des villes ne seraient pas assez instruits pour prendre une part
utile aux discussions publiques. Mais il oubliait qu'une grande
partie de la noblesse qui, cependant, prenait part aux élections
générales, n'offrait pas plus de garanties à ce point de vue et que
l'on peut même affirmer avec certitude que les habitants des villes
étaient en général plus éclairés que la masse des hobereaux.

Donc, en résumé, le parti vieux-noble se prononçait pour
l'admission progressive des bourgeois à la noblesse, mais ne
voulait pas entendre parler de l'admission en masse de la bourgeoisie, en tant que classe, aux droits politiques, ainsi que le
demandait le mémoire rédigé par Kołłątaj. Le fantôme de la
Révolution française se dresse devant eux et les épouvante, à
tel point que même la partie éclairée de la szlachta repoussait
l'égalité politique et se montrait uniquement partisan de certaines lois destinées à rendre aux villes leur ancienne prospérité
et à permettre aux bourgeois l'aptitude aux emplois publics :

____

(1) V. supra, p. 76 (note).

« *Remarques sur la correspondance d'un citoyen avec un chambellan d'une certaine woïéwòdie*(1). » — « *Examen rapide de l'écrit intitulé : adresse hâtive à la bourgeoisie* (2). » — « *Résumé de divers écrits relatifs à la forme du gouvernement* (3). » — « *Proclamation du défunt Szlawski* (4). »

Les auteurs de ces écrits (cités par le Dr R. Pilat) ne s'accordent pas dans la façon de présenter les choses ; ils avouent bien la grande portée de ce mouvement, mais ils se bornent à accorder aux bourgeois la sécurité des personnes et des biens et l'octroi de certains droits destinés, en enrayant la décadence des villes, à leur rendre leur ancienne prospérité et à faciliter, par suite, le développement matériel du pays entier. Il eût fallu cependant savoir se mettre à la hauteur des circonstances et accueillir tout d'un coup une classe, maintenue jusque-là dans une situation inférieure ; cela eût singulièrement fortifié la nation polonaise. Mais le parti vieux-noble manqua à la fois de lumières, de patriotisme et de désintéressement politique ; il ne songea qu'aux seuls privilèges de sa caste et leur subordonna tout, jusqu'à l'intérêt supérieur de la République.

III

Parmi les publicistes du camp de la réforme qui se montrèrent ardents défenseurs des villes, nous devons faire une place à part au prêtre **Franciszek-Salezy Jezierski**, qui se distingua par la hardiesse de ses idées. Il prit, en effet, une part très active dans le mouvement politique de cette époque et exerça une grande

---

(1) « Uwagi nad korespondencyą jednego obywatela z podkomorzym pewnego województwa «, in-8°.

(2) « Dorywczy rozbiór pisma p. t. : Głos na prędce do stanu miejskiego », in-8ᵉ, 64 p,

(3) « Treść pism różnych względem formy rządu ».

(4) « Odezwa zmarłego Szlawskiego ».

influence sur l'évolution et sur la direction des esprits de la société d'alors.

Parent de Jacek, le « *Vulcain de la forge de Kołłątaj* » (comme l'appellent Wolski et Turski), naquit en 1738. Fils d'un notaire de Łuków, il suivit un instant cette carrière que son père voulait tant lui voir choisir définitivement, mais il préférait celle des armes. Devenu *compagnon de l'escadron d'or* (1), il s'établit à Dubno, où il gaspilla plusieurs années de sa vie et dissipa sa fortune.

Las du monde, il entra alors dans la congrégation des Missionnaires à Varsovie, où il étudia la théologie et l'histoire ecclésiastique. Il fut ensuite attaché à la personne de l'évêque de Przemyśl, Kierski ; celui-ci, ayant remarqué sa grande intelligence, l'envoya étudier à ses frais en Italie ; puis, de retour au pays, il aida Naruszewicz à rassembler des matériaux historiques et les sermons qu'il prononça à Kalisz et à Lublin, ayant attiré sur lui l'attention, il fut nommé orateur sacré à la cathédrale de Kraków.

Quand, en 1776, la *Komisya edukacyjna* s'occupa de la réorganisation de l'Instruction publique, elle l'appela à Lublin comme recteur de l'école académique, et quelque temps après le nomma *visitor general*. Mais sa franchise, la façon hardie, dont il s'élevait contre les préjugés, ne tardèrent pas à lui faire des ennemis : il perdit sa charge. Appelé à Cracovie, il suppléa comme bibliothécaire de l'Université (1785), Jacek Przybylski, envoyé à l'étranger. Là, encore, il connut bien des injustices et renonça pour toujours à l'Instruction publique.

Nommé coadjuteur du canonicat de Kraków, le Chapitre, pour lui témoigner sa confiance, l'envoya à Varsovie comme député au tribunal de la Couronne.

Son action politico-littéraire est limitée au temps de la Diète de quatre ans. Ami intime de Kołłątaj, dont il partageait les convictions politiques, il fut au premier rang des publicistes dont ce dernier s'entourait pour agir sur l'opinion publique ; il fut son bras droit et il eût été difficile, sinon impossible, de faire un

(1) On appelait ainsi tout escadron entretenu aux frais d'un majorat.

meilleur choix, car il se dévoua de toute son âme à la cause de la réforme.

Le prêtre Franciszek-Salezy Jezierski, disciple de la Révolution française, fut avant tout un publiciste, vulgarisateur des nouveaux principes. Écrivain fécond (1), polémiste distingué et hardi, appartenant à la partie avancée des réformateurs, il demandait une réforme radicale et s'attaqua résolument à tous les préjugés. C'est lui qui organisa et présida ces *clubs* qui se fondèrent alors à Varsovie, à l'instar de Paris, et d'où l'on propageait les idées extrêmes (2). Il terminait invariablement tous les discours qu'il y prononçait par ces mots : « Que ce qui est en haut soit abaissé, que ce qui est en bas soit élevé ! (3) ; » c'était son *delenda Carthago*. La haine des magnats, le dédain de la szlachta, la défense énergique des classes inférieures, ce sont là les principaux traits de son caractère ; aussi traduisit-il la petite brochure de Sieyès : « *Qu'est-ce que le Tiers-État ?* » pour la répandre parmi les habitants des villes.

Cet écrivain publia toutes sortes d'ouvrages : des romans historiço-politiques, des nouvelles, des dialogues, des articles politiques ; n'importe quel genre lui semblait bon, et il ne négligeait rien pour exciter les esprits, piquer leur curiosité et remuer ainsi l'opinion publique. Après avoir fait paraître ses *Sermons*, prononcés en 1788, et adressés aux états de la République, il écrivit : « *Goworek de Rawicz, woïéwode de Sandomierz : récit d'un songe* (4). » Ce roman, d'un style lâche, n'a pas grande valeur littéraire, mais il contient des tendances politiques excessivement avancées. L'auteur s'y élève violemment contre les magnats, qu'il accuse, non sans quelque raison, d'avoir toujours

____

(1) Cf. la Bibliographie générale de ses œuvres, que donne W. Smoleński, dans la « forge de Kołłątaj » (*op. cit.*) pp. 40-45, sans oublier que le prêtre Franciszek-Salezy Jezierski mourut en 1791 sans avoir vu la loi du 18 avril et sans avoir assisté à la glorieuse journée du 3 mai 1791.

(2) Cf. B. Limanowski, *op. cit.*

(3) Cf. « Souvenirs des années 1788 à 1792 ». (Wspomnienie z roków 1788-1792) Poznań, 1862, p. 40.

(4) « Goworek herbu Rawicz, wojewoda sandomierski powieść z widoków we śnie » (W., 1789, in-8°, 122 p.

été la cause principale des malheurs du pays. Son deuxième roman « *Rzepicha* (1) », a pour but de montrer qu'il faut, avant tout, dans chaque homme, respecter le citoyen.

A l'époque des polémiques violentes au sujet de l'hérédité du trône, Jezierski publia la vaste dissertation, déjà mentionnée : « *Des interrègnes en Pologne et de l'élection des rois, de Sigismond Auguste à nos jours. Ouvrage utile à consulter dans les circonstances présentes* », dans laquelle, passant en revue l'histoire des interrègnes, il n'a pas de peine à démontrer qu'ils furent toujours la cause des plus grands désastres. Sous les Jagellons, au contraire, *cet âge d'or de la Pologne*, le trône était héréditaire. Il faut reconnaître toutefois qu'il écrivit ce livre, plus en publiciste soucieux d'affirmer ses convictions, qu'en historien. Il devait d'ailleurs se prononcer encore en faveur de l'hérédité du trône dans l'opuscule : « *Quelqu'un écrit de Varsovie, le 11 fév.* 1790 » (2), réponse à la brochure : « *Et moi aussi* » qui défendait l'élection et que Bentkowski lui attribue par suite à tort (3).

C'est dans cette même année 1790 que fut agitée la question de supprimer les fonctions qui existaient en double pour la Couronne et la Lithuanie, en vue de réaliser des économies budgétaires. Il écrivit à cette occasion : « *Courte mention sur la réunion du grand-duché de Lithuanie avec la Pologne, conçue dans un esprit de liberté et d'égalité* » (4), où il expose l'étroite union de la Pologne et de la Lithuanie, « *pareille à la greffe de ces* « *arbres qu'on voit dans les jardins, qui fait que deux plantes* « *n'en forment plus qu'une seule* » et il réclame pour tout citoyen le droit d'être dignitaire ou fonctionnaire indistinctement en Pologne ou en Lithuanie.

(1) Le titre complet est le suivant : « *Rzepicha, mère de rois, femme de Piast, monarque, au milieu des nations sarmates, de cette contrée qui s'appelle Pologne* » (Rzepicha, matka królów, żona Piasta, między narodami sarmackiemi słowiańskiego monarchy, tej części ziemi, która się nazywa Polską) W. 1790. in-8°, 428 p.

(2) « Ktoś piszący z War. zawy d. 11 lutego 1790 » in-8°, 24 p.

(3) Cf. Bentkowski, Histoire de la littérature polonaise (Dzieje literatury polskiej), Kraków, 1814, t. II, p. 10!.

(4) « Wzmianka krótka o zjednoczeniu ks. litewskiego z królestwem Polski w duchu wolności i równości » W., juillet 1790, in-8°, 40 p.

Mais le meilleur de ses écrits est incontestablement celui qu'il publia à l'occasion de la nomination de la commission constitutionnelle : *Catéchisme des mystères du gouvernement polonais, tel qu'il fut en 1735, écrit (d'abord en anglais) par J.-P. Stern, traduit ensuite en français et maintenant enfin en polonais à Sambor »*, (en réalité Varsovie) (janvier 1790) (1). C'est une satire, pleine d'ironie et de sarcasme de l'ancienne république. Personne n'a fait mieux ressortir que le prêtre F.-S. Jezierski la décadence et la corruption de la société d'alors, comme on peut s'en rendre compte par les premières pages de cette brochure écrite en forme de questionnaire ; elles méritent d'être lues (2).

D. — Quelle est l'organisation politique de la Pologne ?

R. — C'est un royaume, un interrègne et une république.

— Comment est constituée la république ?

— Par les privilèges et l'anarchie.

— Qui détient dans la république les pouvoirs législatif et exécutif ?

— Le Roi, le Sénat et l'ordre équestre : trois états en apparence différents, mais se réduisant en réalité au seul szlachcic.

— Le roi est-il un szlachcic ?

— Oui.

— Le Sénateur ?

— Aussi.

— Et le nonce ?

— Egalement. Ces trois états sont donc bien composés du seul szlachcic. Que la république de la seule szlachta ait formé miraculeusement trois ordres pour son gouvernement et que de la seule personne du Roi elle ait créé un ordre complet, ce sont là deux faits difficiles à concevoir et à expliquer.

... Mais c'est une vérité certaine, que dans la nation polo-

(1) Katechizm o tajemnicach rządu polskiego, jaki był około v. 1735 napisany p. J. P.-Stern, nast. w języku francuzkiem a teraz nakoniec po polsku, w Samborze » (Warsz.) 10 janv. 1790, in-8º, 24 p.

(2) Nous en donnons la traduction d'après le texte cité par B. Limanowski, *op. cit.*

naise, quiconque n'est pas szlachcic ne saurait être un homme.

— Cette Constitution du gouvernement polonais viole donc les lois naturelles ?

— Celles-ci doivent céder le pas, du moment qu'il sagit de la majesté de la szlachta.

— Alors, en Pologne, le payan-agriculteur n'est pas un homme ?

— Mais certainement non ! (1)

— Il a cependant une âme et un corps, pourquoi ne serait-il pas un individu comme le szlachcic ?

— Mais, en Pologne, le paysan n'a nullement les attributs de l'âme et du corps et sa personne n'est que la chose du szlach-cic qui peut l'acheter ou le vendre au gré de son caprice...

— Au moins, le bourgeois est-il un homme ?

— Pas précisément. C'est un être intermédiaire entre l'homme (le szlachcic) et le non-homme (le paysan) ; en langage théologique, le bourgeois est « substantia incompleta. »

— En quoi est-il semblable au szlachcic ?

— Sous le rapport de la fortune et de l'éducation. Le szlach-cic ne s'en distingue que par les « ordres », auxquels il peut appartenir, par ses armoiries et ses uniformes. Tout cela, il est vrai, n'empêche pas le szlachcic de s'incliner devant le bour-geois..... quand il a besoin d'argent et qu'il veut lui en em-prunter.

— Et en quoi maintenant est-il semblable au non-homme-paysan ?

(1) Cela semblait tout naturel. Une dame de Wolhynie ne raconta-t-elle pas un jour qu'elle allait quotidiennement avec ses voisines se baigner sans aucun vêtement dans une petite rivière des environs? et comme quelqu'un, dans la société, lui fit remarquer qu'il pouvait y avoir des paysans aux alentours et que leur présence devait bien les gêner. « Mais pourquoi donc? répliqua-t-elle avec assurance, puisque ce ne sont pas des hommes. » Qu'on nous permette d'opposer à cette parole la réponse faite par une grande dame de l'aristocratie française à une personne qui soutenait devant elle cette même opinion. « Il y a cependant bien des choses que je n'oserais pas faire devant eux! « Tel n'est pas l'avis, il est vrai, des « dames du monde » que nous représente Guy de Maupassant. dans le *Horla* par exemple.

— *En ceci qu'il ne peut posséder tous les « droits » de l'individu.*

— *Et pourquoi donc ?*

— *Parce que la loi le lui interdit. Ainsi il ne peut atteindre aux dignités ecclésiastiques, ne pouvant être ni prêtre ni évêque ; il ne peut avoir de vertus militaires, ne pouvant être officier ; il ne peut être propriétaire foncier....,*

— *Mais qui s'occupe alors du commere et de l'industrie ?*

— *Les Juifs...*

— *Pourquoi cela ?*

— *Eh ! bien, parce qu'un szlachcic ne peut s'y livrer sans déroger.....*

— *Alors un szlachcic perd sa dignité s'il trouve moyen de se rendre utile à la société par le commerce et l'industrie ?*

— *Naturellement et en Pologne les voleurs sont moins méprisés que les commerçants et les industriels ; aussi les juifs consentent-ils seuls à l'être.*

— *Mais alors la szlachta doit être bien pauvre ?*

— *Nullement, car un szlachcic est comme un monarque sur son trône.*

— *Que signifie cela ?*

— *Qu'en Pologne le szlachcic, seul propriétaire du sol, est tout puissant et qu'il n'y a absolument que la loi qui soit au-dessus de lui, mais la loi qu'il se donne à lui-même et qu'il n'observe que quand bon lui semble.*

— *Et les impôts ?*

— *Eh ! bien, la szlachta les décrète, et c'est le paysan, le bourgeois et le prêtre qui les paient. Comment pourrait-on, en effet, s'imposer à soi-même des impôts ? Aussi, ce que la szlachta donne (quand elle donne !) ce sont des « offrandes. »*

— *Mais la szlachta, que possède-t-elle en somme ?*

— *Elle possède les biens royaux, les biens confisqués... tout, en un mot, puisque le Roi, gardant pour lui la dignité que lui confère sa haute charge, doit absolument tout distribuer et l'état tout puissant de la szlachta tout... ramasser !»*

La question de l'égalité de la szlachta et de la bourgeoisie étant, aux yeux de Jezierski, une *question cardinale*, il publia les « *Remarques de Jarosz Kutasiński de Dęboróg, szlachcic de Łuków, sur l'état de bourgeoisie en Pologne* » (1) attaque violente contre les privilèges. On ne doit pas s'en étonner, car c'est dans un sentiment de justice et parce qu'ils avaient compris la nécessité d'augmenter le nombre des citoyens, que Kołłątaj et F. S. Jezierski, qui tous les deux appartenaient à la szlachta, réclamaient pour les bourgeois l'admission aux droits politiques.

Cependant Jezierski devait afficher des tendances encore plus avancées dans la brochure intitulée : « *Esprit de la défunte Bastille* » (2). C'est un exposé populaire des principes de la Révolution française, appliqués aux conditions particulières de la Pologne. « *La noblesse* » y déclare-t-il, « *est absolument inutile dans l'organisation de la vie sociale; pourquoi formerait-elle donc une classe à part ?* »

« Mais en frayant ainsi le chemin aux réformes sociales, « Franciszek-Salezy Jezierski tombe parfois dans l'extrême, et « de publiciste devient un pur agitateur, comme dans son : « *Dis-* « *cours adressé en hâte à la bourgeoisie* » (3), écrit en 1790, au « moment où la Diète, pour gagner l'élément bourgeois, accorda « la noblesse aux plus notables des habitants des villes. » (4). Il tonna contre cette mesure, destinée à endormir les revendications de la bourgeoisie et à la décapiter en lui enlevant ses hommes, ses chefs les plus capables; aussi adjure-t-il les nouveaux anoblis de refuser la noblesse. Il ne fit ainsi, qu'indisposer encore davantage

(1) « Jarosza Kutasińskiego, herbu Dęboróg, szlachcica łukowskiego uwagi nad stanem nieszlacheckim w Polsce », W. 1790, in-8°, 40 pages.
(2) « Duch nieboszczki Bastylii », W. 1790, in-8°. 156 pages.
(3) « Głos na prędce do stanu miejskiego » in-8°, 15 pages.
(4) Dr Roman Pilat, *op. cit.*
Ici nous serions plutôt de l'avis de Osw. Balzer, *op. cit.* « qui regarde ces anoblissements comme un moyen de fortifier bien plutôt la noblesse que la bourgeoisie »; il faut cependant considérer qu'ils avaient malgré tout un résultat heureux, en ce sens qu'ils augmentaient le nombre des citoyens jouissant des droits politiques et qu'ils constituaient par là un progrès immense par rapport à l'antique principe de l'*exclusivisme*.

le clan vieux-noble sans obtenir pour cela l'approbation de la bourgeoisie tout entière, comme le prouve l' « *Opinion d'un citoyen du grand-duché de Lithuanie sur l'écrit intitulé : Discours hâtif à la bourgeoisie* » (1).

Le dernier ouvrage (2) de Jezierski, composé pendant la maladie qui devait l'emporter, fut publié par les soins de Kołłątaj, qui écrivit, dans la préface, la biographie (3) de son ami et collaborateur dévoué. (4)

En résumé, le prêtre Franciszek-Salezy Jezierski déploya une énergie considérable en s'attaquant aux préjugés, comme publiciste et vulgarisateur ; ensuite, il rendit d'incomparables services à la cause de la réforme. Il fut un des écrivains les plus influents de son pays à cette époque, mais ses violences de langage provoquèrent souvent bien des dissensions intestines, surexcitèrent les esprits et soufflèrent ainsi la haine des classes — dans une nation qui avait tant besoin de concorde et d'union. Il n'en reste pas moins une des grandes figures de la Diète de quatre ans (5).

(1) Zdanie obywatela prowincyi W. X. Lit. na pismo p. t. : Głos na prędce do stanu miejskiego. » 1791, in-12º, 22 pages.

(2) « *Quelques mots réunis dans un ordre alphabétique et expliqués au moyen de remarques appropriées.* » (Niektóre wyrazy porządkiem abecadła zebrane i stosownemi do rzeczy uwagami objaśnone) W., 1791, in-8º, XX et 292 pages.

(3) Remarques de Wolski (Uwagi wolskiego) Poznań, p. 92.

(4) Nous avons vu que F.-S. Jezierski traduisit aussi des opuscules français, entre autres la brochure de Sieyes : « *Qu'est-ce que le Tiers-État ?* (Co to jest stan trzeci we Francyi?) W. 1791, in-8º; mais tous les écrits cités ne sont très certainement qu'une faible partie de tout ce qu'il publia; beaucoup resteront à jamais inconnus. A la liste des ouvrages signalés comme étant probablement de lui il, convient d'ajouter encore : « *Catéchisme national* » (Katechizm narodowy) W. 1791, in-8º, 31 p.;— « *Conversation de Sołtyk, évêque de Cracovie, avec J. Dekert président de la vieille ville de Varsovie, tenue aux champs élyséens* (Rozmowa Sołtyka, biskupa krak. z J. Dekertem, prezyd. starej W. na polach elizejskich), in-8º, brosz-inc.

(5) Cf. sur le prêtre Franciszek-Salezy Jezierski : A] au point de vue littéraire, Bentkowski, *op. cit.*, t. II; B] au point de vue politique : W. Smoleński, la forge de Kołłątaj, *op. cit.*,— B. Limanowski, *op. cit.*; Dr Roman Pilat, *op. cit.*, V ; Szujski, *Hist. de Pologne*, *op. cit.*, t. I. IV.

IV

La *question des villes* ne devait pas demeurer sur le terrain purement doctrinaire et, après avoir été traitée par les publicistes, elle devait faire l'objet de nombreux débats à la Diète.

Nous avons vu quelle impression considérable avait causé la pétition des bourgeois ; elle excita surtout l'indignation dans le clan vieux-noble. Aussi, à la séance du 15 décembre 1789, quand Kublicki souleva cette question, le castellan de Łuków, Jacek Jezierski protesta-t-il contre le magistrat de Varsovie, Jan Dekert, qui, « *passionné ou enflammé par sa propre témérité eut l'audace de convoquer les délégués des villes de la Couronne et de la Lithuanie : c'est là tout bonnement une révolte et il est fort heureux qu'il ait eu moins de pouvoir que de méchanceté,* » et il déposa une motion tendant à l'ouverture d'une instruction contre ce magistrat, dont l'acte demandait une répression énergique, afin qu'on découvrît « *qui l'avait poussé à cette hardiesse inouïe en Pologne*. Il fut appuyé par le castellan de Biecz, Zieliński ; quant à Suchodolski et Butrymowicz, ils se déclarèrent simplement « *peu satisfaits des prétentions exagérées des bourgeois.* »

Mais du camp opposé, des voix raisonnables se firent entendre ; Matuszewicz Gutakowski, Kublicki, Stanisław Potocki, Garnysz, modérèrent l'indignation du parti vieux-noble et, à la séance du 17, le prince Poniatowski, grand trésorier de Lithuanie, appuya énergiquement les réclamations de la bourgeoisie et rappela la nécessité d'améliorer le sort du paysan. Le discours le plus remarquable toutefois fut prononcé, le 18, par le chancelier de Lithuanie, Joachim Chreptowicz : « *La République,* » déclara-t-il, « *ne peut que se réjouir de ce que les villes aient pensé à s'unir, car cette union accroît les forces nationales* », et il concluait en ces termes : « *Si les états de la République, par une législation éclairée, redonnent la vie aux villes mortes, ils illustreront cette époque et verront bénir leur mémoire.* » Bref, cette discussion se termina heureusement pour les bourgeois. D'un commun accord, on nomma une commission spéciale, chargée de s'occuper de la question (1).

La cause de la bourgeoisie fut alors étudiée à fond (comme nous l'avons vu) dans la littérature politique ; elle gagnait peu à peu du terrain, même parmi les conservateurs les plus endurcis. Les partisans des libertés municipales se faisaient de plus en plus nombreux, et l'opinion publique fut unanime à se prononcer pour la bourgeoisie, après la séance de la Diète du 3 mars 1790, dans laquelle les délégués urbains déclarèrent qu'ils étaient prêts à suivre l'exemple de la noblesse, à se sacrifier pour la république, à verser au Trésor toutes les sommes prescrites par la loi et toutes celles que le salut de la patrie pourrait encore exiger.

Sans en avoir conscience, la Diète elle-même, d'autre part, faiblissait dans ses préjugés et cédait au courant puissant de l'égalité, ainsi que le prouve le Décret voté à la séance du 4 décembre 1790 et relatif à la conscription. La szlachta perdait ainsi involontairement la base fondamentale de ses privilèges. (2) On s'accorda même sur la motion de Krasnodębski, après l'avoir, il est vrai, légèrement modifiée, tendant à accorder la liberté, avec la permission du propriétaire, à tout soldat qui aura servi douze ans sans avoir commis un seul délit.

Cependant le prêtre F. S. Jezierski (3), mort prématurément en février 1791, avait été remplacé sur la brèche par **Trębicki**, nonce de Livonie, qui, par la vigueur de ses coups, réussit à obtenir enfin de la Diète la mise à son ordre du jour de la cause des villes. Celle-ci avait bien déjà pris en considération un projet qui accordait certaines libertés, mais ce projet restrictif créait des catégories, alors qu'il s'agissait de soumettre toutes les villes aux mêmes conditions.

---

(1) Elle fut ainsi composée : Brzostowski, Gutakowski, Kicki, Mikorski, et les sénateurs Felkerzamb, l'évêque Okęcki, et le castellan de Wojnice Ożarowski.

(2) B. Limanowski, *op. cit.*

(3) Ni Jan Dekert († 4 oct. 1790), ni F. S. Jezierski († fév. 1791), ces artisans de la première heure, ne devaient assister au triomphe de la cause à laquelle ils s'étaient dévoués.

Tel était, en effet, le sentiment du chancelier de Lithuanie, Chreptowicz, dont le projet fut appuyé par Trębicki, dans la séance du 28 mars 1791. Il rappelait que *« c'était l'oppression du peuple.*
« qui avait provoqué la Révolution française... que les plus
« puissants monarques du monde avaient tremblé devant la
« détermination du peuple éclairé enfin sur ses propres droits. »
Il espérait donc que la Diète ne rejetterait pas les demandes équitables des villes, alors et surtout, quand les bourgeois montraient un grand respect du gouvernement.

La discussion ouverte à la Diète ne tarda pas à aboutir. Les adversaires des villes n'étaient pas très nombreux, c'étaient les députés de Wolhynie et quelques membres âgés d'autres woïéwodies, à qui la seule pensée de voir les bourgeois exercer quelque influence était insupportable. Ils leur refusaient obstinément le droit d'acquérir des propriétés foncières et la représentation à la Diète; ils y voyaient, en effet, un double danger pour la noblesse, dont les biens pourraient être ainsi aliénés et dont l'influence serait menacée ainsi que la liberté même, si, comme en Suède, les bourgeois faisaient, par hasard, alliance contre eux avec la royauté. En cet esprit parlèrent : Siwicki, Olizar, Wislocki, Czarnołuski, Radzimiński, les castellans Zieliński et Plater, le woïéwode Hryniewiecki, le nonce Dłuski : *« Nous avons exclu la szlachta pauvre des Diétines,* s'écria ce dernier, *et nous ouvririons aux bourgeois la porte de la Diète ! »*

Beaucoup plus nombreux furent les défenseurs des villes : Kublicki, Trębicki, Leżeński, Niemcewicz, Sapieha, Gliszczyński, Mniszech, Chreptowicz, Nosarzewski, Zboiński, Linowski, Zakrzewski, Zieliński (Aleksander) Stanisław Potocki, Wawrzecki. Ils firent valoir qu'en Lithuanie les bourgeois possédaient depuis dix-sept ans déjà le droit d'acquérir des propriétés foncières, et que cela n'avait nui à personne. D'ailleurs, leur défendre d'acquérir, c'est interdire aux nobles de vendre leurs biens — ce qui entraîne la baisse de la valeur des terres. Enfin, si l'on a exclu la szlachta pauvre des Diétines, c'est qu'elle n'avait jamais possédé le droit d'y siéger — tandis que les bourgeois jouissaient autrefois de ce privilège. Contenter les villes était depuis longtemps nécessaire, car il pourrait bien se faire que d'autres le lissent ; il était en effet indubitable que la noblesse n'était plus capable à elle seule d'assurer l'indépendance du pays. Si les bourgeois n'avaient pas été si opprimés, ils n'eussent jamais cessé de faire cause commune avec la szlachta. La bourgeoisie a le sentiment national ; il ne convient donc pas de laisser inutiles les forces nouvelles, sans quoi les bourgeois enrichis quitteront le pays.

Le discours que prononça le nonce **Julien Ursin Niemcewicz**, le 2 avril 1791, fit connaître son nom dans le monde entier :

« *Dans aucun pays libre et gouverné raisonnablement, les* « *portes ne doivent être fermées au mérite, aux vertus, à la* « *capacité. Souvent des hommes* « *sans naissance* » *ont cou-* « *vert de gloire leur patrie. Nul ne sait quel était le père de* « *Washington ni quel était le grand-père de Franklin, mais* « *personne n'ignore et la postérité saura que Washington et* « *Franklin affranchirent leur patrie, les États-Unis d'Amé-* « *rique.....*

« *Jetez les yeux sur les ruines des villes polonaises ; voyez* « *quel triste spectacle elles offrent aux étrangers. Que doivent-* « *ils penser de nous, de notre gouvernement, de notre justice ?* « *Et vous, qui avez la noble ambition de relever la république* « *de son ignorance, de sa décadence et de son déshonneur,* « *voudriez-vous laisser dans le néant tant de milliers d'ha-* « *bitants et de villes, qui doivent être la source de la richesse* « *nationale et l'ornement de notre pays ?*

« *Non, certainement : votre équité et vos lumières me font* « *espérer le contraire. Vous savez combien il est nécessaire* « *de les attacher au gouvernement, et vous ne l'oubliez pas !... »*

Trois jours après, **Sołtyk**, nonce de Cracovie, prononçait un chaleureux plaidoyer en leur faveur :

« *Je prends la parole* » *s'écriait-il* « *pour le peuple des* « *villes, au nom de la noblesse de mon palatinat, qui a l'hon-* « *neur d'être appelé le berceau de la liberté polonaise. Les* « *Chodkiewicz, les Zamoyski, les Czarniecki, n'ont pas rougi* « *de s'asseoir sur les mêmes bancs avec les bourgeois, et nous,* « *nous aurions honte ! »*

L'impression du discours de Sołtyk fut profonde. Ce noble

citoyen fut appuyé par Zboiński et Bronikowski; Stanisław August lui-même manifesta énergiquement son avis; il déclara qu'il était obligé par les pacta conventa à défendre les droits de tous les citoyens et non pas seulement ceux de la noblesse; d'ailleurs l'amélioration du sort de la bourgeoisie ne devait en rien nuire à la szlachta, qui y gagnait, au contraire, avec l'État, à s'appuyer sur une classe moyenne, forte et prospère.

Cependant on supprima du projet de Chreptowicz, la proposition de permettre aux bourgeois d'être représentés à la Diète. Cela excita un vif mécontentement, dans la séance du 14 avril. Le prince Czartoryski, Zboiński, Sokolnicki, regrettèrent qu'on crût devoir retirer aux villes un droit reconnu par Alexandre et Sigismond l'ancien. Par contre, Ożarowski et plusieurs autres menaçaient de quitter la Diète, après avoir fait enregistrer leur protestation, si l'on permettait aux bourgeois l'entrée à l'assemblée des états. Leur ardeur les entraina à s'opposer peu à peu à tous les points favorables aux bourgeois (1).

L'on ne savait donc pas à quel parti s'arrêterait la Diète, quand le nonce de Kalisz, Suchorzewski, qui, jusque-là, contrairement à son habitude, n'avait pas ouvert la bouche, prit la parole et présenta un projet, rédigé par lui, et contenant toutes les propositions de Chreptowicz, avec cette différence qu'il n'accordait voix décisive aux représentants des villes que pour les questions municipales et commerciales.

A la séance du 18 avril, la discussion fut plus houleuse encore que le 14. On délibérait sur le point capital de l'organisation municipale : « Peuvent être choisis pour les magistratures » tous les « possessionati », sans distinction de religion ni de classe.

Alors, raconte le roi, Dłuski l'ancien et tous les « *zélateurs* » déclarèrent qu'il y avait un grand danger pour la foi catholique et sur ce prétexte s'efforcèrent de retirer toutes les concessions déjà faites le 14, sans qu'aucun membre de la Diète osât prendre la parole : seul le roi eut le courage d'élever la voix :

« *Ce n'est pas pour vous flatter ou pour flatter l'opinion pu-*

____

(1) Lettre du roi à Bukaty, 16 avril, Mém. sur le temps de St. Aug., Pamiętniki z osiemnastego wieku, t. X, 2ᵉ p., pp. 180, 181, Poznań, 1868.

« *blique,* » s'écria **Stanisław August,** « *que vous m'avez choisi*
« *pour votre roi, mais bien certainement, au contraire, pour*
« *que je vous mette en garde contre toute erreur. Eh bien, je*
« *vous le déclare en toute sincérité, vous serez un objet de mépris*
« *dans toute l'Europe, si vous détruisez aujourd'hui l'œuvre*
« *commencée. Vous n'ignorez pas, en effet, que les catholiques*
« *sont très peu nombreux dans les villes de la grande Polo-*
« *gne, si peu nombreux que si la motion de l'honorable nonce*
« *Dłuski était acceptée, il n'y resterait pas assez d'hommes*
« *pour remplir les fonctions municipales. Elle ne serait pas*
« *moins nuisible aux autres villes, car elle empêcherait tous*
« *les étrangers de s'établir parmi nous avec leur* « *avoir* ». —
« *ce qui vous paraissait pourtant fort désirable il y a quatre*
« *jours! Ceux qui émettent l'avis que notre sainte foi catholique*
« *ne sera plus la religion dominante,* — *si un maire appartenait*
« *au groupe des dissidents,* — *oublient ce fait que nos lois*
« *ont assuré la prépondérance à la religion catholique* — *aujour-*
« *d'hui et pour toujours... en excluant dissidents et orthodoxes*
« *du trône, du sénat, du ministère...* »

Et le roi demande l'aptitude de tous les bourgeois aux emplois
municipaux ; il conclut en déclarant désirable qu'on fasse une loi
« *inscrivant comme catholiques les enfants nés de mariages*
« *mixtes, si bien que dans une trentaine d'années il n'y aura*
« *guère que des catholiques en Pologne !* »

L'effort de Stanisław August fut couronné de succès ; les princes
Czartoryski, Sapieha et beaucoup d'autres nonces parlèrent alors
contre la motion de Dłuski, si bien que lorsqu'on demanda de passer au vote, le roi put réclamer l'unanimité et l'obtenir. La séance
avait duré jusqu'à six heures du soir. Chaque membre de la Diète
vint successivement baiser la main de Stanisław August. Quand
Benedict Hulewicz s'approcha à son tour : « *Vieux paresseux,*
« *tu cours encore après les filles, tu manges de la viande le ven-*
« *dredi saint, tu te moques de tout* — *et tu voulais encore met-*
« *tre les évêques dans l'embarras ? Si tu avais persisté dans*
« *ton opposition, je t'aurais dit tout cela publiquement !* » (1)

(1) Lettres du roi à Deboli et Bukaty du 20 avril 1791.

Les bourgeois de Varsovie, ayant leur président, Łukaszewicz, à leur tête, attendaient le roi à la sortie du château pour le remercier de son concours.

Quant au nonce de Kalisz, Suchorzewski, le 21 avril 1791 il recevait l'ordre de Saint-Stanislas.

Tous les citoyens de bonne volonté, tous les patriotes se réjouirent de ce triomphe de la bourgeoisie, dû en grande partie au prêtre Hugo Kołłątaj et à ses amis, et le 29 avril un grand nombre de personnes et, parmi elles, le maréchal de la Diète, Stanislaw Nałęcz Małachowski, Stanisław Potocki, les deux Działyński, le prêtre Hugo Kołłątaj s'inscrivaient sur les registres de la municipalité de Varsovie. Il en fut de même à Wilno, Żytomierz, Międzybór etc...

Les bourgeois, d'ailleurs, surent user avec modération de leur victoire : le député de Posen, Zakrzewski, fut nommé président de la ville de Varsovie ; Wilno choisit A. Tyzenhaus, et, lors des élections des représentants des villes à la Diète, celles-ci portèrent leur choix de préférence sur les membres de la noblesse. Parmi ces députés se trouva le célèbre Joseph Wybicki. C'est lui qui, à la séance du 15 septembre 1791, à la tête de la députation urbaine, remercia au nom des bourgeois les divers ordres de la république : « *Tous nous sommes prêts à défendre l'indépendance de la na-* « *tion. Le gouvernement et la Constitution* (1) *auront en nous* « *des citoyens toujours obéissants et nous saurons les défendre* « *jusqu'à la dernière goutte de notre sang.* »

En terminant il offrait, au nom des villes, douze canons avec tout leur train.

« Les nouveaux citoyens ne s'en tinrent pas là. Les banquiers de Varsovie, à la veille de la guerre avec la Moscovie (2), déposèrent sur l'autel de la Patrie des sommes considérables. Tepper rendit un service signalé en facilitant au Trésor un emprunt à l'étranger, et l'amour de la Patrie pénétra jusqu'aux profondeurs de la masse populaire, depuis longtemps indifférente aux malheurs du pays.

---

(1) La Constitution proclamée le 3 mai 1791.
(2) Au moment de Targowica.

« Tels furent les résultats de l'*insolence de Jan Dekert*, tel fut le fruit de l'activité civique des Kołłątaj, Jezierski, Mędrzewski, Trębicki, Bars et autres, qu'on traitait de « révolutionnaires » et l'insurrection nationale avec Thadée Kościuszko montra à la szlachta que les nouveaux citoyens de la république, sous le rapport des sacrifices à la Patrie et de l'esprit guerrier, n'étaient en rien inférieurs aux descendants des plus vieilles familles (1). »

V

Cette loi du 18 avril 1791 n'est applicable qu'aux villes dites royales ; les autres, qui appartenaient à la szlachta et au clergé, furent considérées comme *propriété privée* et l'on n'y toucha pas. L'habitant d'une ville, dépendant d'un propriétaire foncier, était, en effet, à proprement parler, le sujet de ce propriétaire et la seule différence existant entre lui et le paysan, c'est que la maison où il habitait, quoique bâtie sur le bien du seigneur, était sa propriété personnelle ; il payait, il est vrai, une redevance, mais ne devait pas la corvée. Naturellement la *propination* et tous les revenus municipaux étaient pour le seigneur, dont le bailli était l'employé.

La nouvelle loi permet cependant aux propriétaires de déclarer leurs villes *libres*, auquel cas le roi promettait le *privilegium erectionis*, et c'est à tort que Victor Heltman s'élève contre cette loi qu'il regarde comme une *demi-mesure*, sans songer qu'il était alors indispensable de ne pas toucher aux droits de la szlachta si l'on ne voulait pas rendre la réforme impossible. On pouvait d'ailleurs espérer avec quelque certitude, que la noblesse libérerait bien vite ses propres villes, en voyant la prospérité des cités royales et pour éviter l'émigration des habitants.

Tous les bourgeois jouirent donc de droits égaux — en vertu

(1) Cf. *Bull. Polonais*, n° 45, *op. cit.*

de cette charte — à l'exception, toutefois, des non-chrétiens, dont il ne fut pas fait mention. Tout Polonais, tout étranger put obtenir la *bourgeoisie* (miejskie), le droit de cité, par son inscription sur les registres municipaux, à la condition qu'il fût libre et chrétien, et un szlachcic, acceptant la bourgeoisie, devenait justiciable de la *juridiction municipale* sans perdre la noblesse, quelque fonction qu'il pût exercer.

L'administration intérieure des villes incombe à un magistrat, maire ou président, élu par les bourgeois, « *car l'élection est la caractéristique de la liberté* » et tous les habitants *possessionali*, sans distinction de religion, furent également électeurs et éligibles. Les magistrats devaient, cependant, communiquer à la Commission de la police toutes les dispositions prises.

En ce qui concerne la représentation à la Diète, les sept villes les plus importantes, désignées par la loi, dans chacune des trois provinces de Grande et de Petite Pologne et de Lithuanie, devaient envoyer un député aux Etats ; de ceux-ci, six feront partie de la Commission des finances, six de celle de la police, et neuf des tribunaux assessoriaux, pour deux ans, avec voix délibérative dans les questions commerciales et municipales, et seulement voix consultative dans les autres. Pour les Commissions *bonæ ordinis* enfin, les villes de chaque woïéwodie devaient élire six membres, dont trois de la bourgeoisie et trois de la noblesse.

Les bourgeois obtenaient le droit d'acquérir les propriétés foncières, et l'avancement dans l'armée (excepté dans la *cavalerie nationale*) ainsi que l'accès aux carrières administratives, judiciaires et ecclésiastiques (sauf celles réservées spécialement à la szlachta).

Dans une foule de cas, l'anoblissement des bourgeois avait lieu en quelque sorte *ipso facto* et cette mesure excellente préparait dans un avenir prochain la fusion de la szlachta et de la bourgeoisie et l'égalité politique de ces deux classes. En attendant, on étendait aux bourgeois le privilège de la *loi cardinale* : « *neminem captivabimus* », l'*habeas corpus* de la Pologne ; on les soustrayait, en outre, aux juridictions de la szlachta (seule, celle du maréchal fut maintenue dans la résidence royale) ; on établit enfin des tribunaux spéciaux pour les villes.

Cette loi réalisait donc un grand progrès et aux critiques injustes de Victor Heltman (1) ou de mauvaise foi de Méhée (2) nous nous contenterons d'opposer l'opinion de de Caché, exprimée dans son rapport, adressé à Vienne le 27 avril 1791 :

« *Avant tout, il faut noter une direction importante et inat-* « *tendue des pensées de ce peuple, puisque la szlachta, qui* « *jusque-là défendit si ardemment son importance et ses pré-* « *rogatives et ne voyait dans la bourgeoisie que des créatures* « *subordonnées, a aujourd'hui résolu, à l'unanimité, de par-* « *tager ses privilèges avec cet état. Ce résultat est certainement* « *dû à l'instruction que S. M. le Roi s'efforce de répandre dans* « *le pays ; les Potocki y ont aussi beaucoup contribué en y pré-* « *parant depuis longtemps les esprits. C'est, dit-on, pour ga-* « *gner les bourgeois à leur cause qu'ils ont ainsi agi. Toujours* « *est-il que l'opposition fut peu violente, quand on comprit* « *que l'on pourrait, par cette loi, attirer beaucoup d'habitants* « *des états voisins, de la Prusse notamment... Ne serait-il pas* « *prudent de prendre les mesures nécessaires pour empêcher* « *l'émigration des bourgeois de Galicie ?* »

Le fait est que Stanisław August écrivait à Deboli en date du 20 avril 1791 : « *A la nouvelle du vote de la loi, trois marchands* « *étrangers, un de Moscou et deux de France, ont résolu de* « *venir se fixer en Pologne avec tous leurs biens* » et que Fré- « déric-Guillaume II mandait au comte de Goltz : « *En ce qui* « *concerne les privilèges et avantages que la Diète veut accorder* « *ou restituer aux habitants des villes, j'en aperçois les consé-* « *quences ainsi que la difficulté de les empêcher. J'ai confiance* « *en votre intelligence et votre patriotisme pour diminuer le* « *mal qui pourrait en sortir.* »

Est-ce que tous ces faits ne sont pas éloquents par eux-mêmes et ne suffisent pas à attester l'importance de ce premier pas fait dans la voie de la régénération ?

(1) Cf. « La Constitution du 3 mai » (Konstytucya 3go Maja), Lipsk (Leipzig) 1865, contenant l'article de Victor Heltman, écrit en polonais à Poitiers, en 1829 et intitulé ; *Les demi-mesures.*
(2) Méhée : *La prétendue révolution de Pologne,* Paris, 1792. (Cf. Lelewel, *op. cit.,* t. II.

Le comte de Goltz se donna beaucoup de mal, en vain, comme le constatèrent Essen et de Caché, mais il se consola vite à l'espérance qu'il exprime dans son rapport à Berlin le 21 avril 1791, « *que la noblesse polonaise, après mûre réflexion, se repentirait* « *de ce décret hâtif* (!) *et qu'elle le supprimerait comme cela* « *arriva souvent.* »

La prévision se réalisa hélas ! la confédération de Targowica supprima en effet la loi ; mais on ne peut nullement en accuser la Diète de quatre ans.

CHAPITRE VII

La Question des paysans.

En même temps que la question des villes était à l'ordre du jour et faisait l'objet de très vives discussions, on agitait celle des paysans qui, étant d'une portée considérable, au point de vue politico-social, devait avoir, semble-t-il, une influence prépondérante sur le sort même de la réforme générale.

Mais il n'en fut pas ainsi. Pourquoi cette question, pourtant capitale, ne parvint-elle pas à attirer et à fixer l'attention publique, au même degré que les diverses questions administratives, politiques et sociales, que nous avons déjà passées en revue? pourquoi ne fut-elle étudiée que par un petit nombre d'écrivains et pourquoi la plupart de ceux qui osèrent la traiter ne le firent-ils que bien timidement? c'est ce que nous allons avoir à examiner au cours de ce chapitre.

Certes, c'eût été une gloire immortelle pour la Pologne, si, à cette question du peuple des campagnes, elle avait pu donner *alors* une solution immédiate et satisfaisante; cependant il faut reconnaître que cela n'était guère possible et les divers publicistes qui étudièrent ce problème social si complexe, encore que très favorables aux classes rurales, ne purent qu'indiquer la voie à suivre pour rendre progressivement aux paysans la liberté et les droits politiques, dont ils avaient joui jadis. Mais, ici encore, l'œuvre des trois puissances co-partageantes ne permit pas la réalisation de ces idées généreuses, dont l'application n'aurait pu manquer d'être pour la Pologne une source nouvelle de puissance et de prospérité et les démembrements de la nation polonaise vinrent ajourner la solution de ce problème social, que se posait alors à elle-même la classe dirigeante et qu'elle eût résolu pacifiquement dans un avenir peu éloigné. Ce sera l'honneur des Zamoyski, des Chreptowicz, des Brzostowski, des Poniatowski et des Czartoryski, des Wybicki, des Kołłątaj et des Staszyc d'avoir été les promoteurs de ce mouvement et d'avoir prêché par la parole et par l'exemple.

Depuis Modrzewski et Skarga, tous les esprits éclairés, qui comprenaient que la prospérité de la Pologne était indissoluble-ment liée au bonheur de ses laboureurs, n'avaient pas cessé de protester contre la sujétion du peuple des campagnes et ces voix éloquentes devaient finir par être entendues, dans la deuxième moitié du xviiie siècle : la Constitution de 1768 repoussa le rachat en argent du meurtre d'un paysan ; puis ce furent les projets de réforme du Code d'André Zamoyski, ceux de Hugo Kołłątaj et de Stanisław Staszyc, et enfin l'article iv de la Constitution du 3 mai 1791 accordant la protection des lois aux paysans ou laboureurs. Mais (et l'on ne saurait trop insister là-dessus), de même que la loi sur les villes du 18 avril 1791, votée à *l'una-nimité*, ne fut que le résultat de la volonté spontanée d'une assemblée composée exclusivement de gentilshommes, de même ici, c'est du sein de la szlachta que s'élevaient toutes ces voix inspirées par un vif sentiment d'humanité et nullement du sein du peuple, sur lequel elles n'exercèrent et ne pouvaient d'ailleurs exercer aucune influence.

I

En 1791, selon Korzon (1) il y avait en Pologne à peu près 6.360.000 paysans, sur lesquels 10.000, comme colons allemands, avaient conservé le privilège de s'administrer eux-mêmes, et 1.000.000 environ n'étaient pas attachés à la glèbe.

(1) T. Korzon, Hist. int. de la Pologne (1764-1794), *op. cit.*

Tous les autres (c'est-à-dire le plus grand nombre), qui étaient la chose de leurs maîtres, se répartissaient à peu près ainsi : 190.000 pour les domaines de la couronne, (*bonae regis mensae*), 840.000 pour les biens royaux, 860.000 pour les biens ecclésiastiques et 3.500.000 pour les biens de la szlachta.

Dans les domaines de la Couronne et du Clergé, les paysans eurent toujours une condition meilleure ; ils ne perdirent jamais la propriété de leurs habitations et, dans beaucoup d'endroits, ils purent même rester propriétaires de leurs terres, moyennant le paiement d'une redevance annuelle ; de plus, ceux qui appartenaient aux biens de la Couronne étaient protégés, dans une certaine mesure, contre l'injustice : des jugements iniques qu'aurait pu rendre contre eux le staroste, ils avaient en effet la ressource d'en appeler aux *cours royales*. Sans doute, c'était là une bien faible garantie, mais cela valait quand même mieux pour les paysans de cette catégorie, que d'être, comme les autres, absolument à la discrétion de leurs maîtres, car telle était la situation de ceux qui appartenaient à de simples particuliers. Il est en effet à remarquer qu'on ne peut trouver, jusqu'à la fin du xviiie siècle, la moindre trace d'ingérence de l'Etat dans les rapports entre seigneurs et paysans ; il n'en fut pas de même en Prusse et en Autriche, mais en Pologne ce fut l'initiative privée qui joua ici le principal rôle et c'est d'elle que vinrent les diverses tentatives faites pour améliorer la condition des paysans. Sans doute, elles n'étaient que le résultat nécessaire de la marche de la civilisation, mais il n'en est pas moins vrai que cette amélioration, si faible fût-elle, suffit cependant à propager, au milieu du xviiie siècle, la renommée qu'en Pologne les paysans commençaient à jouir d'une certaine liberté, à en juger par les plaintes formulées par la tsarine au sujet de l'émigration de paysans russes (1).

Il y avait alors en effet, dans la république, de généreux précurseurs, qui se distinguaient par leurs idées humanitaires, favorables à la classe laborieuse. Ils donnèrent le bon exemple à leurs compatriotes en affranchissant leurs paysans et en abolissant la

____

(1) **Ferrand** : Histoire des trois démembrements de la Pologne, Paris, 1820, t. II, liv. V, p. 64.

corvée, remplacée par des redevances; en même temps ils cherchaient à faire pénétrer dans les couches profondes de la population rurale les bienfaits de l'instruction. Doit-on voir là une influence pratique et effective des idées physiocratiques? C'est fort possible, car elles commençaient alors à se répandre de France en Pologne. (1) En tous cas nous sommes loin ici du système politique égoïste et immoral, trop souvent préconisé, et appliqué, qui consiste à entretenir volontairement une profonde ignorance dans les masses pour mieux les dominer (2).

Le premier qui octroya à ses paysans ce beau don de la liberté fut André Zamoyski, grand chancelier de la couronne (1760), qui affranchit ses sujets de la terre de Biezun (3); son exemple fut suivi par Joachim Chreptowiez, vice-chancelier de Luthuanie et par Paweł Brzostowski, qui, l'un dans ses terres de Szczosce et l'autre à Pawłow, appliquèrent généreusement les maximes philanthropiques à l'amélioration de la classe la plus intéressante des habitants. Ainsi firent aussi le prince Czartoryski, grand panetier de Lithuanie, le prince Stanisław Poniatowski, général puis grand trésorier de la Couronne, neveu du roi, et beaucoup d'autres encore parmi lesquels n'oublions pas de mentionner le prêtre Hugo Kołłątaj, — mais la grande masse de la nation ne se laissa pas entraîner.

Ici, en effet, comme dans toutes les autres questions, les préjugés étaient le grand obstacle au progrès. Le szlachcic était si passionnément attaché à ses droits sur ses paysans qu'il n'eût pas admis que n'importe quelle autorité dans la République pût se permettre de contrôler sa conduite envers ses administrés et se mêler ainsi de ses intérêts privés. Quelques faits feront comprendre quel était l'état d'esprit de la masse de la szlachta. La Constitution de 1768, qui dit cependant un mot en faveur des

---

(1) Dr J. Marchlewski, *Der Physiokratismus in Polen, op. cit.*

(2) Contentons-nous de citer un exemple, qui date du xixe siècle : La loi de l'Etat de Géorgie (Etats-Unis) (1829) « punissait d'amende et de coups de fouet quiconque enseignait à lire et à écrire à un homme de couleur ». Cf. *Revue Pédagogique* du 15 août 1900.

(3) Cf. W. Coxe, Voyage en Pologne, etc., *op. cit.,* et Lelewel, Hist. de Pologne, *op. cit.,* t. II.

paysans, non seulement maintint dans son intégrité le *jus dominii et proprietatis* des seigneurs, mais encore inséra ce principe dans les *lois cardinales, éternelles et intangibles* et pendant les débats à la Diète sur le Code de André Zamoyski, qui, en 1780, essaya de faire adopter par toute la nation les principes qu'il appliquait lui-même depuis vingt ans, on déclara à maintes reprises qu'il « *fallait être fou pour vouloir supprimer l'esclavage sur ses terres* ».

Sans nul doute, on ne trouve dans l'histoire aucun exemple d'un pareil renoncement ; dans la plupart des cas, en effet, de semblables réformes ont été faites peut-être législativement, mais à coup sûr en employant la violence, et cela, même dans les pays où le gouvernement était autrement puissant qu'en Pologne. C'est ainsi que la Diète de Hongrie refusa son concours à la régularisation des rapports entre les propriétaires fonciers et leurs sujets, et qu'en Prusse, Frédéric II ne parvint pas à vaincre la résistance opiniâtre de l'aristocratie et à abolir la servitude dans ses Etats. Seule, en France, l'Assemblée Nationale parvint à réaliser cette grande réforme, parce que la bourgeoisie avait triomphé de la royauté, après que le pouvoir et l'influence eurent passé des mains de la noblesse dans les siennes, au grand scandale du duc de Saint-Simon, et encore cette réforme ne s'y accomplit pas sans porter un préjudice matériel considérable aux propriétaires fonciers qui perdirent en outre toute influence politique. Mais en Pologne, l'ordre équestre était tout puissant et, jusqu'au dernier moment, il put régner despotiquement sur ses paysans. Vivant uniquement des revenus de leurs terres, les gentilshommes polonais n'auraient pu supporter un tel bouleversement économique en matière de propriété foncière ; ils ne sentaient d'ailleurs nullement la nécessité d'un pareil changement ; donc à côté du préjugé — qui faisait dire à l'hetman Seweryn Rzewuski que « *pour un szlachcic la plus grande honte serait d'être cité en justice par son paysan* » (sentiment que la grande masse de la szlachta partageait), — il y avait un deuxième facteur peut-être plus puissant encore : l'intérêt matériel de la noblesse ; et, quoique l'intérêt bien entendu lui conseillât de réformer ses rapports avec les paysans, afin de se préserver à temps d'une ruine totale, quoique un avenir prochain dût vraisemblablement réparer la perte d'argent qu'elle eût ainsi subie, la masse de la szlachta, cependant, peu éclairée, ne pouvait s'élever à une telle hauteur d'intelligence politique et regardait d'un mau- vais œil une affaire aussi notoirement désavantageuse pour elle.

Voilà pourquoi il n'y eut qu'un petit groupe éclairé et actif qui travailla dans cette direction et chercha à influer sur l'opinion publique par la parole, les écrits et même les actes. Le nombre des brochures, en cette matière, fut donc relativement restreint. Sans doute les défenseurs des villes n'ont pas manqué de dire, en passant, quelques mots sur les paysans — mais il n'y a que bien peu d'opus- cules consacrés exclusivement à ces derniers, et leurs auteurs se bornent en général à chercher à déraciner les préjugés, sans vou- loir prendre pour but la réalisation immédiate de la réforme so- ciale, qu'ils se contentent d'indiquer « pour l'avenir ».

II

Parmi ces écrits, beaucoup méritent une mention spéciale par la connaissance du sujet qu'ils traitent et la clarté de son exposi- tion ; citons : *Remarques pratiques sur les serfs polonais con- cernant leur liberté et leur servitude* » (1). — Thadée Morski : « *Remarques sur les paysans* » (2). — Franciszek Makulski : « *La révolte de l'Ukraine ou remarques d'un habitant sur l'Ukraine* » (3).

Leur but était de persuader la nation de la nécessité d'amé- liorer le sort des paysans, de montrer en gros les avantages de ces changements moraux et matériels autant pour le bien de chacun que pour le bien de tous. Sans se borner aux arguments fournis par la raison, ils s'adressaient aussi aux sentiments et par un tableau

---

(1) « Uwagi praktyczne o poddanych polskich względem ich wolności i niewoli ». W. 1790, in-8°, 178 p.

(2) Tadeusza Morskiego, « Uwagi o chłopach », W. in-8°, 52 p.

(3) « Bunty Ukraińskie czyli Ukraińca nad Ukrainą Uwagi », przez Fr. M., 1790, in-8°, 206 p.

expressif de la misère des paysans, ils s'efforçaient d'exciter la commisération générale. Sous le rapport des propositions, ils se bornent aux réformes les plus indispensables, commandées par la simple humanité.

Voici le résumé d'une « *Remarque* » écrite en 1789 et destinée aux futurs auteurs de la Constitution du 3 mai 1791, qui traite très bien cette question, au point de vue économique (1).

La liberté personnelle et le droit de propriété sont les droits fondamentaux de l'homme et du citoyen (2); il faut donc que toute la nation y participe. Pourtant, dans l'état social actuel, il est absolument inadmissible qu'il soit permis aux paysans, qui travaillent pour les gentilshommes et labourent leurs terres, de quitter la charrue selon leur caprice et au gré de leurs fantaisies...

Le szlachcic doit donc avoir sur ses paysans un certain pouvoir (mais ce pouvoir doit être donné et limité par la loi afin de supprimer tout arbitraire), car il est légitime que le paysan soit légalement tenu de cultiver la terre du gentilhomme, parce que quiconque vit de la propriété d'autrui doit s'acquitter par son travail s'il ne peut le faire autrement; dès lors il est nécessaire qu'un contrat puisse intervenir entre nobles et paysans, pour régler les obligations réciproques dans l'intérêt de tous les contractants, à condition toutefois que la loi donne au szlachcic les moyens de contraindre le paysan à l'exécuter et lui accorde un certain droit de juridiction domestique, analogue à la puissance paternelle ou au pouvoir du maître sur son valet. Le szlachcic aurait naturellement à répondre de tout abus d'autorité. Les avantages, par contre, qu'il retirera ainsi de ses terres iront sans cesse en augmentant, car le paysan travaillera pour lui, non plus par force et sans espoir, mais avec la certitude d'obtenir rémunération de sa peine.

En réclamant ainsi pour le paysan le droit au travail libre, nous n'avons nullement l'intention de lui accorder des droits politiques égaux à ceux du szlachcic. Ce que nous désirons en effet, c'est tout simplement qu'il devienne le maître et l'absolu

____

(1) « **La Constitution du 3 mai (Konstytucya 3go Maja), op. cit. (Leipzig, 1865).**

(2) **C'est une idée physiocratique. Cf. Le Trosne, par ex.**

propriétaire de ce qu'il aura pu gagner à la sueur de son front, qu'il puisse, en un mot, disposer librement de son pécule.

Après l'expiration du contrat passé, le paysan doit pouvoir, à sa volonté, le renouveler ou aller s'engager ailleurs et contracter, comme bon lui semblera, un nouvel engagement avec un nouveau maître. Les animaux n'ont-ils pas la faculté de chercher, où il leur plaît, la nourriture. N'est-ce pas là une chose toute naturelle? Pourquoi, dès lors, serait-il défendu à un homme de quitter les lieux où la faim et la misère sont le partage de sa triste destinée et d'aller dans un autre endroit où il pût trouver, par son travail, le bonheur et l'aisance? Et quel dommage en résulterait-il au point de vue national? Absolument aucun, évidemment. Cela ne pourra faire du tort qu'au maître trop dur envers ses paysans ; le bon propriétaire, au contraire, plein d'humanité envers eux, aura tout avantage et, à la fin du compte, la nation y gagnera un accroissement de prospérité.

— Mais, objectera-t-on, si vous permettez cela au paysan, n'est-il pas à craindre qu'il ne lui vienne bientôt à l'idée d'émigrer, ce qui causerait au pays un dommage réel et sérieux?

— C'est là une crainte absolument chimérique : le paysan, en effet, ne se résoudra à quitter le sol natal que dans deux cas: quand il aura commis un crime ou quand il y sera poussé par la misère. Or, quel dommage en résulterait-il pour la République, si le paysan criminel fuyait sa patrie? Et si c'est la misère qui le réduit à cette triste nécessité, n'en serons-nous pas nous-mêmes cause? Pour attacher l'homme à sa patrie, il n'y a, en effet, qu'un moyen : c'est de briser absolument les fers de la servitude, où il git enchaîné et qui déshonore notre pays. Libre, le paysan travaillera avec plus d'ardeur et il ne lui viendra jamais à l'idée d'émigrer. Bien plus, puisque nous désirons voir les étrangers augmenter encore le nombre des habitants de la Pologne, n'interdisons pas aux polonais d'aller s'établir hors de nos frontières, car, en voyant nos paysans attachés à la glèbe, les colons se garderont bien de venir s'établir sur un territoire, où l'on ne peut vivre sans s'exposer à la perte cruelle de la liberté.

Remarquons, d'autre part, que l'attachement obligé du paysan à une portion déterminée du sol est certainement la cause immédiate du grand nombre de terres en friche.

Le roi Stanisław Leszczyński dans sa « *Voix libre* » avait déjà soutenu la même opinion :

« Les paysans sont attachés à la glèbe, à la terre du seigneur
« et ne peuvent la quitter. De là le triste état de l'agriculture :
« des cantons entiers restent incultes... De grandes terres sont
« en effet presque entièrement dépourvues de paysans pour les
« cultiver, tandis que d'autres, au contraire, sont surchargées de
« paysans, qui ne peuvent parvenir à y trouver leur maigre subsis-
« tance ; et pourtant le gentilhomme s'opposera à ce que ses
« paysans aillent où ils pourraient être utiles, bien que chargé du
« soin de les entretenir, et cela par simple amour-propre. »

Mais ce n'est pas tout : le paysan doit pouvoir encore laisser à ses héritiers ce qu'il a amassé et économisé, et rien, par suite, ne doit s'opposer à ce qu'il devienne propriétaire foncier. On ne voit pas, en toute justice, ce qui pourrait lui interdire la possession territoriale ; en tous cas, ce n'est certes pas la loi divine, car Dieu a créé la terre pour tous les hommes. sans distinction ; or le paysan n'est-il pas un homme, comme le szlachcic ? Si l'on trouve juste (et qui oserait raisonnablement soutenir le contraire ?) qu'il puisse posséder ce qu'il a gagné par son travail, on doit consentir aussi à ce qu'il puisse léguer tout son avoir à ses enfants. Comment, dès lors, ne pas admettre qu'il devienne propriétaire foncier ? En bonne logique, ayant la libre disposition du fruit de son travail, peut-on lui refuser le droit de l'employer comme bon lui semble, notamment à l'achat de quelque terre, qu'il transmettra à ses héritiers ? Sans doute les lois anciennes s'y opposaient, mais nous contestons qu'elles aient encore le droit de s'y opposer. Autrefois, ne pouvaient posséder que ceux qui remplissaient les obligations du service militaire, mais il n'en est plus ainsi : la terre d'un gentilhomme ne sert plus qu'à l'entretien de lui et de sa famille et (comme dans tous les pays qui ont des armées régulières) le service militaire, en Pologne, est devenu un service personnel ; point n'est besoin désormais pour servir, pour devenir officier, d'être propriétaire, puisque les officiers touchent maintenant une solde. De plus, comment le Trésor obtient-il l'argent nécessaire à tous les besoins publics? C'est par l'impôt, que paie la terre, que paie le propriétaire, non en tant que szlachcic, mais en tant que possesseur. L'impôt résulte donc, non pas de la qualité de la personne qui possède, mais de la qualité et de l'étendue de la terre possédée. Dès lors, qu'importe au pays que l'impôt soit payé par un szlachcic ou par un paysan? Au point de vue national, en effet, il est seulement utile que le propriétaire foncier paie, quel qu'il soit.

— Sans doute, nous dira-t-on, mais voyez donc les funestes conséquences d'une telle transformation. Le paysan, acquérant la terre, deviendra à son tour szlachcic, c'est-à-dire citoyen.

— Eh bien, quand il en serait ainsi, où serait le mal? D'ailleurs cela ne se réalisera pas immédiatement, dès la première généra-tion; pensez en effet à la vie toute de labeur, de privations sans nombre et d'économies que le paysan, son fils et même son petit-fils devront endurer avant de pouvoir atteindre ce but? D'autre part le szlachcic qui serait forcé de vendre ses terres à un paysan enrichi ne saurait être qu'un gentilhomme prodigue et ruiné, pour qui la possession de la terre ne saurait plus avoir ni charme ni utilité, et, dans ce cas, ne sera-ce pas un bien, au point de vue de l'économie nationale?

La liberté pour le paysan de posséder n'amènera pas, non plus, comme on le craint, le morcellement de la propriété foncière. En outre, parmi les gentilshommes de fortune médiocre, ceux qui ne vivent que du travail de leurs paysans ne vendront pas facilement leurs biens et, s'ils le font, ce sera à un prix très élevé. La loi défendant à un szlachcic de tirer profit de la vente de ses propriétés à un non-noble est donc contraire à ses intérêts et à sa propre liberté, et son abrogation aurait pour heureux résultat de multiplier le nombre des acquéreurs et d'augmenter, par suite, la valeur de la terre.

Ayons donc le courage d'avouer que c'est uniquement nos préjugés qui s'opposent à ce que les paysans deviennent proprié-taires fonciers! Cela flatte notre amour-propre national de voir la szlachta posséder seule la terre; nous sommes fiers de notre aristocratie, dont quelques membres détiennent d'immenses pro-priétés, qui sont loin d'être entièrement et bien cultivées, au grand dommage de l'intérêt général. Ce sont les magnats, pourtant, ces grands seigneurs, qui ont causé la ruine de la patrie, son anarchie et son appauvrissement. C'est à la largesse de nos Rois qu'ils doivent ces immenses territoires, qui ne sont en somme que des lambeaux arrachés à la république, qui s'est trouvée ainsi peu à peu frustrée de la plupart de ses revenus; la patrie s'est dépouillée pour la szlachta, mais aucun szlachcic ne s'est ruiné pour elle !

Au moins ces possesseurs de fortunes colossales les ont-ils employées à répandre chez leurs serfs les bienfaits de l'instruction ? Nullement, et l'ignorance des paysans (1) est toujours aussi absolue que dans les temps reculés. Ont-ils au moins contribué, ces grands détenteurs des biens de la république, à développer le commerce et l'industrie, à protéger les sciences et les arts ? Pas davantage. L'argent prodigué par nos Rois ne leur a servi qu'à entretenir de véritables armées, qu'ils employèrent souvent contre leur propre patrie ! Ils tiennent des cours fastueuses et vivent dans l'oisiveté, entourés d'une foule de courtisans, de flatteurs, sans avoir même l'air de se douter qu'il existe au monde un pays qu'ils auraient dû aimer et servir en s'efforçant, pour se rendre utiles, d'accroître sa prospérité.

Mais voici venir une ère meilleure ; l'amoindrissement des fortunes colossales, que possédaient quelques-uns, a eu pour résultat d'établir dans la szlachta une égalité plus réelle que celle dont on parlait tant et qui n'existait que de nom. L'influence personnelle que possédait une poignée de magnats cesse devant le mérite de chacun et l'intérêt général commence enfin à dominer. Pourvu qu'il ne soit pas trop tard !

(1) Il faut dire que la masse de la szlachta, vers le milieu du XVIIIe siècle, était en majorité également très ignorante. En Pologne, pays de progrès et de lumières au temps de sa puissance et de sa prospérité, l'obscurantisme avait gagné, à cette époque, beaucoup de terrain ; mais, sous Stanisław August, on lui fit une guerre sans merci avec les Konarski, les Czacki, les Kołłątaj ; on créa en outre une « Komisya edukacyjna », etc. Cf. W. Smoleński, La révolution intellectuelle, *op. cit.*

III

Cependant, parmi les publicistes, il s'en trouvait quelques-uns, aux yeux desquels ces réformes étaient insuffisantes et incomplètes et qui, convaincus que de la solution définitive de la question des paysans dépendait la prospérité du pays, n'hésitèrent pas à demander qu'on affranchît les paysans et qu'on leur accordât en outre quelques droits politiques.

Cette idée généreuse, lancée par J. Wybicki avant la Diète de quatre ans, se trouve développée dans quelques écrits, notamment dans celui de *l'anonyme*, intitulé : « *Des serfs polonais* » (1), un des ouvrages les plus importants et les plus profonds de la littéture politique de l'époque. L'auteur, après avoir exposé, dans un tableau très précis, l'état du peuple des campagnes, sa misère matérielle et sa décadence morale et montré les terribles conséquences qui en résultent pour le pays, déclare qu'il n'y a qu'un remède à cette situation qui ne fera qu'empirer chaque année : l'abolition de la servitude. Il faut concéder, dit-il, la terre aux paysans en échange d'une redevance annuelle payable en nature ou en argent ; puis, cette réforme fondamentale achevée (et c'est là

(1) « O poddanych polskich ». W. 1788, in-8°, 115 p.

A propos de ce livre, D. Pilchowski, ex-jésuite, professeur à l'Académie de Wilno, et, plus tard, suffragant de l'évêché de cette ville, publia la brochure : « *Réponse à la question : dans les siècles passés, l'insensibilité envers les serfs a-t-elle tellement dominé le cœur des Polonais que même ceux qui étaient éclairés, la possédaient? ou Addition à l'opuscule des serfs polonais.* » (Odpowiedź na pytanie : izali nieczułość w wyższych wiekach ku poddanym tak była opanowała serca Polaków, iż uczeni nawet nią zaraże ni zostali czyli Dodatek do księgi : O poddanych polskich), 1789, in-8°, 147 p. — Kossakowski, qui écrivit la biographie de Pilchowski, tombe généralement d'accord avec lui et démontre que dans les siècles passés, les hommes les plus éclairés et les plus instruits se montraient déjà partisans de l'amélioration du sort des paysans.

Cf. Dr Roman Pilat, *op. cit.*, V.

une condition *sine qua non* d'une organisation sociale plus durable et plus équitable), d'autres doivent suivre nécessairement : c'est ainsi que le paysan doit jouir de la liberté d'aller et de venir et de celle de se marier à son gré et qu'il doit, par conséquent, pouvoir obtenir réellement justice. A cet effet, l'auteur regarde comme indispensable l'établissement dans chaque village, d'un tribunal composé de paysans sous la présidence du propriétaire, avec appel aux tribunaux des villes et il termine en recommandant à la commission de l'instruction de veiller à l'éducation du peuple (1).

Dans les « *Pensées politiques pour la Pologne*, » J. Wybicki exprima l'opinion que la réforme intérieure était le principal, sinon l'unique souci de la Diète, qui devait la faire précéder de celle de l'agriculture, cette source de toute richesse dans un pays qui, comme la Pologne, était essentiellement agricole. « *Que l'agricul-* « *ture redevienne florissante et l'industrie se développera tout* « *naturellement, tant ces deux branches sont étroitement unies* « *l'une à l'autre. Du bien-être du paysan dépend donc celui de* « *la nation tout entière, celui des industriels comme celui des* « *marchands. Le commerce et l'industrie sont en effet à leur* « *tour en complète connexion, et l'on peut les représenter comme* « *figurant les rouages d'une montre, dont le ressort serait* « *l'agriculture ; que celui-ci soit excellent et le mécanisme sera* « *parfait ; qu'il soit, au contraire, rouillé, ou brisé ou trop* « *faible et la montre ne marchera pas.* » (2)

Le prêtre Hugo Kołłątaj fut aussi un défenseur ardent et passionné des paysans : « *Si nous voulons que notre Constitution* « *soit parfaite* », s'écrie-t-il, « *commençons pas la mettre d'accord* « *à ce point de vue avec les lois de Dieu et de la nature !* » (3)

Deux ans après, il prend plus énergiquement encore en mains

(1) Le 13 avril 1790, sur la motion de Kublicki, la Diète décida que les commissions civilo-militaires protégeraient les paysans et veilleraient à leur instruction ; elles s'acquittèrent pour la plupart très bien de leur nouvelle tâche. Cf. Tadeusz Korzon : *Commissions civilo-militaires des districts et woïéwodies*, 1790-1792 » (Komisye porządkowe cywilno-wojskowe wojewódzkie i powiatowe w, latach 1790-1792) Ateneum-mars 1882.

(2) Cité par B. Limanowski, *op. cit.*

(3) Lettres d'un anonyme, *op. cit.*

la cause des paysans : « *La nation polonaise ne saurait être vrai-*
« *ment libre tant que la législation n'y existera que pour une*
« *petite fraction des habitants et que tous les autres resteront*
« *soumis à la servitude* » (1) et dans le « *Dernier avertissement*
« *à la Pologne* » il s'écriait encore : « *La liberté doit être l'intérêt*
« *commun de tous les hommes. Qu'il n'y ait plus un seul*
« *esclave dans les limites du territoire de la république et les*
« *puissances voisines ne pourront plus se servir de nous pour*
« *être les artisans de notre propre ruine.* »

Comprenant que, livré à lui-même, le paysan n'en resterait pas
moins désarmé, quoique libre, Kołłątaj demandait la création de
« *tribuns du peuple* », choisis parmi la szlachta ; ils seraient tenus
de s'engager par serment à défendre toujours les droits du peuple.
Leur présence à la rédaction et à la signature de tout contrat passé
par le paysan serait indispensable, à peine de nullité.

Certes, il savait fort bien que ces désiderata étaient insuffisants,
mais il avait compris qu'on ne pouvait demander plus, pour le moment, à la noblesse. Cela n'empêcha pas les confédérés de Targowica de ne pas pardonner à Kołłątaj d'avoir osé prendre en main
la défense des bourgeois et celle des paysans, et d'avoir revendiqué
énergiquement les droits politiques pour les uns et la liberté pour
les autres.

Dans le même esprit, mais avec une éloquence plus forte et plus
véhémente, parla Stanisław Staszyc, qui déclara *« que la servitude*
« *en Pologne avait causé plus de ravages que tous les ennemis*
« *réunis de la république* » et en rendit responsable la szlachta :
« *Abolissons donc la servitude et dans vingt ans le pays sera*
» *transformé ; il ne lui manquera plus ni hommes ni argent*
« *pour sa défense ; si nous n'osons le faire encore, rempla-*
« *çons-la du moins par un système de fermage, mais de toute*
« *façon reconnaissons au paysan le droit de posséder le sol.* » (2)

(1) Droit politique, *op. cit.*, préface, p. 9.
(2) Kalinka, *La Diète de quatre ans, op. cit.*, t. II, liv. V, ch. 3, § 155.

IV.

Le roi s'intéressa beaucoup à cette question et, dans sa correspondance privée, on a trouvé des projets de réforme concernant les paysans. (1) Mais il y eut des écrivains comme le castellan de Łuków, Jacek Jezierski, qui, bien que partisan de l'affranchissement complet du peuple des campagnes, conseillèrent de ne pas soulever la question à la Diète, car il sentait très bien l'hostilité non déguisée que la szlachta devait montrer à tous ces projets.

Cependant Kołłątaj, ainsi qu'il l'avait fait pour les villes, rédigea « une adresse des paysans aux États » (2) ; de plus, on porta la question à la Diète, à plusieurs reprises, notamment à propos de la création de nouveaux impôts (3) mais elle ne reçut pas la solution espérée. Les généreux conseils des publicistes étaient en effet prématurés : ils ne furent ni écoutés ni suivis.

(1) Cf. B. Limanowski, *op. cit.*
(2) Głos poddaństwa do stanów sejmujących.
(3) V. supra, p. 100, 109-110.

CHAPITRE VIII.

La journée du 3 mai.

L'heureuse solution de la question des villes faisait bien augurer de l'avenir et tous les partisans convaincus des réformes espéraient pouvoir mener à bonne fin l'œuvre commencée. Les conférences secrètes chez Piatoli continuèrent de plus belle ; soixante membres y prirent bientôt part et le nombre des *conjurés*, selon le joli mot de Julien-Ursin Niemcewicz, augmentant sans cesse, on put enfin décider de présenter le « projet de Constitution » (1) aussitôt après les fêtes de Pâques. Ordinairement, en effet, les membres des états ne se pressaient guère à cette époque de rentrer à Varsovie et prolongeaient volontiers leur séjour à la campagne. Or, rien n'empêchait de prévoir qu'il n'en serait pas encore de même cette année, surtout pour cette bonne raison qu'à l'ordre du jour de la séance de rentrée, fixée au 2 mai, figurait l'examen des comptes rendus financiers. Les réformateurs purent donc prendre tout à leur aise les diverses mesures nécessaires pour profiter de ces cir-

(1) Il avait été décidé dans ces conférences que les membres accepteraient le projet tel quel, sans pouvoir y apporter de modifications, comme le prouve la lettre de Piatoli au roi, du 29 avril 1791 : « M. Stanisław, persuadé que l'organisation de la *Straż*, délibérant à la pluralité, entraîne « de terribles inconvénients, se propose de présenter à V. M. des réflexions « à ce sujet. Ses raisons sont excellentes, mais je lui ai dit qu'elles nous « étaient connues et que vous persistiez, malgré cela, dans le plan adopté. » Cf. Kalinka, *la Diète de quatre ans*, t. II, p. 720, note 1.

constances, favorables à leur dessein patriotique. Ils prévinrent leurs amis de ne pas quitter Varsovie pendant les fêtes ; le roi, de son côté, écrivit personnellement à ses nombreux partisans qui étaient partis, n'étant pas dans le secret, pour les engager à un prompt retour.

Tout d'abord, on convint de la date du 5 mai pour soumettre le projet à l'approbation des États : mais Stanisław August, s'efforçant de gagner à la cause de la réforme le plus grand nombre de voix possible, eut le tort de tout dévoiler à Jacek Małachowski, qui s'empressa naturellement de divulguer le secret. Force fut donc, pour prévenir toute opposition, d'avancer la date, qui fut définitivement fixée au 3 mai 1791.

La séance de rentrée eut lieu le 2 mai : elle ne dura pas longtemps car l'on expédia vite les questions financières. Le soir, en effet, au palais Radziwiłł, où était installé le *club constitutionnel*, il y avait réunion privée des députés de la Pologne et de la Lithuanie. On devait y lire, au milieu d'un nombreux public, le projet de Constitution.

Partisans et adversaires, également conviés à cette solennité, s'y trouvèrent réunis, sous la présidence des évêques Adam Krasiński et Rybiński. Dans une courte mais éloquente allocution, Lanckoroński puis Sołtyk, déclarèrent que le seul moyen de salut qui restait au pays, était d'établir enfin un gouvernement fort. Puis, au milieu d'un silence religieux, on donna lecture du projet, qui reçut l'approbation de tous les assistants. On gagna ainsi l'appui de la population de Varsovie, où la nouvelle s'était rapidement répandue.

Cependant les *conjurés* eurent, très tard dans la nuit, une nouvelle réunion, chez Stanisław Nałęcz Małachowski, où l'on arrêta les dernières dispositions pour la séance du lendemain (1).

(1) Pris à l'improviste, les adversaires des réformes, selon J. U. Niemcewicz, cherchèrent aide et protection à l'ambassade russe, auprès de Bułhakow et y tinrent un conciliabule. Étaient présents : Branicki, Kossakowski, Suchorzewski, le chancelier J. Małachowski, le maréchal Raczyński.

Après avoir cité ce récit de J. U. Niemcewicz, le père V. Kalinka (*La Diéte de quatre ans, op. cit.,* t. II. liv. VI, ch. 1er) fait remarquer : 1° que le maréchal Raczyński n'était pas alors à Varsovie, 2° que cette réunion

* ** *

La journée du 3 mai s'est levée radieuse sur Varsovie ; la capitale est pleine de mouvement et de vie, la multitude se hâte vers le
château ; ici, des régiments de fantassins et de cavaliers ; là, les
corporations avec leurs bannières ; plus loin, les conseillers municipaux, président et vice-président en tête.

L'édifice regorge de monde ; sur les escaliers, sous le péristyle,
partout se presse une foule immense : la cour est noire de curieux ;
sur la place et jusque dans les rues avoisinantes, un entassement
énorme de bourgeois témoigne que la masse de la nation a enfin
secoué son antique indifférence pour tout ce qui touche à la patrie ;
c'est là un symptôme indiquant le réveil du sentiment national,
heureux résultat de la loi récente, admettant largement la bourgeoisie à la vie politique.

Même affluence dans la salle des séances de la Diète : dans les
galeries, les claires toilettes de printemps des dames jettent une
note gaie ; sur les bancs, au nombre de plus de **mille** sont assis les

que tous les historiens polonais ont racontée d'après J. U. N., n'est nullement mentionnée dans le livre : « Sur l'établissement et la chute de la
Constitution du 3 mai » *op. cit.* ; bien que ses auteurs n'aient laissé passer
aucune occasion d'accuser leurs adversaires devant le tribunal de l'opinion
publique, et il conclut en disant qu'en présence d'une telle prétérition, on
doit mettre en doute le récit de J. U. Niemcewicz, ajoutant que l'opposition, qui se manifesta d'ailleurs le lendemain à la Diète, n'eut aucunement
l'air d'avoir été concertée.

Qu'il nous soit permis de faire remarquer ici :

1º Que le silence des auteurs de : « O Ustanowienu i upadku etc. » ne
saurait prouver que J. U. Niemcewicz se fût trompé ;

2º Que, même concertée, l'opposition ne pouvait absolument rien, d'abord
à cause du trop petit nombre des adversaires du projet, et ensuite à cause
de la surprise que leur causa la fixation de la séance au 3 et non au 5 mai ;
cela déjoua tous leurs préparatifs, mais ceux-ci sont certains, sans cela
on n'eût pas pris, le lendemain, la précaution d'encadrer tous les membres
de l'opposition par des partisans résolus du projet.

La question n'a d'ailleurs aucune espèce d'importance, mais comme elle
n'est pas résolue définitivement, nous n'avons pas voulu, dans le doute,
parler autrement qu'en note, de cette réunion secrète à l'ambassade russe.

« arbitres » ou spectateurs, la Diète est au grand complet. L'opposition occupe une partie de la salle ; ses membres sont encadrés — à dessein — de partisans convaincus de la Constitution ; l'immense majorité est visiblement pour les « réformateurs » et tout effort pour troubler la séance ou pour l'interrompre demeurera certainement vain. Tous ont un air grave et recueilli. Au-delà de la barrière du maréchal de la Diète se tiennent le prince Joseph Poniatowski, le général Gołkowski, l'adjudant du roi et quelques lanciers ; devant s'élève le trône, entouré d'officiers de la garde royale avec les brigadiers Wielhorski, J. Potocki et le colonel Hofman.

Onze heures sonnent. Quelques minutes après entrent dans la salle les maréchaux, que suit le roi Stanisław August, avec un nombreux et brillant cortège. Les applaudissements éclatent de toutes parts ; des bravos frénétiques retentissent. Enfin **Stanisław Nałęcz Małachowski**, maréchal de la Diète, par trois fois, frappe de son bâton ; et, au milieu d'un silence solennel, ouvre la séance ; il rappelle, en peu de mots la puissance et la décadence de la Pologne :

« *Il y a trois siècles* — dit-il — *notre patrie était un brillant*
« *Etat et figurait au nombre des grandes puissances, mais,*
« *victime de ses propres fautes, elle essuya des désastres sans*
« *nombre ; aujourd'hui de pareils malheurs la menacent encore.*
« *La Commission des affaires étrangères a reçu de mauvaises*
« *nouvelles ; elle va en rendre compte à la Diète.* »

De divers côtés, on demande la parole ; c'est **Sołtyk**, nonce de Cracovie, qui l'obtient, car, suivant l'usage, la priorité doit appartenir aux nonces de la petite Pologne :

« *Il n'est bruit* — dit-il — *dans toute la capitale, que des*
« *malheurs qui menacent la patrie ; cela m'a été confirmé par*
« *des amis et des parents, résidant à l'étranger. L'heure des*
« *décisions promptes et énergiques a sonné, hâtons-nous de*
« *sauver la Pologne, si nous ne voulons pas qu'elle devienne*
« *inévitablement la proie de voisins avides. Que la Commission*
« *des affaires étrangères donne sans retard lecture des dépê-*
« *ches reçues et sans en rien omettre ; cela ne pourra qu'en-*
« *flammer notre zèle à tous et je propose que les « arbitres »*
« *assistent à cette communication.* »

« *C'est cela ! c'est cela !* » crie-t-on de toutes parts. Le roi approuve Sołtyk ; il invite le maréchal à ordonner lecture des documents. « *Oui, oui,* » répète-t-on de tous côtés. Cependant le nonce de Kalisz, **Suchorzewski,** que les adversaires de la réforme ont chargé de diriger l'opposition contre la proclamation du projet de Constitution, crie plus fort que les autres ; à plusieurs reprises il demande la parole ; on la lui refuse ; mais il s'avance au milieu de la salle et l'implore à genoux ; on la lui accorde enfin. Il retourne alors à sa place et s'écrie, en levant les bras au ciel :

« *On veut proposer à cette assemblée un projet qui attente à*
« *notre liberté. C'est dans cette intention qu'on a résolu de vous*
« *lire des dépêches, annonçant un nouveau partage du pays.*
« *Ce n'est pas tout ! On veut encore, par la terreur, imposer*
« *silence aux ardents défenseurs de la liberté, et pour ce, on*
« *n'a pas craint de comploter leur perte... C'est parce que je*
« *suis un homme libre, que je veux défendre ma Patrie, mais*
« *si l'on y introduit le despotisme, je la renierai et la*
« *combattrai, car je ne puis me résoudre à voir un moyen de*
« *salut pour elle dans la servitude....*

« *On a cherché aussi à ameuter les bourgeois contre nous,*
« *en répétant partout que nous étions hostiles au récent décret*
« *voté sur les villes et que nous voulions le retour à l'ancien*
« *ordre de choses. Cela est une pure calomnie, je le jure, et*
« *notre plus grand désir est une étroite union avec la bour-*
« *geoisie, car elle ne peut qu'être utile à la Pologne...*

« *Le bruit a couru que M. le maréchal Ignacy et*
« *M. Stanisław Potocki doivent être assassinés pendant cette*
« *séance ; à cette nouvelle, leurs femmes se sont évanouies...*
Le Prince Sanguszko, nonce de Lublin : *Mais M. le*
« *maréchal Potocki est veuf depuis longtemps !* » (1) (Rires unanimes)...

Sans s'inquiéter de la bizarre équipée et des gestes d'éner-
gumène du nonce de Kalisz, tous réclament la lecture des

---

(1) Quant à Mme St. Lubomirska-Potocka elle assistait à cette séance de la Diète dans une des galeries.

dépêches. **Matuszewicz**, nonce de Brześć-Litewski, en qualité
de membre de la commission des affaires étrangères, a la parole
pour lire les dépêches reçues des ministres polonais à l'étranger :
de Vienne, en date des 16 et 20 avril, on rapporte que dans cette
« ville, on est mécontent de l'augmentation de l'armée et du
« trésor ; qu'on considère avec le plus grand ennui la réforme et
« le perfectionnement de notre constitution ; on y était tellement
« persuadé que nous n'arriverions jamais à installer un gouverne-
« ment... Tout fait craindre que, la paix signée, nos voisins ne
« joignent leurs efforts pour empêcher la réforme de notre
« gouvernement et, par cela même, ne détruisent tout ce que la Diète
« actuelle a fait pour assurer l'indépendance de la nation. » De
Paris, en date des 8 et 11 avril, l'ambassadeur de la république
mentionne les paroles de M. de Saint-Priest : « Il convient de se
« réjouir de l'accroissement des forces militaires et gouverne-
« mentales de la république, mais il lui déplait d'entendre de
« fréquentes conversations et de lire dans les journaux et les
« écrits périodiques qu'il est constamment question d'un nouveau
« partage, comme si la Pologne devait servir à donner à l'une
« des puissances intéressées au traité l'équivalent de ce que les
« autres obtenaient sur le Turc, afin d'avoir un profit semblable. »
De la Haye, en date des 29 mars et 12 avril, l'ambassadeur répète
les paroles du ministre moscovite Kaliczew que le roi de Prusse —
cet allié de la Pologne ! — réclame nettement la permission de
l'impératrice pour la cession de Gdańsk (Danzig) et de Toruń
(Thorn) et que S. M. I. a répondu qu'elle ne pouvait céder ce qui
« ne lui appartenait pas. » De Dresde (du 27 avril), l'ambassadeur
annonce que l'Electeur (qui devait être choisi comme successeur
de Stanisław August), en l'assurant de son attachement à la
Pologne, a ajouté que cet attachement le rendra inquiet sur le sort
de ce pays tant qu'il n'apprendra pas la constitution d'une forme
durable de gouvernement, parce que, selon lui, cette réforme
peut seule assurer l'avenir de la république. De Pétersbourg, enfin,
le 22 mars, Deboli prévient que le cabinet prussien recherche
l'alliance moscovite ; et raconte que l'inaction de la Diète est
là-bas un sujet de joie et de moquerie : « On peut bien encore
« dépouiller les Polonais avant qu'ils se soient mis d'accord

« entre eux pour savoir à qui ils confieront le commandement de
« l'armée. Chacun est ici au courant de ces bruits persistants d'un
« accord entre les Etats voisins pour la ruine de la Pologne.... »

Après avoir achevé cette lecture au milieu d'un profond silence,
Matuszewicz ajouta, en se tournant vers le roi : « *C'est à*
« *V. M. que nous confions le soin de sauver la Patrie !* »

Alors le maréchal **Ignacy Potocki**, l'un des principaux
auteurs de la Constitution, après avoir annoncé qu'il ne pouvait
ajouter foi au bruit de la conjuration formée pour attenter à ses
jours et dit qu'en tous cas il ne craignait nullement la mort
et qu'il la désirerait même si elle devait être utile à sa Patrie,
déclare qu'en présence des malheurs qui menacent la République,
il ne reste plus qu'à prier le roi d'indiquer ce qu'il convient de faire :

« *Vous en avez certainement, Sire,* » dit-il en se retournant
vers Stanisław August, « *le droit, le désir et la capacité...* » Puis
il ajoute : « *Nous devons songer avant tout au salut du pays ;*
Délibérons sur le bien de la République, » disait Pierre Zbo-
rowski au maréchal de la couronne Firlej — « *et ensuite, si l'on*
« *veut, nous nous occuperons de nos dissensions privées ;* »
« *Quant à moi, de ma place, je dis :* « *Dieu veuille que nous*
« *fassions aujourd'hui le bonheur de la Patrie sans rouvrir, à*
« *jamais, l'ère, enfin close, de nos inimitiés particulières...* »

Le roi, **Stanisław August**, appelle le ministère auprès de
lui et fait cette déclaration :

« *Je ne sais ni penser ni agir autrement que pour le bien*
« *de la patrie ; j'ai toujours loyalement et en toute sincérité*
« *exprimé aux États ma façon de penser ; c'est ce que je veux*
« *faire encore aujourd'hui avec une âme d'autant plus sereine*
« *que ma conscience ne me reproche rien. Dieu m'est témoin*
« *que je me suis constamment efforcé d'être un fidèle serviteur*
« *de ma Patrie. Nous avons entendu les rapports que la com-*
« *mission des affaires extérieures vient de lire ; ils nous ont*
« *tous convaincus — et moi le premier — que tout retard ap-*
« *porté à la modification de notre régime politique nous est*
« *aussi nuisible qu'il peut être utile aux puissances étrangères.*
« *Grâce à nos dissensions elles vont pouvoir employer la*
« *force...*

« *Aussi depuis quelques mois ne fais-je que réfléchir aux*
« *moyens de parer à ce danger. D'un commun accord, avec le*
« *concours de plusieurs bons citoyens, un projet a été préparé ;*
« *il répond à la volonté d'un grand nombre d'entre vous ;*
« *il est désirable de le voir accepter le plus tôt possible, car,*
« *dans deux semaines, quels que soient les moyens auxquels*
« *nous ayons recours, il sera trop tard...*

« *Comme ce projet traite de questions (celle de succession)*
« *que je ne veux et ne dois soulever moi-même, si ce n'est par*
« *la volonté de la nation, j'invite le maréchal de la Diète à en*
« *faire donner lecture.* »

« *Le projet ! le projet !* » s'écrie toute l'assemblée.

Le secrétaire de la Diète, l'**abbé Siarczyński**, lit donc le projet de constitution :

STANISŁAW-AUGUST,

Par la grâce de Dieu et la volonté de la Nation,

ROI DE POLOGNE,

Grand-duc de Lithuanie, de Ruthénie, de Prusse, de Mazovie, de Samogitie, de Kiowie, de Wolhynie, de Podolie, de Podlachie, de Livonie,
de Smoleńsk, Siewiersk et Czernichow.

Conjointement avec les États confédérés, réunis en nombre double et représentant la nation polonaise.

Persuadés que la perfection et la stabilité d'une nouvelle Constitution nationale peuvent seules assurer notre sort à tous; instruits par une longue expérience des vices invétérés de notre organisation politique; décidés à profiter, en la situation actuelle de l'Europe, de cet instant fugitif, qui, en nous rendant à nous-mêmes, nous a soustraits à la honte de la domination étrangère; mettant bien au-dessus de notre félicité indivi-duelle, au-dessus même de la vie l'existence politique, la liberté à l'inté-rieur et l'indépendance au dehors de la nation dont la destinée nous est confiée; voulant nous rendre dignes des vœux et de la reconnaissance de nos contemporains et de la postérité; nous élevant au-dessus des obstacles que pourraient susciter les passions; n'ayant en vue que le bien public et voulant assurer à jamais le salut de la patrie et l'intégrité de ses fron-tières;

Après mûre réflexion, nous sommes fermement résolus à décréter la présente Constitution, que nous déclarons sacrée et immuable jusqu'à ce qu'au terme qu'elle prescrit elle-même, la volonté publique ait expressément reconnu la nécessité d'y faire quelques changements;

Et nous voulons que tous les règlements ultérieurs de cette Diète y soient conformes.

I

Religion.

La religion nationale dominante est et demeure la sainte foi catholique romaine avec tous ses droits. L'abjuration du catholicisme, pour embrasser l'une quelconque des autres confessions, est interdite sous les peines prévues pour l'apostasie. Cependant, l'amour du prochain étant l'un des préeptes les plus sacrés de cette religion, nous devons à tous les hommes, de quelque confession qu'ils soient, la paix et la liberté dans leurs croyances, sous la garantie de l'État. En conséquence, nous assurons, sur tout le territoire polonais, à toutes les religions et à tous les cultes, pleine et entière liberté d'exercice, conformément aux lois portées à cet égard.

II

Noblesse terrienne.

Pleins de vénération pour la mémoire de nos ancêtres, honorant en eux les créateurs d'un gouvernement libre, nous garantissons, de la façon la plus solennelle, au corps de la noblesse toutes ses immunités, libertés et prérogatives ainsi que la prééminence qui lui appartient dans la vie privée comme dans la vie publique; et [nommément, nous déclarons irrévocables, confirmons et garantissons tous les droits, statuts et privilèges que Casimir le Grand, Louis de Hongrie, Władysław Jagellon et Witołd, son frère, grand-duc de Lithuanie, Władysław et Casimir Jagellon, Jean-Albert et ses frères Alexandre et Sigismond Ier, ainsi que Sigismond-Auguste, le dernier des Jagellons, lui ont légalement et légitimement accordés. Nous déclarons la noblesse polonaise l'égale en dignité de celle de tous les autres pays; et reconnaissons l'égalité la plus parfaite entre les membres de ce corps, tant pour l'aptitude aux fonctions et à toutes les charges publiques, qui confèrent honneur, gloire et profits, que pour la jouissance des privilèges et prérogatives, attribués à l'ordre équestre. Nous voulons surtout que la liberté et la sûreté individuelles, la propriété de tous ses biens, meubles et immeubles, demeurent à jamais aussi sacrées et inviolables qu'elles le furent de temps immémorial. Nous garantissons solennellement que, dans les lois à statuer, nous ne souffrirons aucun changement, aucune restriction, qui puisse porter le moindre préjudice à la propriété de qui que ce soit et que, ni l'autorité suprême de la nation, ni le gouvernement institué par elle ne pourront, sous prétexte de droits régaliens, ou tels autres que ce soit, former aucune prétention à la charge de ces propriétés, dans leur totalité ou dans leurs parties. C'est pourquoi, respectant la liberté individuelle et la propriété légale de tout citoyen comme le véritable lien de la société et le fondement de la liberté civile, nous les confirmons, assurons, garantissons et voulons qu'elles soient toujours respectées et considérées comme inviolables.

Reconnaissant les membres de l'ordre équestre comme les premiers défenseurs de la liberté et de la présente Constitution, c'est à la vertu, au patriotisme et à l'honneur de chaque gentilhomme que nous recommandons de respecter le caractère sacré de cette Constitution, de veiller à sa conservation, car elle peut seule être le rempart de la Patrie et le garant de notre indépendance.

III

Villes et bourgeois.

Nous voulons que la loi, décrétée par la présente Diète, sous le titre : « *Nos villes royales déclarées libres dans toute l'étendue des domaines de la République* », ait une pleine et entière vigueur; que cette loi, qui donne une base vraiment nouvelle, réelle et efficace, à la liberté de l'ordre équestre ainsi qu'à l'indépendance et à l'intégrité de notre Patrie commune, fasse partie intégrante de la présente Constitution.

IV

Paysans.

Le peuple des campagnes, sous la main duquel jaillit la plus grande source de la richesse nationale, qui constitue la population la plus nombreuse de la nation et, par conséquent, la force la plus imposante du pays, c'est autant par justice, par humanité et par devoir chrétien que dans notre propre intérêt, bien entendu, que nous le plaçons sous la protection de la loi et du gouvernement, en décidant que toutes les conventions et arrangements authentiques que les propriétaires ont faits ou feront avec leurs paysans et qui stipulent en faveur de ces derniers, quelques franchises ou concessions, sous telle ou telle clause, soit que lesdites conventions aient été conclues avec la communauté entière ou séparément avec quelques habitants du village, deviendront désormais, pour les deux parties contractantes, une obligation commune et réciproque et que leurs stipulations, sincèrement interprétées dans leur esprit et dans leur lettre, seront placées sous la garantie du gouvernement. Toutes les conventions et dispositions analogues et les obligations qui en découlent, une fois acceptées de plein gré par un propriétaire de bien-fonds, lieront strictement ce dernier et ses héritiers ainsi que tous les acquéreurs de son bien à quelque titre que ce soit et nul d'entre eux ne sera fondé en droit à les modifier de sa seule autorité. Réciproquement, les paysans, quelle que soit la nature de leur possession, une fois les contrats acceptés, les arrangements conclus et les obligations librement contractées, ne peuvent s'en délier, *proprio motu*, mais uniquement de la façon stipulée, et devront exécuter fidèlement ces conventions, qu'elles soient éternelles ou *ad tempus*.

Ayant ainsi pleinement assuré aux propriétaires de bien-fonds, tous les avantages qu'ils sont en droit d'exiger de leurs paysans, et voulant travailler de la façon la plus efficace à accroître la population du pays, nous assurons la liberté la plus entière aux individus de toutes les classes, tant aux étrangers qui viendraient s'établir en Pologne, qu'aux nationaux qui, après avoir quitté leur Patrie, voudraient rentrer dans son sein. Ainsi, tout homme, étranger ou national, dès qu'il aura foulé le sol polonais, pourra librement et sans aucune gêne, exercer son industrie où et comme il lui plaira; il pourra faire à son gré et pour le temps qu'il voudra, telles conventions que bon lui semblera, relativement à l'établissement qu'il désirera former, sous clause de paiement en argent ou en main-d'œuvre; il pourra encore se fixer, à son choix, à la ville ou à la campagne; enfin, il pourra ou rester dans le pays ou en partir, s'il le juge à propos, à condition toutefois d'avoir entièrement satisfait à toutes les obligations qu'il y aura volontairement contractées.

V

Gouvernement ou caractère des pouvoirs publics.

Dans la société, tout pouvoir émane de la volonté de la nation. Afin donc que l'intégrité des domaines de la République, la liberté des citoyens et l'administration civile restent à jamais en parfait équilibre, le gouvernement de Pologne réunira, en vertu de la présente Constitution, trois pouvoirs distincts : l'autorité législative, qui résidera dans l'assemblée des États; le pouvoir exécutif suprême, dans la personne du roi et dans le conseil de surveillance (*straż*), et le pouvoir judiciaire, dans les magistratures déjà établies ou qui le seront à cet effet.

VI

Diète ou pouvoir législatif.

La Diète (*Sejm*) — ou réunion des États — se compose de deux Chambres : Chambre des nonces (*Izba poselska*) et Chambre des sénateurs (*Izba senatorska*), celle-ci présidée par le roi.

La Chambre des nonces, représentant le pouvoir souverain de la nation, est le vrai sanctuaire des lois. C'est dans cette Chambre que seront décidés, en premier lieu, tous les projets relatifs :

1) Aux lois générales, c'est-à-dire aux lois constitutionnelles, civiles et criminelles comme aussi aux impôts permanents. Parmi ces projets, toutes les propositions émanées du trône, qui, après avoir été soumises à l'examen des woïéwodies, terres et districts auront été portées dans cette Chambre en vertu des instructions données anx nonces, viendront les premières en délibération;

2) A tous autres arrêtés des Diètes, tels qu'impôts temporaires, frappe des monnaies, emprunts publics, anoblissements et autres récompenses exceptionnelles, états des dépenses publiques, ordinaires et extraordinaires, déclaration de guerre, conclusion de paix, ratification définitive des traités d'alliance et de commerce, tous actes diplomatiques et conventions touchant le droit des gens, quittances et témoignages à rendre aux

magistratures préposées au pouvoir exécutif et tous autres objets publics de première importance. Dans toutes ces matières, les propositions émanées du trône, portées directement dans la Chambre des nonces, y viendront en délibération avant toutes les autres.

Le Sénat, présidé par le Roi, est composé des évêques, des woïéwodes, des castellans et des ministres. Qu'il vote en personne ou par procuration, le Roi a voix prépondérante en cas de partage.

Le droit du Sénat est :

1) d'accepter ou de suspendre jusqu'à une nouvelle délibération de la Chambre des nonces, et cela à la pluralité des voix, telle qu'elle sera déterminée par la présente constitution, toute loi qui, acceptée par celle-ci, lui a été ensuite transmise dans les formes légales. L'acceptation du Sénat rend la loi exécutoire ; la suspension en arrête l'exécution jusqu'à la prochaine session ordinaire de la Diète, mais le Sénat ne pourra plus refuser de sanctionner une loi, suspendue par lui, et votée à nouveau par la Chambre des nonces.

2) Dans les arrêtés des Diètes, — en ce qui concerne les matières ci-dessus spécifiées — la Chambre des nonces, devra sur le champ communiquer le résultat de son vote à celle des sénateurs, afin que les décisions puissent être prises à la pluralité des voix des deux Chambres.

Les sénateurs et ministres, dans tous les cas où ils sont responsables de leurs actes, tant dans le Conseil de surveillance (*straž*) que dans une commission quelconque, n'auront pas de voix décisive à la Diète et ne siégeront alors au Sénat que pour fournir les explications et éclaircissements que l'assemblée des États jugera à propos de leur demander.

La Diète est, en principe, permanente : les représentants de la nation devront toujours être prêts à se rassembler.

La Diète législative ordinaire se tient tous les deux ans ; la durée des sessions est fixée dans la loi sur les Diètes. Dans des circonstances pressantes, en session extraordinaire, elle ne peut délibérer que sur les matières qui ont nécessité sa convocation et sur toute question soulevée depuis sa réunion.

Aucune loi ne peut être abrogée par la même législature qui l'a votée.

Une loi postérieure déterminera le nombre légal des membres qui composeront l'Assemblée des États, tant pour le Sénat que pour la Chambre des nonces.

Quant aux règles à observer dans la tenue des Diétines, nous confirmons, de la manière la plus solennelle, la loi décrétée à cet égard par la présente Diète, regardant cette loi comme le fondement de la liberté civile.

Le pouvoir législatif ne pouvant être exercé par tout le corps des citoyens ; et la nation se suppléant elle-même par ses représentants ou nonces librement élus, nous statuons que ces nonces, nommés dans les Diétines, conformément à la présente Constitution, et honorés de la confiance publique, doivent être considérés comme les représentants de la nation tout entière, tant pour ce qui concerne la législation que pour ce qui a trait aux besoins de l'État en général.

En tout et pour tout, les décisions sont prises à la pluralité ; cette disposition entraîne la suppression complète du *liberum veto* et de toutes les confédérations et Diètes confédérées qui, contraires à l'esprit de la présente Constitution, sont de nature à énerver la force gouvernementale et à amener la perturbation et le bouleversement de la société.

Voulant, d'une part, prévenir les changements trop fréquents qui pourraient s'introduire dans notre Constitution nationale, et reconnaissant, d'autre part, la nécessité de continuer à perfectionner cette dernière, dès que la pratique aura permis de constater et de juger les résultats, nous sommes d'avis, ne nous inspirant en cela que de l'intérêt général, qu'on ne puisse procéder que tous les 25 ans à la revision et à la réforme de la nouvelle Constitution.

La Diète, qui en sera chargée, sera extraordinaire et spécialement instituée *ad hoc* par une loi particulière.

VII

Le roi, le pouvoir exécutif.

Il n'est pas de gouvernement parfait sans un pouvoir exécutif doué de la plus haute énergie. Sans doute, des lois justes font le bonheur des nations, mais c'est de leur exécution que dépend tout leur effet. L'expérience a prouvé que c'est à l'impuissance du pouvoir exécutif que la Pologne a dû tous ses malheurs. C'est pourquoi, après avoir assuré à la nation polonaise le droit de se donner des lois, de contrôler toutes les parties du pouvoir exécutif et de choisir elle-même tous les officiers publics, employés dans ses diverses magistratures, — nous confions le pouvoir exécutif suprême au Roi et à son Conseil, qui porte le nom de « garde des lois » (*straż*).

Le pouvoir exécutif a la stricte obligation de veiller à l'application des lois et de s'y conformer le premier. Cela implique pour lui le droit, dans les limites permises par la loi, de faire exécuter celle-ci au besoin par la force. Toutes les magistratures lui doivent une obéissance entière : aussi a-t-il les moyens de faire rentrer dans le devoir les fonctionnaires désobéissants ou négligents.

Le pouvoir exécutif ne peut ni faire des lois, ni les interpréter ; ni établir d'impôts ou autres contributions, ni contracter des emprunts, ni modifier la répartition des crédits votés par la Diète ; il ne peut ni déclarer la guerre ni conclure définitivement la paix, des traités ou n'importe quel acte diplomatique. Il ne peut qu'entamer des négociations avec les puissances étrangères et prendre toutes les mesures provisoires qu'exigent la sécurité et la tranquillité du pays, opérations dont il est tenu de rendre compte à la plus prochaine assemblée des États.

Nous voulons et ordonnons que le trône soit héréditaire dans les familles désignées par l'élection. Tous les revers, suites du bouleversement périodique éprouvé à chaque interrègne ; l'obligation essentielle pour nous d'assurer le sort de tout habitant de la Pologne et de fermer la porte aux intrigues étrangères ; le souvenir de la splendeur et de la prospérité de notre patrie aux temps où le trône était héréditaire ; la nécessité de détourner les étrangers ou de puissants nationaux de l'ambition de briguer la couronne et d'exciter, au contraire, chez ces derniers le désir de ne songer qu'à la défense de la liberté nationale : toutes ces puissantes raisons nous ont poussés à établir l'hérédité du trône — seul moyen d'assurer notre existence politique.

En conséquence, nous décrétons, qu'après le décès de notre roi, heureusement régnant aujourd'hui, le sceptre passera à l'Electeur actuel de Saxe ; la dynastie nouvelle commencera donc dans la personne de Frédéric-Auguste. Après lui, la couronne appartiendra à ses héritiers mâles, par ordre de primogéniture ; mais dans le cas où l'Electeur actuel de Saxe ne laisserait pas d'héritier, le prince que cet Electeur, d'accord avec l'assemblée des Etats, donnera pour mari à sa fille, commencera, en Pologne, l'ordre de succession, en ligne masculine. Nous déclarons donc la princesse Marie-Auguste Népomucène « Infante de Pologne. » Nous conservons cependant à la nation le droit imprescriptible de se choisir, pour la gouverner, une seconde famille, après l'extinction de la première.

En montant sur le trône, chaque roi sera tenu de jurer devant Dieu à la nation de se conformer, en tout, à la présente Constitution, de satisfaire à toutes les conditions du pacte qui sera arrêté avec l'Electeur régnant de Saxe, comme avec celui auquel le trône est destiné, pacte qui deviendra obligatoire pour lui comme l'étaient jadis les *pacta conventa* pour nos rois.

La personne du Roi est sacrée et inviolable. Ne faisant rien par lui-même, il ne peut être en rien responsable devant la nation. Loin de chercher à s'ériger jamais en monarque absolu, il devra se regarder comme le chef, le père de la nation : tel est le titre que lui décernent, tel est le caractère que lui reconnaissent la loi et la présente Constitution.

Les revenus assignés au roi par les *pacta conventa*, les prérogatives attribuées au trône et garanties par la présente Constitution, sont à jamais à l'abri de toute atteinte.

Les tribunaux, magistratures et juridictions quelconques, dresseront tous les actes publics au nom du roi ; les monnaies et les timbres porteront son effigie. Le roi devant avoir le pouvoir le plus étendu de faire le bien, nous lui réservons le droit de faire grâce aux coupables condamnés à mort, toutes les fois qu'il ne s'agira point de crimes d'Etat. C'est à lui qu'appartient, en temps de guerre, le commandement suprême des troupes et la nomination des généraux, sauf le droit réservé à la nation d'en demander le changement. Il patente les officiers militaires et nomme les officiers civils, de la manière qui sera prescrite à cet égard ; c'est lui encore qui nomme les évêques, les sénateurs, les ministres et les premiers agents du pouvoir exécutif.

La « straż » ou « Conseil royal » est chargée de surveiller, de concert avec le roi, le maintien et l'exécution des lois ; ce Conseil se compose : 1º du primat, chef du clergé polonais et président de la « Komisya edukacyjna » ou — à son défaut — de l'évêque qui sera le premier en rang ; ils ne peuvent contresigner un arrêté ; 2º des cinq ministres : de la police, du sceau, de la guerre, du trésor et le chancelier, ministre des affaires étrangères ; 3º de deux secrétaires, dont l'un rédigera les procès-verbaux du

Conseil des ministres et l'autre ceux des affaires étrangères — tous deux sans voix délibérative.

L'héritier présomptif, une fois majeur et après avoir prêté serment à la Constitution, pourra assister à toutes les séances de la « straż », mais sans prendre part aux débats.

Le maréchal de la Diète, élu pour deux ans, figure également au nombre de ceux qui siègent au Conseil sans intervenir dans ses résolutions et uniquement afin de pouvoir convoquer la Diète, s'il y a lieu. Dans le cas où cette solution s'imposerait absolument et où le roi la repousserait, le maréchal est tenu d'envoyer à tous les nonces et sénateurs une lettre circulaire avec l'exposé des raisons nécessitant la convocation de la Diète, ce qui ne saurait avoir lieu que dans les cas suivants : 1º tous les cas urgents ayant trait au droit des nations — notamment celui d'une guerre voisine des frontières ; 2º des troubles domestiques, faisant craindre une révolution dans l'Etat ou quelque collision entre les magistratures ; 3º le danger imminent d'une famine ; 4º lorsque la nation se trouverait privée de son roi par la mort ou une grave maladie.

Tous les arrêtés du Conseil sont discutés par les divers membres qui le composent. Après avoir ouï tous les avis, le roi donne le sien et décide — cela afin de faire régner une constante et complète unité de vue. En conséquence, tout arrêté du Conseil sera décrété au nom du roi et signé de sa main ; il devra en outre être contresigné de l'un des ministres, et, muni de cette double signature, il deviendra obligatoire et devra être mis à exécution soit par les commissions, soit par toute autre magistrature exécutrice, — mais seulement pour les objets qui ne sont point expressément exceptés par la présente Constitution. Qu'aucun des ministres ne consente à signer un arrêté, et le roi devra y renoncer ; sinon le maréchal devrait réclamer la convocation de la Diète et la convoquer lui-même, si le roi s'y refusait.

La nomination des ministres appartient au roi aussi bien que le droit de choisir ceux de chaque département qu'il lui plaît d'admettre à son Conseil. Cette admission est valable pour deux ans, avec le droit, pour le roi, de prolonger ce délai. Les ministres appelés à siéger à la « straż » ne peuvent faire partie d'aucune Commission. Si, à la majorité des deux tiers des voix, recueillies au scrutin secret, dans les deux Chambres réunies, la Diète demande le changement d'un des ministres dans la « straż » ou dans tel ou tel département, le roi doit procéder sur le champ à son remplacement.

Voulant que le Conseil soit tenu de répondre strictement de toute infraction qui pourrait avoir lieu dans l'exécution des lois, dont la surveillance lui est confiée, nous statuons que les ministres jugés responsables par le comité chargé de l'examen de leurs actes, en répondront dans leurs personnes et dans leurs biens. Toutes les fois qu'un pareil fait se produira, l'assemblée des Etats aura à décider, à la simple majorité, s'il y a lieu de renvoyer les ministres devant le « Tribunal de la Diète » qui les condamnera à une peine proportionnée au délit ou les renverra absous.

Afin d'assurer convenablement l'exécution des décisions du pouvoir exécutif, nous instituons des commissions particulières, attachées au Conseil et lui devant obéissance. La Diète est chargée de nommer ces Commissions, dont les fonctions dureront le temps prescrit par la loi. Ces

Commissions sont celles : 1° de l'instruction publique; 2° de la police; 3° de la guerre; 4° du trésor.

Les Commissions « bonæ ordinis », établies par la présente Diète dans les woïéwodies et soumises également à la surveillance de la « straż », recevront directement les ordres des quatre Commissions — ci-dessus mentionnées — pour tous les objets relatifs à leur compétence et aux obligations de chacune d'elles.

VIII

Pouvoir judiciaire.

Le pouvoir judiciaire ne peut être exercé ni par l'autorité législative ni par le roi, mais par des magistrats choisis et institués à cet effet. Ces magistratures seront réparties de façon qu'il n'y ait personne qui ne trouve à sa portée la justice qu'il voudra obtenir et que le coupable voie partout le glaive du pouvoir suprême prêt à s'appesantir sur lui.

En conséquence :

1° Nous instituons dans chaque woïéwodie, terre ou district, des tribunaux de première instance, composés de juges élus aux Diétines; ils veilleront à ce que justice soit toujours rendue à ceux qui la réclament. L'appel se fera devant les tribunaux supérieurs, institués dans chaque province, et composés de même de juges nommés aux Diétines. Ces tribunaux — de première ou de dernière instance — constituant des juridictions territoriales — ont pour mission de juger tous les conflits de droit ou de fait s'élevant entre les nobles ou autres propriétaires de bien-fonds et telles autres personnes que ce soit;

2° Nous confirmons les juridictions municipales établies dans toutes les villes, conformément à la loi de la présente Diète concernant les villes royales libres;

3° Dans chaque province, nous établissons un tribunal référendaire, où seront jugées les causes des paysans libres, qui en dépendent en vertu des anciennes constitutions;

4° Nous conservons les cours royales et assessoriales, celle de relations ainsi que celles établies dans le duché de Courlande;

5° Les Commissions exécutives formeront des tribunaux particuliers, pour toutes les affaires concernant l'administration;

6° Outre ces divers tribunaux pour les causes civiles et criminelles, établis en faveur de toutes les classes de citoyens, il y aura un tribunal suprême : celui de la Diète. Les membres qui doivent en faire partie sont élus par l'assemblée des Etats à l'ouverture de chaque session. Ce tribunal connaît de tous les crimes envers la Nation ou le Roi, c'est-à-dire des crimes d'Etat.

Nous voulons enfin qu'il soit rédigé un nouveau Code civil et criminel par une Commission que la Diète nommera à cet effet.

IX

Régence.

La « straż », ayant à sa tête la reine et, en son absence, le primat, constitue en même temps le conseil de régence.

Celle-ci ne peut avoir lieu que dans les trois cas suivants :

1º Pendant la minorité du roi; 2º en cas de maladie entraînant une complète aliénation mentale du roi; 3º si ce dernier est prisonnier de guerre. La minorité du roi finira à l'âge de dix-huit ans révolus; et sa démence ne pourra être regardée comme constante que lorsqu'elle aura été déclarée telle par la Diète, à la pluralité des trois quarts des voix des deux Chambres réunies.

Dans ces trois cas, le primat est tenu de convoquer aussitôt la Diète et, s'il différait de s'acquitter de ce devoir, c'est au maréchal de la Diète qu'il incomberait; à cet effet, il adresserait des lettres de convocation à tous les nonces et sénateurs. C'est en effet la Diète qui doit déterminer l'ordre dans lequel les ministres doivent siéger au Conseil de régence et autoriser la reine à remplir les fonctions du roi. Celui-ci, devenu majeur, ou ayant recouvré la jouissance de ses facultés intellectuelles ou étant rendu à ses Etats — le Conseil de régence lui doit compte de son administration et est responsable, devant la Nation, en la personne de ses membres et dans leurs biens, de tous les actes accomplis pendant la durée de ses fonctions — et cela conformément à la présente Constitution à l'article de la « straż ».

X

Éducation des enfants du roi.

Les fils des rois, que la présente Constitution destine à succéder au trône, doivent être regardés comme les premiers des enfants de la patrie. Aussi, c'est à la nation qu'incombe la tâche de veiller à leur éducation, sans pourtant porter préjudice au droit de la paternité. Le roi, de son vivant, s'occupera lui-même de leur instruction avec le concours de la « straż » et du gouverneur que les Etats auront préposé à l'éducation des princes. Pendant la régence, elle sera confiée à ce conseil et au gouverneur. Dans les deux cas, ce dernier est tenu de rendre compte, à chaque Diète ordinaire, de la manière dont les jeunes princes sont élevés et des progrès qu'ils font. Enfin, la « Komisya edukacyjna » devra rédiger pour eux, sous l'approbation des Etats, un plan d'instruction; et cela, afin que, dirigés d'après des principes constants et uniformes, les futurs héritiers du trône se pénètrent de bonne heure des sentiments de religion, de vertu de patriotisme, d'amour de la liberté et de respect pour la Constitution nationale.

XI

Armée nationale.

La nation ne doit compter absolument que sur elle-même pour repousser toute attaque et pour sauvegarder l'intégrité de son territoire : tous les citoyens sont donc les défenseurs nés des droits et de l'indépendance de la patrie. L'armée ne doit être qu'une force, tirée du sein de la nation, une force défensive organisée. Le pays doit à ses troupes son estime et des récompenses proportionnées à leur dévouement pour la défense de l'Etat; les troupes doivent au pays de veiller à la sûreté de ses frontières et au maintien de la tranquillité publique; en un mot, elles doivent être le plus ferme bouclier de la République.

Mais, pour remplir sans défaillance, et en se conformant toujours aux prescriptions de la loi, ces diverses obligations, *l'armée doit être constamment sous la dépendance du pouvoir civil* et prêter serment de fidélité a la nation, au roi et à la Constitution.

C'est qu'elle doit en effet, non seulement défendre le pays et garder ses forteresses, mais encore faire respecter et au besoin exécuter la loi, en cas d'infraction commise par qui que ce soit. . . . .

Dès que le secrétaire de la Diète, l'abbé Siarczyński(1), eut achevé cette lecture, des milliers de cris de : « *Zgoda! zgoda!* » (adopté ! adopté !) » s'élèvent de toutes parts.

Cependant **Korsak**, nonce de Wilno, adversaire de la Constitution, demande la discussion « *pour obéir à la loi* ». dit-il.

Suchorzewski, nonce de Kalisz, proteste et contre le projet et contre la discussion.

L'hetman **F.-X. Branicki**, si menaçant avant la séance, et qui était venu, entouré de ses acolytes, avait changé d'attitude, en voyant l'aspect de la salle et du château. Un de ses courtisans lui demande : « Eh bien ! M. Xavier, faut-il jouer du sabre ? » — « Gardez-vous-en bien ! » répond l'hetman.

Quant aux nonces de Wolhynie, liés par leurs mandats, ils

(1) L'abbé Siarczynski, secrétaire de la Diète, partisan de la Constitution, publia à la demande de Stanisław August un récit de cette mémorable séance du 3 mai 1791. Son ouvrage, à l'occasion de la célébration du centenaire de la Constitution du 3 mai 1791, fut réimprimé à Cracovie, sans aucun changement (1891). Ajoutons que cette année 1891 vit apparaître beaucoup de brochures et d'écrits sur la Constitution polonaise et que le centenaire fut célébré non seulement en Pologne, mais encore en France, en Angleterre et même en Amérique (cf. Bull. Polon., n⁰ˢ 51 et 52).

sont disposés à accepter tous les articles, à l'exception de celui relatif à la succession,

« *Demandez à la Diète si elle accepte !* » crie la majorité au
maréchal. **Stanisław Nałęcz Małachowski** s'avance au milieu
de la salle, se tourne vers le roi et le remercie de la bienveillance
qu'il témoigne à la nation; il ajoute : « *Autant que mes faibles lumiè-*
« *res me permettent d'en juger, autant que je connais les gouver-*
« *nements républicains, celui qu'établit ce projet ne peut que*
« *recevoir mon approbation. En ce siècle, il y a deux célèbres*
« *gouvernements républicains : la Constitution anglaise et la*
« *Constitution américaine ; celui-ci leur est supérieur, car il*
« *renferme en outre ce qu'il y a de plus conforme à notre es-*
« *prit national.*

« *Veuillez donc, Sire, agréer notre prière, vous lier avec la*
« *nation par de nouveaux liens et la délivrer des anciens pour*
« *notre bonheur et celui des générations à venir !* »

» *Oui, Oui !* » répètent les membres de la Diète. Et le **Roi** répond :

« *Dans le projet que vous venez d'entendre lire, je ne vois*
« *absolument rien de pernicieux. Je demande donc à être dé-*
« *lié de l'article des « Pacta conventa » qui a trait à la succes-*
« *sion du trône.....*

« *Que tous ceux qui pensent sainement, comme je l'ai dit*
« *déjà et comme je le répéterai jusqu'à la mort, prennent pour*
« *devise : « Le roi avec la nation, la nation avec le roi!* »

« *Zgoda ! Zgoda !* » crie l'immense majorité ; « *niezgoda!* »
répond la petite poignée d'opposants. Pour la troisième fois, le
nonce de Kalisz, **Suchorzewski** s'avance au milieu de la salle;
il traîne derrière lui son jeune fils en criant : « *Je sais, moi, que ce*
« *n'est pas seulement contre la république, mais aussi contre*
« *son premier défenseur, contre moi, contre ma vie, qu'il y a*
« *une conjuration. Peu m'importe, car je tuerai mon propre*
« *enfant, ici, à cette place, au milieu de cette assemblée, pour*
« *qu'il ne survive pas à la servitude que ce projet prépare au*
« *pays.* »

L'enfant effrayé s'échappe des mains de son père.

« *Il faut raser la tête à ce fou et l'enfermer dans une maison*

« *d'aliénés* » dit à voix basse l'évêque **Krasiński**, tandis que les collègues de Suchorzewski le ramènent à son banc.

Les protestations toutefois ne s'arrêtent pas là. Le nonce de Posen, **Mielżyński**, à l'instar du nonce de Kalisz, se jette à terre en s'écriant qu'il ne permet pas le vote du projet ; qu'il en appelle à la justice. Le woïéwode de Mazovie **Jacek Małachowski**, s'étonne qu'un projet d'une telle importance soit ainsi présenté à la Diète ; il affirme qu'il est contraire à la loi et nuisible à la liberté.

Złotnicki, nonce de Podolie, déclare « *qu'excepté l'article con-* « *cernant la religion, le projet dans son ensemble est nuisible* « *à la liberté, et qu'il est contraire aux pacta conventa, dont* « *il est impossible de délier le roi ; il en réclame la lecture.* »

Le secrétaire de la Diète, l'abbé **Siarczyński**, lit les pacta conventa.

Quand il eut terminé, **Złotnicki**, continuant, appuyé par ses collègues de Podolie, **Mierzejewski** et **Orłowski**, déclare « *consentir à ce que le prince électeur de Saxe succède à S. M.* « *Stanisław August, après sa mort, mais il s'élève contre l'hé-* « *rédité du trône, qu'on veut instituer et qu'il ne saurait ap-* « *prouver.* »

Le castellan de Wojnice, **Ożarowski**, s'élève à son tour contre le projet, « ce *tombeau de notre ancienne liberté* » dans lequel il se refuse à voir le salut de la patrie. « *Je conseille donc de* « *discuter à la place le projet d'organisation militaire, car une* « *forme gouvernementale quelconque ne saurait être d'aucune* « *utilité sans une bonne armée.* »

Alors **Zakrzewski**, nonce de Posen :

« *L'heure est enfin arrivée où va se décider le sort de notre* « *chère patrie...*

« *L'ardente préoccupation que nous montrons pour notre* « *liberté est un sentiment sacré ; c'est celui d'une grande nation.* « *Mais le malheur est que nous nous faisons de la liberté une* « *idée souvent fausse. Pour un républicain, vivant en répu-* « *blique, il ne saurait exister qu'une liberté, consistant dans* « *une obéissance absolue aux lois, qu'il s'est lui-même don-* « *nées, dans le consentement des seuls impôts, qu'il a lui-*

« *même votés et dans la soumission aux seuls tribunaux, dont*
« *il a élu les membres. Un roi électif n'a jamais figuré au*
« *nombre des prérogatives de la liberté, car il en est la ruine.*
« *Avons-nous jamais eu une seule élection royale véritable-*
« *ment libre ? Non, et notre choix fut toujours dicté par la vio-*
« *lence. Certes, l'exemple de notre roi semble démentir mon*
« *affirmation ; il aime son peuple par-dessus tout, il l'aime*
« *plus que lui-même, plus que sa famille ; mais c'est là une*
« *heureuse exception qui ne saurait empêcher la règle générale*
« *que j'ai énoncée, d'être vraie, à savoir que la liberté et l'inté-*
« *grité d'une nation n'ont pas d'ennemi plus dangereux qu'un*
« *roi électif. Le penchant qu'il montre pour sa descendance,*
« *l'amour de ses enfants, mobile bien naturel pourtant, le*
« *pousseront fatalement à consentir même au partage du pays*
« *s'il peut, à ce prix, obtenir pour sa famille la propriété héré-*
« *ditaire de ces provinces. Une royauté élective ne se maintient*
« *qu'à force d'intrigues et avec l'aide de l'étranger, dont le roi*
« *électif dépendra toujours par reconnaissance ou par néces-*
« *sité et l'étranger cherchera sans relâche à se former un parti*
« *dans le pays, afin d'y exercer une influence prépondérante*
« *perpétuelle, tantôt pour assurer sur le trône le roi, son pro-*
« *tégé, tantôt pour contrecarrer ses sages projets, s'il se montre*
« *capable d'assurer le gouvernement, la puissance et la gran-*
« *deur de sa nation.*

« *Un monarque héréditaire n'osera pas si légèrement se*
« *décider à porter atteinte à la Constitution nationale, car c'est*
« *elle qui assure le trône à sa descendance. L'amour qu'il por-*
« *tera à ses fils et à sa famille, joint à la crainte de tout perdre,*
« *l'attachera également à la Constitution. Un monarque héré-*
« *ditaire, s'il a peu à désirer, a beaucoup à perdre...*

« *Il n'y a pas loin entre le projet de démembrement de notre*
« *pays et son exécution. De tous côtés cette nouvelle est confir-*
« *mée. O Roi, auras-tu donc encore à supporter l'effroyable*
« *douleur de voir ton pays mutilé pour la deuxième fois ? La*
« *nation est-elle donc aveugle au point de ne pas apercevoir*
« *l'obstacle qui s'oppose à l'établissement d'un bon gouverne-*
« *ment en Pologne ?...*

« **Il est temps d'en finir avec l'ambition anarchique**
« **des magnats et de ceux qui mettent aux enchères le**
« **trône de Pologne.** *Je suis libre et c'est parce que j'aime la*
« *liberté que j'aspire à un gouvernement fort, capable de pro-*
« *téger le pays et d'assurer enfin à chacun une égale justice...*

« *Je suis citoyen et nonce d'une woïévodie-frontière... Je*
« *suis le voisin d'un monarque qui ne recule devant aucun*
« *moyen pour étendre sa puissance; il a encore besoin de*
« *terres : or, où pourrait-il en prendre plus facilement qu'en*
« *Pologne ?...*

« *Mais je veux demeurer un Polonais et un Polonais libre...*
« *or, sans un gouvernement fort il ne saurait y avoir de liberté*
« *assurée ; un trône électif n'offre que l'apparence de la liberté*
« *et conduit en réalité une nation à sa ruine. Et voilà pourquoi*
« *je vous demande instamment de voter ce projet : hâtons-nous*
« *d'établir le nouveau régime politique ; le salut de notre patrie*
« *en dépend.* »

« *Aux voix ! aux voix !* » s'écrient les députés. Mais le prince
Czetwertyński s'oppose à cette motion.

« *C'est la première fois,* déclare le castellan de Przemyśl, *que*
« *j'entends lire le projet. Je ne puis dire qu'il est entièrement*
« *mauvais ; mais il renferme la ruine de notre liberté ; c'est la*
« *servitude d'hommes, jusque-là libres, qu'il prépare. Avec un*
« *roi électif, la nation peut du moins le forcer à une fidèle*
« *obéissance, tandis que ce projet, en introduisant le trône hé-*
« *réditaire, établit un roi dont le pouvoir n'est pas bien*
« *limité.....*

« *Ce projet, préparé en secret et qui nous est imposé par je*
« *ne sais quelles intrigues......* (bruit dans la salle) *est le tom-*
« *beau de la liberté.* »

Le nonce de Cracovie, **Linowski**, fait alors l'éloge de la Constitution : « *Qui s'en montre l'adversaire ?* » dit-il, «*les ministres*
« *étrangers; rien ne peut égaler leur inquiétude. N'est-ce pas*
« *la meilleure preuve que cette constitution qui leur est odieuse*
« *sera salutaire à la Pologne ? Polonais, achevez donc votre*
« *œuvre !* »

Korsak, nonce de Wilno, que la majorité interrompt pour une comparaison outrageante de Stanisław Nałęcz Małachowski avec Poniński, insiste pour l'impression du projet et sa distribution aux députés, qui en délibèreront comme d'une question intéressant au plus haut point le bonheur ou le malheur de toute la nation.

En réponse, le nonce de Lublin, **Stanisław Potocki**, l'un des plus brillants orateurs de son temps, affirme qu' « *à des maux* « *violents il faut toujours de violents remèdes. Quand on est au* « *bord du précipice, ce n'est pas aux discussions, aux discours,* « *aux formalités qu'il faut recourir ; mais il importe alors de* « *prendre une prompte détermination, de choisir le moyen le* « *plus certain de salut qu'inspire l'amour de la patrie. Ecar-* « *tons donc tous les obstacles et couronnons ce jour par un acte* « *de concorde et d'unanimité.* »

N'y a-t-il pas là comme un écho de la célèbre apostrophe de Mirabeau : « la banqueroute, la hideuse banqueroute est à vos portes...... et vous délibérez ! »

Zboiński, nonce de Dobrzyn, appuie St. Potocki : « *J'aime* « *mieux, dit-il, subir la mort à cette place, j'aime mieux périr* « *que sauver ma vie ou la vôtre par un retard qui peut perdre* « *la patrie.* »

Le maréchal se préparait déjà à recueillir les votes. Mais les nonces de Podolie et de Wolhynie soulèvent de nouveau la question de la succession. **Minejko**, nonce de Kowno, donne alors lecture des instructions des électeurs de son district, qui lui enjoignent de supplier les États d'établir l'hérédité du trône et de choisir la maison de Saxe pour régner en Pologne, — ce qui provoque une violente protestation du nonce de Podolie, **Orłowski**.

Alors le chef de cabinet du roi, **Kiciński**, nonce de Liwa, orateur d'une grande éloquence, émouvant et persuasif, rappelle la longue série des malheurs de la Pologne et termine en ces termes : « *M. le maréchal de la Diète, votons maintenant la consti-* « *tution du gouvernement; votons-la aujourd'hui; aujourd'hui* « *même assurons le bonheur de la patrie ou scellons sa perte* « *par le sacrifice de notre vie !* »

Certes, les discours étaient fort beaux, mais vraiment pour une séance « révolutionnaire », il y en avait trop; la discussion durait en effet depuis six heures et l'on n'en prévoyait pas la fin. « *Que*

« *faire?* » se demandaient entre eux les auteurs du projet. « *En*
« *finir*, répondit le prince **Adam Czartoryski,** il y a trop longtemps que cela dure ! »

« *Permettez, Sire,* » s'écrie alors le secrétaire d'État **Rzewu-**
ski, nonce de Podolie, « *permettez que le maréchal de la Diète*
« *demande s'il y a accord ; la majorité est évidemment pour*
« *l'acceptation : si l'opposition ne le permet pas, je déclare que*
« *je ne sortirai pas de la Chambre tant qu'une décision n'au-*
« *ra pas été prise......* »

Des bravos retentissent dans les galeries et sur les estrades ;
« *nous ne sortirons pas !* » s'écrie-t-on de toutes parts ; « *nous*
« *non plus !* » répondent les opposants. .

« *Je supplie donc V. M., continue* **Rzewuski,** *de vouloir*
« *bien prêter serment à la Constitution ; quiconque aime la*
« *patrie le répétera de grand cœur.* »

« *C'est cela, c'est cela ! le serment, le serment !* » crie la majorité.

Mais le bruit cesse bientôt à la nouvelle que le roi va parler ;
les ministres se rapprochent du trône ; très ému, **Stanisław Au-**
gust prend la parole et termine par ces mots : « *Qui aime la*
« *patrie doit désirer l'accomplissement de notre œuvre. Faites,*
« *M. le maréchal, que je sache qui est avec le roi et de quel*
« *côté est le sentiment de la nation (sensus gentis !) Que je con-*
« *naisse la volonté véritable de la Diète !* »

C'est au milieu des cris de : « *Tous ! Tous ! Vive le Roi, vive*
la Constitution ! » que **Stanisław Nałęcz Małachowski** déclare « *qu'il respecte l'opinion de ses collègues, qui réclament*
« *la délibération, mais il pense qu'en ce jour, qui est* **le jour**
« **d'une révolution dans la nation pour le salut de la**
« **patrie,** *toutes les formalités doivent être mises de côté, et il*
« *invite ses collègues, quand il les interrogera sur l'accord, à*
« *garder le silence s'ils sont d'avis d'accepter le projet, et à ne*
« *prendre la parole que s'ils lui sont contraires.* »

Cette habile tactique eut pour heureux résultat de faire ressortir la faiblesse de l'opposition ; et ce fut au milieu d'un profond
silence qu'une poignée de nonces firent retentir leurs protestations :
Mielżyński, nonce de Posen ; **Korsak,** de Wilno ; **Mężyński,**

de Cantok ; **Suchorzewski**, de Kalisz ; **Szamocki**, de Varsovie ; **Benoit Hulewicz**, **Zagórski** et **Krzucki**, de Wolhynie ; **Mierzejewski**, **Orłowski** et **Złotnicki**, de Podolie. **Chomiński**, nonce d'Oszmiana, motive longuement son opposition, ce pendant que le **prince Sanguszko**, woïéwode de Wilno, s'élève contre le maréchal **Małachowski**, qui, au lieu de défendre la loi, s'en est fait l'oppresseur. « *Je demande*, dit-il en terminant, *que lorsque* « *la Diète reprendra son ordre du jour naturel et légal, et sur-* « *tout quand seront présentées les lois complémentaires du* « *projet général, il soit alors permis de corriger ce qui est* « *nuisible dans l'ensemble.* » Le prince **Sapieha**, maréchal de la confédération, ne peut adopter si rapidement des changements qu'il a toujours combattus. « *Le trône électif nous a causé de* « *grands malheurs, mais le trône héréditaire nous en causera* « *davantage... Mais quand il s'agit du sort de la patrie, ma voix* « *doit se taire devant celle de la nation. Je me borne donc à* « *demander une nouvelle lecture du projet pour qu'on puisse* « *l'examiner de plus près.* »

Le nonce de Posen, **Sokolnicki** appuie cette motion ; **Szamocki**, nonce de Varsovie, est aussi de cet avis, « *à condition* « *toutefois que des amendements et des corrections puissent* « *être apportés au projet, sans cela ce serait une perte de temps* « *inutile.* »

Le public présent dans la salle crie : « *Vive le Roi ! vive la nouvelle Constitution !* »

Le silence rétabli, **Zabiełło**, nonce de Livonie, prend la parole :

« *Je n'ai jamais été partisan d'un pouvoir royal illimité —* « *et c'est ce que je croyais trouver aujourd'hui dans le projet* « *qui vous est soumis ; mais je vois maintenant qu'il n'en est* « *rien ; je le voterai donc et je conjure la Diète de l'accepter, au* « *nom de l'amour de la patrie.*

« *Sire, que V. M. donne l'exemple et prête sans retard ser-* « *ment à la Constitution ; nous l'imiterons tous !* »

Des milliers de voix l'approuvent ; de tous côtés dans la salle retentit le mot « *zgoda ! zgoda !* » tandis que le public présent crie « *Vive la nouvelle Constitution !* » et que dehors, la foule qui se presse aux abords du palais répète en chœur : « *Vive la nouvelle Constitution, vive le Roi!* » (Vivat Król, vivat nowa Konstytucya !)

Tous s'élancent vers le trône, pour prêter serment. **Suchorzewski** se jette par terre et crie : « *Vous ne passerez que sur mon cadavre* ». Mais **Kublicki**, renommé pour sa force, le relève et l'emmène à l'écart. Le maréchal demande par trois fois si l'on adopte le projet. Les cris de « *zgoda, zgoda* » lui répondent. Le roi se levant alors de son trône dit d'une voix émue :

« *Je constate que la volonté ferme et expresse de la Diète est* « *que je prête serment à la Constitution nationale, je prie donc* « *le plus élevé en dignité des ecclésiastiques ici présents de me* « *lire la formule du serment.* »

C'est à **Turski**, évêque de Cracovie, qui revient cet honneur; ce digne prélat s'approche du trône, tandis que retentissent de nouveau les acclamations : « *Vive le roi! Vive la constitution!* » et que la multitude, qui entoure le château répète *Vive le Roi! Vive la nouvelle Constitution nationale!* » L'évêque de Cracovie lit alors la formule, nonces et sénateurs se pressent vers le trône pour prêter serment; une poussée se produisit et le roi, ne pouvant demeurer assis (on craignit même un instant qu'il n'eût été blessé), dut monter sur le trône et prêter debout le serment et tandis que Stanisław August répétait à haute et intelligible voix la formule du serment, tous les partisans de la nouvelle Constitution levèrent les mains en l'air pour montrer qu'ils juraient avec le roi; « *juravi domino et non me pœnitebit* » ajouta ce dernier ; « *Je supplie* « *ceux qui aiment la patrie de m'accompagner à l'église pour* « *prêter tous ensemble serment devant Dieu et le remercier de* « *nous avoir permis d'achever une œuvre si solennelle et si* « *salutaire.*

« Ce fut au milieu des transports et des acclamations que le « roi, vers sept heures du soir (la séance avait donc duré huit « heures) se rendit, — écrit Kraszewski (1) — par les corridors du « château à l'Eglise Saint-Jean, suivi des nonces, des sénateurs et « de tous les assistants.

(1) **Kraszewski**, *op. cit.*

En route il rencontra la duchesse de Courlande, qui se mit à genoux et lui baisa les mains, en le priant de vouloir bien accepter en ce jour de gloire l'hommage de sa vassale! « Stanisław August, « pénétré de la solennité de cet instant, lui répond : Plus je vois « chez tous de satisfaction et de bonheur, plus j'en éprouve moi- « même (1). »

A la suite du roi, à travers les cours et les rues pleines de monde, s'avancent les sénateurs, les ministres, les nonces, accueillis par ces acclamations : Vive le Roi, vive la Constitution! » L'atten- drissement, la joie, l'enthousiasme sont impossibles à décrire.

« Déjà le jour était à son déclin et éclairait faiblement les anti- « ques voûtes de l'église cathédrale où l'on apercevait déployées « les bannières des corps de métiers, au milieu de la foule répan- « due partout dans les galeries et les chapelles, et les étendards « qu'avait suspendus dans l'église la main victorieuse de nos « ancêtres. Les antiques tombeaux des vaillants Polonais, la sain- « teté même du lieu, où se pressaient le roi, les évêques, le sénat, « les nonces, la main tendue pour prêter le serment d'assurer le « bonheur de la nation, tout contribuait à rendre ce spectacle « aussi magnifique qu'émouvant. Avant de prêter le serment, « Sapieha, maréchal de la confédération lithuanienne, déclara « qu'il faisait le sacrifice de sa conviction personnelle à l'opinion « publique... Puis l'on entonna l'hymne sainte, le *Te Deum*, rare- « ment chanté pour le bonheur de millions d'hommes (2) ».

« Entonné par l'évêque Gorzeński (de Smoleńsk), il fut répété « par des milliers de voix, dans les rues, dans les cours et l'on pour- « rait dire dans toute la ville, tandis que les canons tonnaient et les « cloches sonnaient à toute volée. L'hymne chantée, c'est à peine « si la sonnette du sacristain, résonnant à plusieurs reprises, put « obtenir le silence de la foule enthousiaste, afin que le roi pro- « nonçât quelques paroles pour inviter les membres de l'assem- « blée des états à rentrer dans la salle de la Diète.

« Dans les rues, les mêmes cris de joie les accueillent à la « sortie de la cathédrale.

(1) Kraszewski, *op. cit.*
(2) Hugo Kołłątaj, *op. cit.*

« Tandis que ces événements se passaient à l'église Saint-Jean,
« la poignée d'opposants à la Constitution et à la volonté de la
« nation était restée dans la salle. Sur trois cents et quelques
« députés, ils étaient vingt à peine, d'autres disent cinquante
« environ. Ils discutaient sur ce qu'ils avaient à faire, ou plutôt
« ils se disputaient et se répandaient en injures contre cette révo-
« lution, ce coup de force, cet acte de violence et de despotisme.
« L'un des députés, qui, pour la première fois, par la lecture de la
« Constitution, avait entendu parler du pouvoir exécutif, s'écriait
« dans son indignation que c'était une invention diabolique.
« Depuis que je suis au monde, je n'ai jamais entendu parler de
« pouvoir exécutif ! ! »

« Suchorzewski conseillait d'adresser , suivant l'antique cou-
« tume polonaise, des manifestes, des protestations à toutes les
« cours de justice, et lui-même, le lendemain, avec Rzewuski et
« Fortuné Potocki, partait pour Vienne. L'opposition aurait peut-
« être aussitôt quitté la salle, mais le peuple, qui se tenait dans
« les cours, était devenu menaçant et commençait à accabler d'in-
« jures ceux qui étaient restés.

« De retour dans la salle, le roi prit la parole et invita à prêter
« serment les corps constitués de la République, la commission de
« l'armée, l'armée et tout le pays. Il remit la séance suivante au
« 5 mai. L'heure était déjà avancée, quand, au milieu de nou-
« veaux vivats, il rentra dans ses appartements. On s'empressa de
« signer la Constitution et on la porta au palais de la République,
« où siégeait la commission de l'armée, qui immédiatement prêta
« serment.

« Les rues étaient pleines de monde ; aux fenêtres illuminées
« on voyait des dames parées de la cocarde nationale et des amis
« allaient de maison en maison, porter la joyeuse nouvelle. Il
« semblait que les habitants ne formassent plus qu'une seule et
« même famille. Les corps de métier et le conseil municipal, ban-
« nières déployées, reconduisirent à leurs demeures les maréchaux
« sortant du palais de la République et partout accueillis par les
« cris : « Vive la Constitution ! » Enfin un cortège imposant se
« rendit au palais de Saxe, pour rendre hommage à la nouvelle
« dynastie et l'on entendait les cris : « Vive l'électeur de Saxe,

« successeur au trône ! » Vers minuit, grâce à la bonne volonté de
« tous pour que l'ordre ne fût pas troublé un seul instant, les
« bourgeois et le peuple regagnèrent tranquillement leurs habi-
« tations.

« Ainsi fut accomplie, d'une façon véritablement grande et
« mémorable, cette œuvre, qui imprima aux dernières années de
« l'existence de la Pologne un caractère de grandeur et resta un
« radieux souvenir pour la postérité.... » (1)

Telle est la fin du récit de la journée du 3 mai par Kraszewski,
c'est presque dans les mêmes termes que l'auteur de la « Diète de
quatre ans, » le père Kalinka, termine sa narration, quand il dit :
« Ainsi s'acheva ce jour à jamais mémorable dans les fastes de la
« République agonisante et dans le cœur des générations à
« venir. » (2).

(1) Kraszewski, *op. cit.*
(2) Kalinka, *op. cit.*

CONCLUSION

La Constitution du 3 mai fut accueillie avec enthousiasme par
le pays ; de nombreuses brochures sont là pour l'attester (1). Mais
cette manifestation de la conscience nationale n'empêcha pas une
poignée d'opposants et de factieux (qui, quelques temps après, ne
devaient pas reculer devant le crime le plus hideux : la trahison
envers la patrie) de déverser l'outrage sur une « *œuvre, à laquelle* »,
s'écria Fox, « *tous les amis d'une liberté raisonnable devaient*
« *être sincèrement attachés* » (2). Furieux contre la Constitution,
qui, en installant enfin le gouvernement régulier, mettait un terme
à l'anarchie et à la licence des magnats, ils cherchèrent à la discré-

(1) 1) « *Pensées joyeuses d'un Ukraïnien à propos de la Constitution
promulguée le 3 mai 1791 et des nouvelles reçues à ce sujet.* » (Myśli radosne
Ukraïnca z przyczyny Konstytucyi dnia 3 maja 1791 zapadłej i z odebranych
o niej wiadomości), in-8°, 8 feuilles ;

2) « *Le Polonais en mai* » (Polak w maju), in-8° 20 p.

3) « *La journée du 3 mai. Au très éclairé monarque et à la nation.* »
(Dzień 3 maja. Do najjaśń. Króla JMci i narodu), in-8°, 17 p.

4) « *Sur la nouvelle Constitution* » (Nad nową Konstytucyą), in-4°,
1 feuille.

5) « *Sur la révolution de deux nations en Europe* » (Nad rewolucyą
dwóch narodów w Europie), in-4°, 4 feuilles.

6) « *La journée du 3 mai 1791* » (Dzień 3 maja 1791), in-4°, 15 p.

7) « *Fanfare pour le jour du 3 mai* » (Heynał na 3 maj), in-8°, 15 p.

8) « *Chant pour le 3 mai* » (Pieśń na 3 maj), W., 1792, in-4°, 2 feuilles.

9) « *Chant pour le 3ᵐᵉ jour de mai* » (Pieśń na 3 dzień maja), 1792,
in-4°, 1 feuille ; cf. Dʳ R. Pilat, *op. cit.*, VI.

(2) Cf. Mich. Ogiński, « *Mémoires* », *op. cit.*, t. 1.

diter aux yeux de l'opinion publique et pour ce ne craignirent pas
de transformer la mémorable journée du trois mai, où, comme
l'a dit Burke (1), « *tout ce qui était arrivé avait été tellement*
« *maintenu dans les bornes de la dignité, de l'harmonie,*
« *de la décence, qu'on n'a jamais rien vu de semblable en*
« *pareilles circonstances* », en un « *jour de violence* » en affirmant « *qu'eux, les vrais patriotes, avaient à grand'peine pu*
« *sauver leur vie* » ! Mais que pouvait-on attendre de la bonne
foi d'adversaires qui représentaient comme *dangereuse pour la
foi* une œuvre à laquelle le pape Pie VI lui-même (2) avait envoyé
sa bénédiction (3) ?

Cet amas de calomnies, de mensonges et d'absurdités (4),
au milieu desquels on ne saurait trouver place pour un reproche
juste ou pour une remarque raisonnable ; — la haine que lui portaient les partisans de la Russie et surtout enfin la formation, avec

(1) Cf. Mich. Ogiński, « *Mémoires* », *op. cit.*, t. I.

(2) Dans une lettre adressée, dès le 3 juin, à Stanisław August.

(3) « *La lettre du doyen Winnicki à Son Exc. St. Szczęsny Potocki,
à Vienne* » (List dziekana Winnickiego do JNPana St. Szcz. Potockiego
w Winnicy), du 29 mars 1792 (n-4°, 4 p.), jette un grand jour sur lès intrigues secrètes de l'opposition et les procédés inqualifiables employés par
elle pour ameuter les esprits contre la nouvelle Constitution. C'est une
réponse pleine d'indignation et de mépris à la circulaire par laquelle
Potocki lui demandait de prêcher à l'église contre la Constitution du 3 mai
et de déclarer au peuple combien elle était dangereuse pour la foi et pour
la nation elle-même.

(4) C'est ainsi que Dr R. Pilat, *op. cit.*, VI, apprécie ces brochures :

1) « *Remarques de D. B. Tomaszewski, commissaire civilo-militaire
de la woïéwodie de Bracław sur la Constitution et la révolution du
3 mai 1791* » (D. B. Tomaszewskiego komisarza cywilno-wojskowego
województwa bracławskiego nad Konstytucyą i rewolucyą dnia 3 maja
r. 1791 uwagi), in-8°, 64 p.

2) « *J. Suchorzewski nonce de Kalisz : appel à la nation et protestation contre la violence et l'oppression exercée par la Diète le 3 mai 1791* »
(J. Suchorzewskiego, posła kaliskiego, odezwa do narodu wraz z protes-
tacyą dla śladu gwałtu i przemocy, do której w całym prawie sejmie zbli-
żano, a w trzecim maja 1791 dokonano), in-8°, 47 pages.

3) « *Copie de la réponse de St. Szczęsny Potocki, général d'artillerie
de la Couronne, au Roi, à Małachowski, à Ignacy Potocki et à Seweryn
Potocki* » (Kopia responsu St. Szcz. Potockiego, gen. art. Kor. do Króla,
do Małachowskiego, do I. Potockiego i Se. Potockiego), in-4°, 8 pages, etc.;
etc. Cf. Dr Roman Pilat, *op. cit.*, VI.

l'aide de Catherine, de la Confédération de Targowica, destinée à l'abolir, est-ce que tout cela ne fait pas le plus grand éloge de la Constitution du 3 mai? Il fallait bien en effet qu'elle fût une véritable force, puisqu'il importait tant aux ennemis de la Pologne de la détruire!

Aussi l'histoire a-t-elle ratifié les jugements portés par les Burke (1), les Makintosh, les Sieyès, les Payne (2) les Volney (3) et même les Hertzberg, qui apportèrent aux patriotes polonais d'alors l'hommage flatteur dé l'Europe entière.

(1) « En observant », dit-il, « la Constitution polonaise de 1791, l'homme ne peut que s'en réjouir et s'en glorifier ; il n'y trouve rien dont il pourrait être honteux ou dont il aurait à souffrir. C'est indubitablement le bienfait le plus pur et le plus noble dont l'humanité ait jamais été gratifiée. L'anarchie et la servitude ont été d'un coup abattues ; le trône rendu assez fort pour protéger le peuple sans toucher à ses libertés, des millions d'hommes mis sur la voie d'être graduellement et, par conséquent, sans danger pour eux ni pour l'État, délivrés, non pas des liens civils ou politiques, qui n'enchaînent que l'esprit, mais de la ser-vitude réelle et personnelle ; les habitants des villes ont été relevés à une considération due à cette respectable et utile position de la vie sociale, le corps de la noblesse le plus fier, le plus nombreux et le plus violent qu'on ait jamais vu dans l'univers, remis au premier rang seulement des citoyens également libres et généreux.. *Pas un seul homme n'a encouru ni perte, ni dégradation ; tous depuis le roi jusqu'au dernier ouvrier, ont vu s'améliorer leur condition ; chaque chose a été mise à sa place et en ordre, mais dans cette place et dans cet ordre chaque chose a gagné. Ajoutons que, pour effectuer cet heureux miracle (cette œuvre inattendue de sagesse et de fortune), pas une seule goutte de sang n'a été versée ; ni trahison, ni outrage, ni la calomnie plus cruelle que le glaive, ni la confiscation n'ont été employés ; aucun citoyen n'a été réduit à la mendicité, aucun emprisonné, aucun exilé* ».
Cf. Th. Morawski, *Quelques mots sur l'état des paysans en Pologne*, Paris, 1833.

(2) Thomas Payne, dans son ouvrage sur la théorie et la pratique des droits de l'homme, déclare : « *que le gouvernement de la Pologne a donné l'exemple d'une réforme faite sur lui-même et par lui-même.* »
Cf. Oginski, *Mémoires, op. cit.*, t. I.

(3) Volney, après avoir parlé de l'état d'oppression dans lequel gémissent les paysans des pays septentrionaux, ajoute à la louange de la noblesse polonaise « *qu'elle s'est soustraite à ce reproche dans la journée du 3 mai* ».
Cf. M. Oginski, *op. et loc. cit.*

I

Tous les historiens reconnaissent que la nouvelle Constitution fut proclamée par une sorte de coup d'État. « Mais un coup d'État de ce genre, accompli non point par un seul homme, violant les droits d'une chambre élue, par exemple par un Cromwell ou par les deux Napoléon, mais par cette chambre elle-même, ayant recours dans un danger pressant à l'unique planche de salut qui reste à la nation » (1) un coup d'État de ce genre est, comme le dit Kraszewski, « entièrement justifié ou plutôt n'a pas besoin « de justification. La seule chose qu'on puisse en effet reprocher « au parti national, c'est de ne pas l'avoir mis à exécution plus « tôt et avec plus de hardiesse » (2).

« Jamais, dans la discussion et dans l'adoption du pacte cons-« titutionnel, dit F. de Raumer (3), on ne s'était écarté un seul « instant des formes les plus sévères de la légalité et de la bien-« séance. L'élection des députés avait été plus libre de l'influence « étrangère et conduite avec plus de modération et d'accord « que depuis un siècle entier. La majorité ne pouvait être mise en « doute puisqu'on avait doublé, en 1790, le nombre ordinaire des « députés et que l'épreuve antérieure ainsi que celle du jour fai-« saient éclater une constante harmonie. Ainsi le peuple, les « législateurs et le Roi avaient agi dans les limites de leurs droits « et avaient obéi aux exigences de leur devoir...

« De toutes les constitutions établies depuis une cinquantaine « d'années », poursuit de Raumer, qui écrivait vers 1837, « celle-ci « est la plus ancienne à l'exception de celle de l'Amérique du « Nord. Des fautes y seraient donc plus excusables que là où se

(1) « *Bulletin Polonais* ». La journée du 3 mai 1791 (V. Gasztowtt, prof. au collège Chaptal), nᵒˢ 51-52, 1891.

(2) Kraszewski, **La Pologne à l'époque des trois partages**, *op. cit.*

(3) F. von Raumer : **La chute de la Pologne (Polens Untergang)**, trad. franç. de Ch. Forster, Paris, 1837.

« rencontrent soit une longue expérience, soit des circonstances
« plus favorables ; là où enfin des peuples plus avancés en civili-
« sation se sont mis à l'œuvre. Quelle gloire n'est-ce donc pas
« pour les Polonais, d'avoir pu se tirer de la position la plus défa-
« vorable et la plus affreuse, position telle que les moyens les plus
« désespérés appelaient l'indulgence, d'avoir su se donner une
« Constitution dans laquelle, mieux que dans tout autre essai plus
« récent, les véritables principes de la raison et de la science
« politique semblent réalisés, en conciliant à la fois le passé, le
« présent et l'avenir ! »

Son caractère essentiel est en effet la modération ; aussi quand
on examine les jugements portés sur la Constitution du 3 mai 1791,
par les écrivains politiques polonais, du point de vue démocratique et du point de vue aristocratique, est-on frappé tout d'abord
par les contradictions qui s'y manifestent. Ainsi, d'un côté, les
démocrates, avec Victor Heltman, se montrent très sévères à son
égard et n'y voient qu'une série de « demi-mesures » affirmant
l'exclusivisme des castes, légitimant la prépondérance de la
noblesse sur les autres classes de la nation pour lesquelles on n'a
rien fait ou du moins fort peu de chose. Le clan vieux-noble, de
son côté, qui fit tous ses efforts pour faire avorter le programme
des réformes, déclare que cette constitution conduira fatalement
à sa perte le pays, parce qu'elle a osé porter une main sacrilège
sur les privilèges de la szlachta, qu'elle s'est permis d'accorder
la protection des lois aux paysans et de répandre dans la nation
des principes de liberté réelle et d'égalité. Cette constatation faite,
comment les Heltman, les Kubrakiewicz et autres n'ont-ils pas
compris le mal fondé de leurs reproches ? Il est clair, en effet, et
cela ressort des écrits des Kołłątaj, des Staszyc, des Wybicki,
des F. S. Jezierski, que nous avons analysés, que le parti réformateur eût fait plus pour les paysans, si la grande majorité de la
szlachta, peu instruite et attachée pour cette raison à ses privilèges d'une façon aussi opiniâtre qu'entêtée, ne s'y était opposée ;
et peut-être aussi si les paysans avaient eu une maturité politique
suffisante. On ne peut douter, en effet, que les principaux auteurs
de la Constitution du 3 mai, le roi Stanisław August, Ignacy
Potocki, Hugo Kołłątaj, Stanisław Małachowski, étaient on ne

peut mieux disposés pour les paysans et les bourgeois. Ils en ont donné suffisamment de preuves dans leurs discours, leurs écrits et même leurs actes; mais ils ne savaient que trop combien cette question des paysans était délicate. Ils furent donc bien obligés, par la force même des choses, de se contenter de considérations, peut-être un peu trop théoriques, comprenant à quelle résistance insurmontable leurs efforts se fussent heurtés s'ils avaient voulu chercher à réaliser quelques réformes importantes. Ils préférèrent assurer avant tout le sort de la réforme générale — c'était toujours un pas fait dans la voie du progrès. Voilà pourquoi, en ouvrant à la bourgeoisie l'accès à la vie politique et en protégeant dans une certaine mesure les paysans, ils n'ont pas été jusqu'à émanciper le peuple et jusqu'à créer un tiers-état, comme le réclamait Kollataj, et se sont contentés par force, en instituant une Diète de revision, tous les vingt-cinq ans, d'ouvrir la porte à des réformes plus complètes.

Ce n'est donc pas la Constitution qu'on devait attaquer, ni ses auteurs, éclairés, animés de nobles et généreuses inspirations d'humanité et de justice, mais ses adversaires déclarés, dont l'aveuglement, l'esprit de parti, l'ignorance, etc., perdirent le pays. Sans doute on eût pu, malgré leur entêtement, prendre autre chose que des « demi-mesures », mais pour cela il eût fallu revenir à l'antique coutume du liberum veto, non pas pour faire revivre ce dernier, mais pour réduire au silence les oppo-sants, à l'instar de la Révolution française. Les Polonais n'ont pas voulu se porter à ces extrémités et ils ont eu raison. « Cette « Constitution, dit Raumer, ils se la donnèrent sans répandre une « goutte de sang, sans dévastation, en un mot, sans la moindre « atteinte à la propriété. En ménageant avec le respect le plus « scrupuleux tous les droits personnels qu'on pouvait conserver, « ils arrivèrent à l'extirpation des anciens abus et atteignirent ce « but par les seules voies de la sagesse, de la modération et de la « persévérance. Une œuvre aussi belle et aussi rare méritait une « longue durée et présentait à la Pologne les chances les plus « favorables de prospérité. Une double responsabilité pèse donc « sur les infâmes qui souillèrent un acte aussi pur, sur les calom- « niateurs qui le décrièrent, et sur les impies qui le détruisirent. »

II

« Les monarchistes reprochent à la Constitution du 3 mai
d'avoir organisé la monarchie héréditaire sans rejeter tous les
vices du gouvernement républicain et sans armer le roi d'une
autorité suffisante. Mais la réponse à cette critique ne se trouve-t-
elle pas dans les paroles de Małachowski, déclarant que la Constitution a voulu créer un gouvernement, non pas monarchique,
mais républicain ? Quant aux démocrates absolus, ils ne peuvent
naturellement pas être les partisans d'une monarchie, surtout héréditaire, et pourtant, en 1791, même les révolutionnaires français ne
pensaient pas encore à la République, mais adoptaient la monarchie
constitutionnelle et héréditaire (1) ».

Un des principaux écrivains de la *Société démocratique*, Jean
Alcyato, comparant la Constitution du 3 mai avec la Constitution
anglaise, résume ainsi son appréciation sur cette révolution pacifique : « Par quoi la Pologne du Trois Mai se distinguait-elle de
« l'antique Pologne ? Par l'hérédité du trône, affirme-t-on générale-
« ment. Cependant la transmission héréditaire du trône dans la
« maison de Saxe confirmait plutôt un usage pratiqué déjà du temps
« des Wasa et des rois saxons élus que l'introduction d'un nou-
« veau principe dans la Constitution. D'ailleurs le royalisme ne
« repose pas sur le fait seul de l'hérédité. Les rois saxons héré-
« ditaires n'auraient pas eu de par la Charte de prérogatives plus
« étendues que leurs ancêtres élus naguère ; excepté dans des
« questions de minime importance, comme si l'on avait voulu
« sauvegarder les apparences de leur Majesté plus hautement
« reconnue. Mais en réalité la Constitution du 3 mai ne rendait pas

____

(1) Bull. Polon., n° 52, *op. cit.*

« la Pologne plus monarchique. Ce qui constitue la principale
« réforme, c'est l'abolition du liberum veto, Ce fut le seul progrès
« véritable accompli et pouvant à lui seul commencer une ère de
« renaissance pour la Pologne et relever l'esprit politique de la
« nation. Konarski avait conquis cette réforme sur les préjugés de la
« noblesse et la Constitution du 3 mai la confirma par la loi. Quant
« à ce que l'avenir devait tirer, non pas de la Constitution, mais
« de la lumière se répandant de plus en plus dans la nation, la
« Diète de quatre ans y contribua puissamment en agitant nombre
« de questions économiques et politiques des plus importantes. La
« Constitution n'y avait de part considérable qu'en recommandant
« la revision tous les vingt-cinq ans. Par cet avertissement, les
« législateurs de la Diète de quatre ans semblaient dire à la noblesse:
« nous avons adopté les lois que vous étiez disposés et prêts à accep-
« ter (1), mais que l'imperfection de notre œuvre soit corrigée par
« la génération à venir plus libre de préjugés. Et, en effet, c'eût
« été réclamer un miracle que de vouloir qu'une nation, dont la
« vie politique depuis des siècles reposait sur une seule classe,
« qu'une nation, si profondément minée par l'anarchie, et privée
« de toutes les lumières, eût été d'un seul coup complètement
« transformée, qu'on y eût sans transition établi l'égalité des
« classes et qu'on lui eût infusé pour toujours une sagesse poli-
« tique, qui est l'œuvre des siècles » (2).

Il est difficile néanmoins de ne pas répéter avec Charles Sienkiewicz (3) : « Contre le péril extérieur menaçant, ce n'était pas
assez d'opposer à l'ennemi un roi et une armée sur le papier,

(1) Telle est la conclusion du père Kalinka : « Tout bien considéré, il
« faut en venir à ce que disait Solon aux Athéniens : « Si je vous propose
« des lois imparfaites, c'est votre faute; pourquoi ne pouvez-vous en sup-
« porter de plus parfaites? » De même chez nous non plus, ce n'est pas
« Solon qu'il faut accuser de ce que la Constitution présentait tant de
« points défectueux. Au contraire! il faut rendre hommage à cette pru-
« dence, avec laquelle le législateur voulait habituer peu à peu à un ordre
« meilleur, une nation tombée dans l'insubordination et la mollesse. »

(2) J. Alcyato. De l'esprit politique en Pologne (Rzecz o rozumie stanu
w Polsce), Strasburg, 1849.

(3) Ch. Sienkiewicz. Trésor de l'histoire de Pologne (Skarbiec historyi
polskiej), Paris, 1840.

ce n'était pas assez de la douteuse alliance prussienne, il fallait pendant ces quatre années de liberté se préparer de façon à avoir, après la promulgation de la Constitution, cent mille hommes sous les armes, cent millions dans les caisses et la nation prête à se soulever en masse. »

Il en fut autrement ; après le 3 mai survint Targowica, après Targowica le second partage du pays, et, ensuite, malgré l'héroïque Kościuszko, le troisième et dernier démembrement. Mais durant cette lutte inégale, la Pologne gagna chaque jour plus d'unité et de cohésion : au 3 mai 1791 la bourgeoisie éclairée fit corps avec la noblesse ; après le deuxième partage, lors de l'insurrection de 1794, le peuple se leva en masse pour défendre le sol de la Patrie envahie et ce fut réellement une insurrection *nationale*. L'unité de la Pologne se forma ainsi dans et par le malheur, sous le souffle vivifiant du plus pur patriotisme. La Pologne a cessé d'être une puissance politique dans le système des puissances européennes, mais elle n'a pas cessé d'être une nation au sein de la famille des nations de cette partie du monde et l'âme de la Pologne survécut aux démembrements. Le martyre de cette nation ne fut pas inutile : il accrut la vitalité polonaise et sauva la France — en retenant la marche de toutes les cohortes des coalisés et en paralysant leurs moyens d'action à l'encontre de la Révolution française : mais c'était à une époque de sympathie, où cette expression ne signifiait pas encore : je ne puis rien pour vous !

III

En résumé, comme l'a fort bien montré Monsieur B. Limanowski (1) : 1° La Constitution du 3 mai a plus d'importance au
point de vue politique qu'au point de vue social ; 2° en supprimant
le *liberum veto* et les *confédérations* et en établissant une dynastie, elle créait l'ordre et facilitait le développement pacifique de
l'organisme politique et sociale ; 3° elle n'introduisait pas du tout
en Pologne le despotisme, mais elle limitait au contraire le pouvoir royal bien plus que la Constitution anglaise et que sa cadette
la constitution française de 1791 ; 4° même au point de vue social,
elle n'a pas mérité le mépris dont Kubrakiewicz s'est fait l'in-
terprète dans ses « *Observations* » (2) ; des démocrates, comme
Zajączek (3) et Sułkowski, ne la condamnent pas sans appel et Zajączek dit même expressement : « Malgré une foule d'imperfections,
« cette constitution pouvait être alors adoptée par les Polonais » ; Sułkowski a regardé comme un des grands mérites de la
Constitution le simple fait d'avoir soulevé la question des paysans,
car il voyait là « le commencement du travail qui en devait amener
la solution » ; 5° La Constitution du 3 mai a introduit quelques
avantages réels pour les villageois, en rendant obligatoires tous les
arrangements et toutes les concessions accordés par les propriétaires aux paysans, en les engageant à les accroître sans cesse, et
consciemment ou inconsciemment elle a créé dans la question
des paysans un mouvement « qui devait nécessairement aboutir à
la destruction de la servitude » (4).

Cet acte, en effet, ne peut être justement jugé ni d'un point de
vue exclusivement idéal, ni du point de vue des théories et des idées
actuelles. C'est l'œurre de l'année 1791, œuvre destinée à un pays

(1) B. Limanowski, *op. cit.*

(2) M. Kubrakiewicz : « Remarques sur la Constitution du 3 mai 1791,
quant aux droits de propriété foncière » (Uwagi nad Konstytucyą 3-go
Maja 1791 r. co do prawa własności gruntów), Bourges, 1833.

(3) Zajączek : « Hist. de la Rév. de Pologne en 1794, par un témoin oculaire » Paris, 1797.

(4) Bull. pol., n° 52, *op. cit.*

opprimé, comme était alors la Pologne. C'est seulement du point de vue du passé et en considérant les conditions de l'époque qu'il convient d'analyser la constitution du 3 mai.

« Mais ce qui n'est plus, ne doit pas renaître et, après ses terribles épreuves, la Pologne ne se relèvera que transfigurée. Au dix-huitième siècle, ce n'est ni la perversion des esprits, ni la corruption des mœurs qui menaçaient la République, mais bien le bien-être qui détrempait les énergies. Jamais il n'y eut moins de crimes, la sécurité la plus parfaite existait sur les chemins, les tribunaux n'avaient presque jamais à juger de vols ni d'assassinats. La république semblait en fête perpétuelle. Certes, le luxe des équipages, la profusion des festins, joints à l'insouciance des affaires publiques sont reprochables à la noblesse d'alors. Mais au milieu de la dissipation, il y avait encore du feu sacré.

« Les nobles en Pologne passaient, il est vrai, des semaines à chasser dans la profondeur de leurs forêts ; du moins ils ne s'énervaient pas dans les intrigues de boudoir. Ils ne s'occupaient point du gouvernement; du moins ils ne s'inoculaient pas le poison du ministérialisme. Ils buvaient trop et dégaînaient vite ; mais comment comparer ces combats, devant témoins et au soleil, aux embuscades des gentilshommes à épée ou aux coups de stylet donnés dans l'ombre ; la cordialité, les épanchements qui régnaient dans les banquets, aux orgies spleeniques des anglais, ou aux soupers de la Régence ?

« Ils dépensaient sans compter, mais ils n'avaient point la fièvre des spéculations comme les habitués de la rue Quincampoix. C'était une noblesse entraînée par le plaisir sur une pente fatale, mais dont le cœur avait gardé une naïveté et une sensibilité rares et la faculté de l'enthousiasme. Ce ne sont pas seulement ses vices qui ont perdu notre république. Si un bossu est assassiné par trois brigands, sera-t-on admis à dire : « Il est mort de sa bosse ? » (1)

Il est à remarquer, en effet, que les principaux vices inhérents à l'ancienne organisation politique et sociale de ce pays et que nous avons scrupuleusement fait ressortir, soucieux de la seule

(1) Les Récits d'un gentilhomme polonais, trad. fr. par Wladyslaw Mickiewicz, Paris 1866, p. vi de la préface par W. M.

vérité historique, disparaissaient enfin avec la nouvelle Constitution. Aussi sommes-nous profondément et sincèrement convaincus que, sans le guet-apens (1) final, rien ne se fût opposé à ce que la Pologne conservât, parmi les Etats européens, une place digne de son passé.

(1) Il fut prémédité, au moins de la part de la Prusse. Au début, en effet, Frédéric-Guillaume II, à l'occasion de la nouvelle Constitution, ne ménagea ni son approbation ni son admiration et ses louanges à la Diète, au Roi, à l'Electeur de Saxe. « *Rien*, dit Ferrand, ne forçait le roi de « Prusse à donner ainsi gratuitement des armes contre lui, c'est-à-dire des « preuves de sa perfidie ; il faut donc qu'il ait été sincère et qu'il ait réel- « lement éprouvé les sentiments qu'il exprima ». Ce raisonnement ne nous semble pas convaincant ; il a de plus le tort de laisser inexpliquée et inexplicable la brusque volte-face que le roi de Prusse accomplit dix-huit mois plus tard.

« Il nous semble, au contraire, qu'on pourrait voir là une nouvelle vérification de la thèse de M. St. Smolka : si Frédéric-Guillaume II tient le langage généreux que l'on sait, c'est qu'il est devenu l'allié de Léopold II ; c'est qu'il s'est engagé à reconnaître la Constitution du 3 mai, à approuver le choix de l'Electeur de Saxe et à défendre au besoin la Pologne contre la Russie. De là cette série de congratulations sans enthousiasme.

Puis, tout à coup, Léopold II meurt : cependant la cour de Vienne désire, malgré tout, le maintien du traité conclu avec la cour de Berlin en ce qui concerne la nouvelle Constitution polonaise. Mais Frédéric-Guillaume II refuse, après s'être entendu avec Catherine. De là le deuxième partage auquel prennent seules part la Russie et la Prusse. La mort soudaine de Léopold II a donc réellement privé, au moment critique, la nation polonaise de son seul défenseur sincère.

Cette manière de voir ne répond-elle pas mieux, d'ailleurs, que celle de Ferrand, au caractère du roi de Prusse et à celui de sa diplomatie, tels qu'ils nous apparaissent enfin, sous leur véritable jour, depuis la publication d'une partie des archives prussiennes ?

Croire encore, avec Ferrand, à la sincérité de Frédéric-Guillaume II, est en effet devenu absolument contraire aux faits mêmes, cyniquement dévoilés par la correspondance d'un Lucchesini.

<table>
<tr><td>Vu :
Le Président de la thèse,
F. LARNAUDE.</td><td>Vu :
Le Doyen,
GLASSON.</td></tr>
</table>

Vu et permis d'imprimer :
Le Vice-Recteur de l'Académie de Paris.
GRÉARD.

TABLE DES MATIÈRES

PARIS. — IMP. G. MAURIN, RUE DE RENNES, 71.

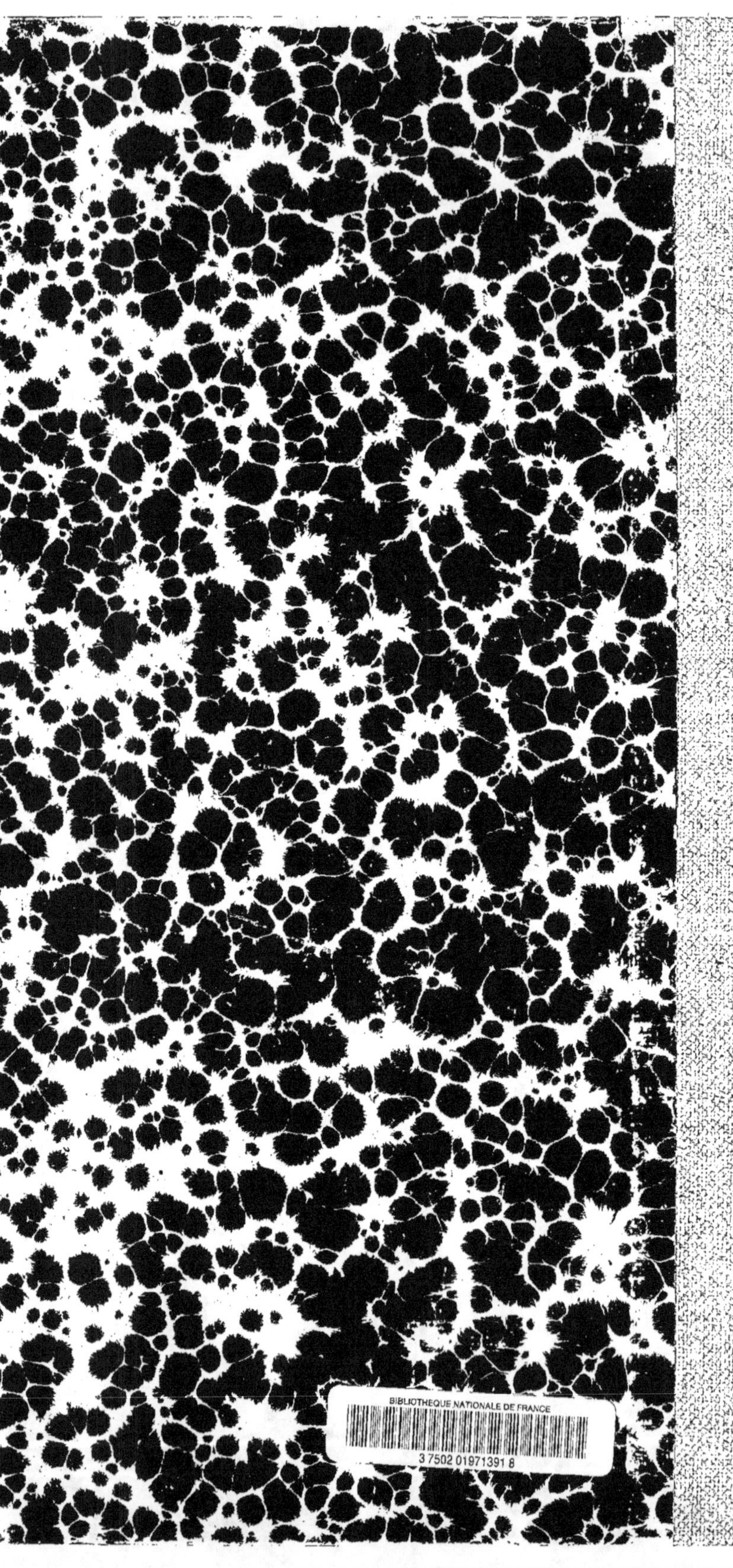

www.ingramcontent.com/pod-product-compliance
Lightning Source LLC
Chambersburg PA
CBHW071556030726
47593CB00001BA/190